Graeme Maxton

Die Wachstumslüge

GRAEME MAXTON

DIE WACHSTUMS LÜGE

Warum **WIR ALLE** die Welt nicht länger Politikern und Ökonomen überlassen dürfen

FBV

Bibliografische Information der Deutschen Nationalbibliothek
Die Deutsche Nationalbibliothek verzeichnet diese Publikation in der Deutschen Nationalbibliografie; detaillierte bibliografische Daten sind im Internet über **http://d-nb.de** abrufbar.

Für Fragen und Anregungen:

maxton@finanzbuchverlag.de

1. Auflage 2012

Nymphenburger Straße 86
D-80636 München
Tel.: 089 651285-0
Fax: 089 652096

Wir danken Nina Sattler-Hovdar für die Titel-Idee.

Übersetzung: Helmut Dierlamm, Anne Emmert, Annette Wunschel
Lektorat: Ulrike Kroneck
Umschlaggestaltung: Maria Wittek
Umschlagabbildung: unter Verwendung von istock-Bildern
Satz: HJR, Jürgen Echter, Landsberg am Lech
Druck: CPI Ebner & Spiegel, Ulm
Printed in Germany

ISBN Print 978-3-89879-687-3
ISBN E-Book (PDF) 978-3-86248-253-5

Weitere Informationen zum Verlag finden Sie unter

www.finanzbuchverlag.de
www.facebook.com/finanzbuchverlag.de
www.twitter.com/finanzbuchverlag.de

Inhalt

Danksagung

Vielen Menschen schulde ich Dank: Sie haben dieses Buch möglich gemacht, indem sie mein Leben, meine Gedanken, meinen Weg beeinflussten. Andrea, Andrew, Arya, Alexina und Robin – sie alle haben besonderen Dank verdient. Und das sind nur die mit A (und einer mit R).

Andrea See hat mich nicht nur computertechnisch unterstützt, seit ich sie kenne. Andrew Vine hat mich gefördert und ermutigt. Er ist ein Freund, den ich nicht entbehren kann. Arya K. Madanmohan, manchmal in Neu-Delhi, manchmal in London, hat mich sowohl mit sehr ausgefallenen als auch mit höchst vernünftigen Ideen versorgt. Alexina and Robin Maxton sind meine Stärke.

Dankbar bin ich auch Darrell Doren und Stephen Rocke in Hongkong wie auch den vielen anderen, die mir regelmäßig ihre Gedanken schickten. Auch John Wormald in Chichester werde ich für seine Güte und seine Klugheit ewig dankbar sein. Und Jay Kunkel, meinem Bruder in Shanghai oder auf irgendeinem Flughafen, der der breiten Masse mit seinen Beobachtungen und Ansichten immer so weit voraus ist. Auch Maria Hovdar in Eugendorf danke ich für ihr gewaltiges Wissen, ihr Mitgefühl mit anderen und ihr Gespür für Menschlichkeit und Weitblick. Auch für Ihre Geduld und jedes Frühstück bei Kerzenschein [im Original deutsch, A. d. Ü.] Auch ohne den guten Rat und die Unterstützung von Nick Melchior wäre dieses Buch nicht geworden, was es ist.

Was die Vergangenheit betrifft, danke ich herzlich James und Jimmy Maxton für ihre erleuchteten Gene.

Graeme Maxton

Singapur, 2011

Vorwort zur deutschen Ausgabe

In unseren Buchhandlungen stapeln sich Publikationen von mehr oder weniger herausragenden außereuropäischen Politikern, Ökonomen und Beobachtern. Die Inhalte sind oft spannend und interessant, doch erscheint vieles auch naiv und anmaßend, weil der Tonfall häufig so belehrend ist. Die Bücher bejubeln zu einseitig ein strikt marktliberales Wachstumsmodell und schließen jede Alternative von vornherein aus; dagegen gibt es viel Spott über Europas hochfliegende politische Ideen und Plädoyers für mehr Wettbewerb und weniger Rücksicht auf das Wohlergehen von Menschen. Klimaveränderungen werden ausgeklammert, ebenso die knapper werdenden Rohstoffe. Wollen die Europäer denn nicht verstehen?, fragen sie. Wieso sind sie nicht so wie wir? Noch provozierender sind die Bücher britischer Autoren mit ihrer EU-Kritik, die jeden Schritt in Richtung europäische Integration entsetzt zurückweisen und durch eine Europakritik von innen Zwietracht säen.

Doch keine Sorge, dieses Buch ist anders. Sein Inhalt ist in vier Teile gegliedert.

Der erste Teil wendet sich den Problemen zu, vor denen die Menschheit steht. Er geht ein auf die Schulden, die in der westlichen Welt vielfach aufgehäuft wurden, auf die vor uns liegenden Ressourcenengpässe und auf jene Fundamente der westlichen Gesellschaften, die bröckeln, weil wir nicht mehr präzise unterscheiden zwischen der relativen Freiheit, Dinge zu tun und zu lassen, und der unteilbaren Freiheit des Menschen. Ich glaube, die Verantwortung für die genannten Probleme liegt hauptsächlich bei den Ökonomen unserer Zeit – und damit meine ich ein wirtschaftswissenschaftliches und politisches Denken, wie es vor allem in den USA und in Großbritannien verbreitet ist, obgleich auch etliche Vertreter dieser Weltanschauung aus Österreich kamen. Diese Ökonomen, so der Ansatz, haben die Ideen von Adam Smith – samt den Gedanken vieler anderer Köpfe der Aufklärung – usurpiert, die ihnen zugrunde liegenden Prinzipien jedoch aufgegeben. Sie übernahmen nur einige Begriffe und Formeln der Aufklärung, nicht jedoch deren Bedeutung.

Der zweite Teil behandelt die Komplexitäten, die Hürden auf unserem Weg, die Barrieren, die es uns schwer machen werden, unsere weltumspannenden Probleme zu meistern. Betrachtet werden hier die vor allem in den Vereinigten Staaten (aber auch anderswo) sinkenden Bildungsstandards, der Niedergang der politischen Kultur in diversen westlichen Staaten und der Aufstieg der Volksrepublik China. Der wachsende Einfluss Chinas droht alle übrigen Probleme zu verschärfen, da die chinesische politische und ökonomische Philosophie bewährte Leitideen der Aufklärung – etwa zu Gleichheit, Privatsphäre, Arbeiterrechten und Demokratie – schlicht ignoriert.

Im dritten Teil wird dargestellt, was geschieht, wenn wir so weitermachen wie bisher. Im Mittelpunkt stehen die finanzwirtschaftlichen Konsequenzen der Überschuldung im Westen sowie die weltweiten Auswirkungen der abnehmenden Verfügbarkeit von Ressourcen. Untersucht werden auch die Auswirkungen von Problemen der Rohstoffversorgung auf globale medizinische Versorgungsstandards. Hier werden sowohl ein Rückgang der durchschnittlichen Lebenserwartung in bestimmten Weltgegenden als auch staatsinterne und transnationale Konfliktrisiken prognostiziert.

Der letzte Teil des Buchs geht schließlich darauf ein, was wir gegen diese Entwicklungen tun können, um wenigstens einige der fatalen Konsequenzen zu vermeiden und die Welt zu einem besseren Ort zu machen. Dieser Teil ist ein Appell an uns alle, auf wirtschaftliches Wachstum als Fortschrittsmaßstab zu verzichten und klügere Maßstäbe zu entwickeln. Gefordert werden radikale politische Veränderungen und ein Gesinnungswandel in Finanzwirtschaft, Industriekonzernen und bezüglich des sozialen Zusammenlebens.

Für amerikanische Leser waren bestimmte Gedanken im letzten Teil des Buches schwer zu verstehen; den Lesern im deutschsprachigen Raum werden sie geläufiger sein, ja, manche Vorschläge könnten hier sogar ein wenig zahm erscheinen. Ein Abschnitt über »Ordnungspolitik« empfiehlt diese beispielsweise anderen Ländern als Modell. Ich bin sicher, dass darüber in Dortmund, Hamburg oder Berlin kaum jemand eine Miene verziehen wird.

Das Fazit des Buches ist freilich einfach genug. Was wir nicht brauchen, ist eine marktliberale Volkswirtschaftslehre, die Regulierung generell ausschließt. Was wir ebenfalls nicht brauchen, sind restriktive staatliche Kontrollsysteme, mit denen individuelle Freiheiten eingeschränkt werden.

Obwohl ich es in der englischen Ausgabe nicht erwähne – um auf dem amerikanischen Markt nicht sogleich als »Sozialist« geächtet zu werden, was zur Folge hätte, dass alle meine Ideen in Bausch und Bogen verworfen würden –, glaube ich, dass wir unsere Bestrebungen noch immer essenziell auf die Verwirklichung jener Grundprinzipien richten sollten, auf denen die europäischen Sozialsysteme aufgebaut sind. Europa wollte den sozialen Ausgleich durch eine Verbindung von persönlicher Verantwortung und staatlicher Gemeinschaft sichern. Obwohl das Modell bisweilen scheiterte, liefert es uns allen eine bedenkenswerte Grundlage für die Zukunft. Das amerikanische und das britische Modell, die beide in den vergangenen dreißig Jahren dominierten, sind gescheitert, da sie divisiv, also auf wachsende Ungleichheit bei der Verteilung, ausgerichtet und folglich instabil sind. Sie leisteten Finanzblasen Vorschub und polarisierten die Gesellschaften.

Heute steht das europäische Modell unter Beschuss, und die Kritik kommt nicht nur von außenstehenden Beobachtern, die seine Stärken verkennen, sondern es spielen auch politische Gründe eine Rolle. Europas Wunsch nach Kooperation und seine Bemühungen um dauerhafte Stabilität werden in den kommenden Jahren auf eine harte Probe gestellt werden. Der Druck von außen wird zunehmen, zum Teil deshalb, weil es für Außenstehende einiges zu gewinnen gibt. Es wird neue Versuche geben, den Euro zu destabilisieren und die Europäische Union zu spalten – und die Gegner der europäischen Ideologien, die diese Errungenschaften zerschlagen wollen, werden dafür sorgen, dass dabei die einen vom Leid der anderen profitieren könnten.

Der Druck von innen wird wohl ebenfalls zu einer Zerreißprobe führen. Viele Bürger Europas, vor allem in Deutschland, werden in zwei, drei oder fünf Jahren aus gutem Grund eine Ermüdung verspüren. Nachdem sie bereits den Gürtel enger schnallen mussten, wird es für sie noch für viele weitere Jahre keine Aussicht auf Lockerung geben. Manche werden es leid sein, ständig für die Dummheit von anderen den Kopf hinzuhalten, diese Ungerechtigkeit wird sie aufbringen. Die europäischen Politiker wiederum werden unter zunehmendem Druck stehen, ihren Einigungsprozess zu stornieren und sich auf die Interessen und Belange ihrer Länder zu konzentrieren.

Um die heraufziehenden globalen Herausforderungen zu meistern, ist es notwendig, dass wir künftig den spaltenden Kräften innerhalb Europas mit – massivem – Widerstand begegnen. Europa und die Welt brauchen die europäische Einigung. Mehr denn je brauchen wir heute Menschen mit Sinn für Gerechtigkeit, Fairness und soziale Verantwortung, solche, die Prinzipien haben und die nicht nur nach schnellem Gewinn auf Kosten anderer streben.

Die westliche Gesellschaft muss sich in den kommenden Jahrzehnten zu einem ganz erheblichen Teil neu erfinden. So muss neu bestimmt werden, was überhaupt wichtig, wertvoll und brauchbar ist. Die Ökonomie braucht ein neues Modell, für Teile der Bevölkerung sollten neue Aufgaben definiert und auseinanderbrechende Sozialstrukturen müssen gekittet werden.

Wir werden uns damit abfinden müssen, dass alle Versprechen eines grenzenlosen Wachstums nicht nur an der Wirklichkeit vorbeigehen, sondern dass es Lügen sind: Lügen, die falsche Hoffnung wecken, da sie uns in einer Zeit, in der es weder möglich noch nachhaltig ist, glauben machen, wir könnten einfach weitermachen wie bisher. Mehr als sieben Milliarden Menschen auf der Erde werden künftig einen neuen Richtungssinn und ein Gespür für nachhaltige Formen des Lebens entwickeln müssen. Gleichzeitig müssen wir auf den Klimawandel reagieren und mit möglichen neuen Ursachen zwischenstaatlicher Konflikte umgehen.

Europa und besonders dem deutschsprachigen Teil Europas kommt in diesem Prozess eine wichtige Rolle zu. Die Heimat der wohl erfolgreichsten Wirtschaft der vergangenen sechzig Jahre sollte im Zentrum der Debatte über unsere Zukunft stehen. In den kommenden Jahren werden wir in einen Mahlstrom von guten und schlechten Ideen geraten, und es werden zahlreiche radikale und erschreckende politische Konzepte vorgebracht werden. Genaues, klares Denken ist gefordert, wenn Einsicht siegen soll.

Vor knapp 250 Jahren war Europa die Wiege der Aufklärung. Heute hat es oft den Anschein, als überschatteten gewisse Alterssymptome den seither angehäuften riesigen Schatz an Erfahrung und Wissen. Europas Stimme ist schwächer geworden, zu unser aller Schaden.

Heute hat Europa die Chance, erneut zu einem Brennpunkt der Veränderung zu werden, die Chance, eine sozial verantwortliche und ökologisch nachhaltige Weise des Denkens und Lebens hervorzubringen. Europa könnte eine zunehmend geteilte Welt vereinen und ihr durch das Ethos und die Werte der Denker der historischen Aufklärung neue Impulse geben.

Graeme Maxton, Singapur, im Februar 2012

1 In welcher Gesellschaft wollen wir leben?

Und ganz sicher kann keine Nation blühen und gedeihen,
deren Bevölkerung weithin in Armut und Elend lebt.

Adam Smith

Es ist beschämend: Die Menschheitsentwicklung hat einen Umkehrpunkt erreicht, wir fallen zurück. Menschen zerstören heute mehr als sie erschaffen. Zwar wächst die Weltwirtschaft jährlich um 1,5 Billionen Dollar, doch verwüsten wir den Planeten gleichzeitig jährlich in einer Größenordnung von 4,5 Billionen Dollar.[1] Die Menschheit hat demnach offiziell den Rückwärtsgang eingelegt, wir vernichten mehr als wir produzieren.

Und doch nehmen die meisten von uns solche Zahlen gelassen zur Kenntnis.

Natürlich weiß man, dass die Menschheit eine Menge Probleme hat. Wie auch nicht: die Tatsache, dass weltweit sieben Milliarden Menschen leben, muss sich ja auf den Zustand unseres Planeten auswirken. Aber viele von uns wollen diese Auswirkungen nicht wahrhaben und starren zum Trost auf den Gegenbeweis, unseren Fortschritt.

Es ist wahr, wir haben im Laufe der letzten Jahrzehnte viel erreicht. Heute genießen mehr Menschen mehr Freiheit und können ihr Leben und ihren Konsum freier gestalten als in jeder früheren Epoche. In manchen Weltgegenden ist der Ernährungsstandard heute höher als je zuvor, ganz ähnlich die Lebenserwartung. Der Handel der Völker untereinander ist offener geworden. Generationen von Menschen durften die Früchte eines unerhört schnellen und anhaltenden Wirtschaftswachstums ernten. Gegenwärtig hat auch eine größere Zahl von Personen einen höheren Bildungsgrad als in der Vergangenheit, und Millionen Menschen wurden aus absoluter Armut befreit. Die Rechte der Frauen wurden in vielen Weltregionen massiv erweitert, sie sind dort wesentlich besser in der Gesellschaft verankert und durchgesetzt als früher. Auch die Menschenrechte wurden gestärkt: Nach der weitgehenden Abschaffung der Sklaverei wurde unser Recht, zu sagen und zu tun, was und wie wir es wollen, in fast allen Ländern der Welt in den vergangenen 30 Jahren erheblich ausgeweitet.

Selbstverständlich sind wir über von Menschen verursachte Umweltzerstörungen besorgt, besonders dann, wenn sich dadurch unser Klima verändert. Doch was erwartet man? Ist es denn keine logische Folge der menschlichen Evolution, dass die Erde heute einen anderen Anblick bietet als früher? Begleiterscheinungen des Rohstoffabbaus wie Luftverschmutzung, Entwaldung und verwüstete Landschaften sind eben die Kehrseite des Fortschritts der Menschheit.

Wahrscheinlich wird außerdem ein großer Teil der menschengemachten Zerstörung gar nicht von Dauer sein. Nehmen wir Europa: Einst bedeckten Wälder riesige Flächen des Kontinents. Sie wurden vor vielen Jahrhunderten gerodet, aber davon ging die Welt nicht unter. Oder werfen wir einen Blick nach England: Dort wurde die Lebensdauer von Millionen Menschen noch in der jüngeren Vergangenheit durch giftige Gase aus Kohleheizungen in Wohnungen und Fabriken verkürzt – aber da wir mittlerweile mit dem Problem umgehen können, hat sich die Qualität der Luft bis heute erheblich verbessert. Oder betrachten wir die Vereinigten Staaten: Industrieabwässer hatten in mehreren amerikanischen Flüssen alles Leben vernichtet. Gleichwohl haben sich die Flüsse wieder erholt. Und obwohl die Menschheit Tausende von Arten ausrottet, bemerken wir keine negativen Auswirkungen auf uns selbst. Wir haben den Dodo von Mauritius nicht gebraucht. Weshalb soll es bei Tigern anders sein?

Und haben wir denn eine Alternative zum Ressourcenabbau? Wachstum basiert auf Rohstoffen. Durch den Abbau von Metallen und fossilen Brennstoffen sichern wir unseren Fortschritt. Stoppen wir hingegen die Förderung dieser Rohstoffe, so verwehren wir dem weitaus größten Teil der Menschheit die Chance, jemals zu Wohlstand zu kommen und in einer gesunden, modernen Gesellschaft zu leben. Es genügt schon, wenn wir das Tempo des Kohleabbaus oder der Ölgewinnung drosseln, um Milliarden Menschen zum Leben in dauerhafter Armut zu verurteilen. Und bis die Ölreserven endgültig verbraucht sind, haben wir außerdem längst ein Ersatzmodell entwickelt, ein auf Wasserstoff oder Sonnenenergie basiertes, komplett schadstofffreies soziales Zusammenleben. Der Mensch ist von Natur aus erfinderisch.

Wir sind auch gut informiert über die in vielen Regionen der Welt herrschende Nahrungsmittel- und Wasserknappheit. Über eine Milliarde Menschen sind chronisch unterernährt. Doch wir sind der Überzeugung, dass auch dieses Problem lösbar ist, und dass wir uns also nicht von den Ideen eines Thomas Malthus infizieren lassen sollten, der als Prediger mit allerlei düsteren Vorhersagen über weltumspannende Hungerkatastrophen an die Öffentlichkeit trat: Der Mann irrt, heute so gut wie vor zweihundert Jahren. Mit Hilfe unserer Gentechnik können wir Saatgut optimieren, Ernten erhöhen und sogar Meerwasser entsalzen.

Es stimmt wohl, dass wir mehr vernichten als wir erzeugen. Das liegt in unserem Wesen. Wir finden aber auch diesmal bestimmt eine Lösung – so wie stets in der Vergangenheit, nicht wahr? Doch leider ist die Zerstörung unseres Planeten nicht die einzige große Herausforderung der Gegenwart.

Wir haben enorme Finanzprobleme. Wegen der Finanzkrise von 2007 sind viele der weltgrößten Volkswirtschaften so gut wie pleite; es ist unwahrscheinlich, dass sie ihre Schuldenberge jemals zurückzahlen können. Selbst Billionen Dollar an Nothilfen konnten nicht verhindern, dass die Weltwirtschaft seither gefährlich instabil ist. Und vor ihr liegt ein steiniger Weg.

Es gibt Anzeichen schwelender sozialer Konflikte. Die finanziell bedingte Ungleichheit der Menschen nimmt zu. In den meisten Ländern war die Kluft zwischen Arm und Reich in Jahrzehnten nicht so groß wie heute. In den Vereinigten Staaten klafft die Schere weiter auseinander als in den 1920er-Jahren. Weltweit werden Milliarden Menschen immer dicker, was ihrer Gesundheit schadet. In den entwickelten Ländern sinken häufig die Bildungsstandards.

Auch demokratische Grundvorstellungen lösen sich auf. Anscheinend sind für eine ganze Reihe unserer Politiker persönlicher Profit und Macht Hauptanreize für ihre Beschäftigung. Nur wenige von ihnen haben den redlichen Wunsch, das Leben ihrer Mitmenschen zu verbessern und ihnen Hoffnung für die Zukunft zu geben; und nur wenige ermuntern uns zu höheren Zielen. Ihre mit Nachrichtenfetzen gespickte Talkshow-Rhetorik soll kaschieren, dass sie moralische oder soziale Grundsätze weitgehend verloren haben. Deshalb gibt es im Westen mittlerweile Millionen gelangweilter, apathischer Wähler, die sich weder um die weltbewegenden Systeme noch um die Wahrung irgendwelcher notwendigen Prinzipien scheren. Mehr noch, wie schon vor Jahrhunderten stehen wir heute wieder auf einer Stufe, auf der wir Religionskriege führen.

Noch alarmierender ist, dass wir mittlerweile auch an den Grundfesten der Freiheit rütteln. Wenn heute das Schnüffeln in privaten Daten vielfach staatlich sanktioniert wird, höhlen wir unsere ältesten Begriffe individueller Freiheit aus.

Doch das Beunruhigendste ist, dass kaum ernst zu nehmende Vorschläge zur Lösung dieser Probleme gemacht werden. Es grassiert die unsinnige Hoffnung, dass viele der erwähnten Probleme nur jetzt auftreten und am Ende alles wieder gut wird. Dass unser Erfinder- und Entdeckergeist uns schon irgendwie aus der Patsche hilft. Dass wir einen Ersatz für das Erdöl finden, wenn es verbraucht ist. Dass wir irgendwie alle Schulden zurückzahlen können. Dass wir neue Möglichkeiten finden, die Weltbevölkerung zu ernähren. Und dass wir unsere hart erkämpften Rechte schon wiederherstellen werden, sobald der Krieg gegen den Terror gewonnen ist.

Doch es gibt wenig konkrete Anlässe zu solchen Hoffnungen. Uns fehlt ein klares Schema, ein Fahrplan, mit dem wir die Vielzahl der vor uns liegenden Aufgaben angehen können. Statt an materielle Fortschritte, denken wir nur an finanzielle Gewinne.

Was noch schlimmer ist, wir ignorieren einen zentralen Aspekt: Die genannten Probleme sind oft eng verknüpft, denn sie haben die gleichen Ursachen. Rohstoffknappheit, Finanzierungsengpässe, politische und soziale Unruhen, all das gründet auf unserer veränderten Wahrnehmung der Welt. Wir denken die Welt heute anders als früher, und unsere neuen Rationalisierungsmuster haben sich nahezu alle in den letzten dreißig Jahren verfestigt. In dieser Zeitspanne haben wir fast unmerklich viele Zukunftsentwürfe und Leitvisionen aufgegeben, die uns vorher lange Zeit überaus wichtig gewesen waren.

Der Preis dafür sind Umweltzerstörung, Schulden und Hunger.

Um besser zu verstehen, was heute geschieht und weshalb es geschieht, empfiehlt es sich, zweihundert Jahre zurückzugehen, in die Zeit der Aufklärung und zu den Theorien von Adam Smith, dem Gründervater der modernen Nationalökonomie und einem der wichtigsten Protagonisten seiner Zeit. In den meisten westlichen Gesellschaften genießen insbesondere seine Ideen über den freien Markt und die »unsichtbare Hand« höchste Wertschätzung. Auf ihnen beruht unsere ökonomische Welt und zugleich ein Großteil unserer Probleme.

Wir haben Smiths Prinzipien in den vergangenen dreißig Jahren gründlich verwässert und sie durch neue, paradoxe Ideen ersetzt, die unsere Wirtschaft in Gang halten sollten. Das sind die Ursachen der meisten unserer Schwierigkeiten.

Schon seit den späten 1970er-Jahren reden uns schlaue Politiker und akademische Wirrköpfe ein, wir könnten mehrere Grundgedanken in Smiths Theorien ruhig vergessen. Damals empfahl man uns, an seinen Begriffen festzuhalten – aber gleichzeitig war es gar nicht so wichtig, dass wir sie richtig verstanden. Folglich entstellten wir Smiths ursprüngliche Ideen, so wie wir auch andere Prinzipien der Aufklärung – einschließlich Demokratie, soziale Verantwortung und Gerechtigkeit – verfälschten, bis sie für unsere Zwecken brauchbar wurden. Wir benutzten die gleichen Wendungen wie die Denker der Aufklärung, legten sie jedoch anders aus. Ähnlich wie mutierte Gene entdeckten wir Lesarten weit über den ursprünglichen Entwurfsplan hinaus.

Smith selbst dachte bei der Abfassung seiner Prinzipien keineswegs nur in ökonomischen Kategorien; ihm ging es um wesentlich mehr als den bloßen Marktmechanismus. In gewisser Hinsicht verkörperten seine Gedanken und Ansichten die Essenz der Epoche der Aufklärung.

Die Aufklärung brachte dramatische intellektuelle, soziale und politische Fortschritte. Sie fiel ins 18. und frühe 19. Jahrhundert und betraf hauptsächlich Europa und Amerika. Die Revolutionen in Amerika und Frankreich ermutigten die Menschen dazu, sich gegen ihre alte Gesellschaftsordnung aufzulehnen und überkommene Autoritäten infrage zu stellen. Wie Immanuel Kant, einer der wichtigsten zeitgenössischen Denker, es ausdrückte, lautete der Wahlspruch der Aufklärung: »Sapere aude! Habe Muth, dich deines eigenen Verstandes zu bedienen.«[2]

Die Aufklärung brachte uns die moderne Wissenschaft; sie brachte uns das vernunftgeleitete Denken. Nach Jahrhunderten, in denen Kirche, Monarchie und Aberglaube die Herrschaft über die westliche Welt unter sich aufgeteilt hatten, entfachte die Aufklärung eine lebhafte Debatte darüber, was persönliche Freiheit und Demokratie für uns bedeuten können. In Amerika führten Vorstellungen der Republik zur Unabhängigkeitserklärung. Spätere, ebenfalls von der Aufklärung inspirierte Ideen kreisten um Liberalismus oder Geschlechtergleichheit, Meritokratie oder das Recht auf Privatsphäre. Die Aufklärung war der fruchtbare Boden, auf dem neue Ideen zu einem riesigen Wald von Gedanken heranwuchsen, der uns über Generationen mit aller notwendigen Nahrung versorgte.

Die Aufklärung erschöpfte sich jedoch nicht in reinen Ideen. Ihr substanzielles Motiv war ein Wertewandel, der allen Menschen Chancen auf ein besseres Leben eröffnen sollte; dieser Gedanke führte zu Erziehungsreformen und zur Gründung von Bibliotheken, in denen Menschen ohne Ansehen ihres Standes auf Bücher, Magazine und Zeitschriften zugreifen konnten; öffentliche Lesungen feuerten die Debatte weiter an. In Frankreich erschien eine 35-bändige Enzyklopädie, die nichts Geringeres zum Ziel hatte, als das Denken der Menschen zu verändern. Mit ihren über 70 000 Artikeln, die von einigen der einflussreichsten zeitgenössischen Philosophen und Schriftsteller verfasst wurden, stehen diese Bände für den Versuch, den Menschen der Bürgergesellschaft ein neues Bewusstsein ihrer Bestimmung, ihrer Welt und ihrer Existenz zu vermitteln. Die Autoren wollten Aberglauben durch Vernunft bekämpfen; wissenschaftliches Denken und moderne Ideen sollten in Zukunft allen Menschen offenstehen.

Die Aufklärung führte zu einem eminenten Wandel des Denkens, dessen Bedeutung kaum zu überschätzen ist, denn auf ihm gründet fast alles, was westliche politische und intellektuelle Kultur seither ausmacht.

In dieser Welt des Wandels entwickelte Smith seine Ideen. Seine theoretischen Grundlagen bezog er nicht etwa aus der Volkswirtschaftslehre, sondern aus der Moralphilosophie. In seinem Denken waren die Prinzipien der Gerechtigkeit, Toleranz und Fairness allgegenwärtig: Diese galt es hochzuhalten.

In den vergangenen drei Jahrzehnten haben wir nicht wenige der Prinzipien, für die Smith eingetreten war, entweder beiseite gewischt oder verfälscht. Wir haben Kernsätze seiner Lehre in den Wind geschrieben, haben Vorstellungen von Gerechtigkeit und Fairness gering geachtet und trivialen Modellen der Individualität und der uneingeschränkten Handelsfreiheit den Vorzug gegeben.

Diese veränderten Denkmuster hatten nicht nur entscheidenden Anteil an der Entstehung der europäisch-amerikanischen Finanzkrise von 2007, sie sind auch der Grund für die tiefer werdenden Gräben, die viele Gesellschaften durchziehen. Nach der modernen Wirtschaftsrationalität ist es schlüssig, wenn wir den Wert unserer materiellen Umwelt gering ansetzen; dadurch zerstören wir den Planeten noch schneller. Wir schürfen in der Erde, damit Fabriköfen geheizt und Automobile betankt werden können, und damit in unseren Häusern die Lampen brennen. Sobald es aber darum geht, die Preise für die globalen Ressourcen zu bestimmen, denken wir nur noch daran, dass die Förderkosten gedeckt sind und die Dividende hoch ist. Uns kümmern nicht die Kosten, die, nachdem die Weltressourcen verbraucht sein werden, auf künftigen Generationen lasten werden, uns kümmern nicht die Umweltschäden, die wir mit ihrer Ausbeutung und Nutzung verursachen. Indem wir für die Nutzung tellurischer Rohstoffe Billigpreise veranschlagen, wälzen wir den größten Teil der Zeche auf spätere Generationen ab. Was uns heute interessiert, ist in erster Linie schneller Profit – und wesentlich weniger der langfristige soziale Ertrag unseres Handelns. Das wird weder Adam Smiths politischen Ideen gerecht, noch entspricht es seinen wirtschaftlichen Prinzipien.

Aus der gleichen Kurzsichtigkeit heraus haben heute aber auch andere Prinzipien der Aufklärung ihre Geltung verloren.

Statt die Ambitionen und höheren Ziele unserer Mitmenschen zu fördern, was noch die französischen Enzyklopädisten gewollt hatten, lassen wir es heute zu, dass Massenphänomene wie der alberne Kult um Prominente und Markennamen und unsere irrtümliche Annahme, dass Information und Wissen identisch und gleichwertig seien, unseren geistigen Horizont einengen. Dadurch, dass wir Smiths Ideen über soziale Fairness ausgeklammert haben, sind wir zu dem Glauben gelangt, wachsende Einkommensunterschiede wären bedeutungslos. Sie sind aber nicht nachhaltig, und sie sind gefährlich – der Stoff, aus dem Revolutionen gemacht werden.

Wenn wir heute nicht den Kurs ändern, droht uns bald das Ende unserer Sozialsysteme und wir treten stattdessen in eine Ära schwindender Überschüsse, abnehmender Rechte und verschärfter Konflikte ein.

Wenn wir heute nicht aufhören, unsere wertvollsten Ressourcen zu verschwenden, können viele arme Länder auch in Zukunft niemals eine eigene Industrie aufbauen – denn China und die westlichen Industrieländer werden sie immer schon geplündert und der Mittel für ihre eigene Entwicklung beraubt haben: Ihre Ölfelder werden leer gepumpt, ihre Wälder gerodet und ihre Kohleflöze leer geschürft sein. Viele Ressourcen dieser Welt wird auch der größte menschliche Erfindungsgeist nicht wiederbeschaffen können, wenn sie verbraucht sind. Wenn heute optimistisch denkende Wirtschaftswissenschaftler daran irgendwelche Zweifel hegen, sollten sie sich einmal mit ihren Kollegen aus den »harten« Wissenschaften, der Physik oder der Chemie, unterhalten. Im Gegensatz zu den Gesetzen des Marktes ändern sich die Naturgesetze nie. Wir können keine neuen Kupfer-, Zink- oder Ölressourcen generieren, wenn die natürlichen erschöpft sind.

Die moderne Wirtschaftsrationalität hat falsche Ziele definiert: Weil wir Wachstum als Selbstzweck denken, haben wir den Konsumwahn und somit die Plünderung der Erde gefördert, um ein bequemes Leben zu haben. Zum Ausgleich, so ließen wir uns einreden, bekämen wir Fortschritt. Und wir erlebten wirklich ein schnelles Wirtschaftswachstum, schufen aber zugleich eine instabile Welt. Heute beobachten wir in mehreren Ländern seit Jahrhunderten erstmals wieder eine sinkende Lebenserwartung. Kämpfe um Nahrungsmittel, Wasser und Öl werden umso wahrscheinlicher, je weiter der Raubbau an den Ressourcen fortschreitet. Die Politik muss sich mit widerstreitenden politischen Ideologien und erstarkenden nationalistischen Strömungen auseinandersetzen.

Wir ließen uns einreden, es gebe keine Grenzen des Wachstums. Wir meinten, wir bräuchten uns um die Folgen unserer Taten nicht zu kümmern, andere wären dazu da, unsere unbegrenzten Kreditaufnahmen zu verantworten, und andere – nur nicht wir – hätten die Pflicht, die globalen Ressourcen respektvoll zu nutzen.

Wie wir jetzt einsehen müssen, war das falsch.

Teil 1

Das Credo des Marktliberalismus führt in die Irre

2 Zu viel Wahl, zu wenig Zwang

Wirtschaftswissenschaft ist eine höchst nützliche Beschäftigung für Wirtschaftswissenschaftler.

John Kenneth Galbraith, Wirtschaftswissenschaftler

Bitte den Werkzeugkasten!

Die moderne Wirtschaftsrationalität ist eine wesentliche Ursache für unsere Probleme.

Die wichtigsten Grundlagen der westlichen Finanz- und Wirtschaftsordnung stammen aus dem 18. Jahrhundert. An ihrer Entstehung waren damals viele Nationalökonomen und Philosophen beteiligt, Adam Smith ist bis heute der bekannteste. Beträchtliche Teile der Wirtschaftstheorie basieren auf Ideen, die Smith in seinem berühmten Werk *Über den Wohlstand der Nationen. Untersuchung über das Wesen und die Ursachen des Volkswohlstandes* entwickelt hat.

Doch in der Praxis haben viele moderne Ökonomen den Bezug zu Smiths fundamentalsten Prinzipien verloren. Zwar zitieren sie ihn und seine Ideen ganz ungeniert, als ob der Gegenstand ihres Fachs und seine Theorien aufs Engste verschwistert wären. Doch da täuschen sie sich und uns.

Smith wurde vor allem durch seinen Begriff der »unsichtbaren Hand« bekannt; das Bild an sich war damals nicht neu, und Smith selbst hatte es bereits in seiner moralphilosophischen *Theorie der ethischen Gefühle* benutzt.

Heute ist die unsichtbare Hand eine gängige Metapher für die Philosophie des Marktliberalismus und das von ihr vertretene wirtschaftspolitische *Laisser-faire*: Der Handel soll nur wenigen Beschränkungen unterliegen und die Märkte sollen allenfalls behutsam reguliert werden. Allerdings interpretieren wir diese Leitsätze heute radikal anders als von Smith intendiert.

Smith begann seine Laufbahn als Professor der Logik, später hatte er einen Lehrstuhl für Moralphilosophie. In den von ihm formulierten ökonomischen Prinzipien, die wesenhaft auf Ideen der Zweckmäßigkeit, des Ausgleichs und der sozialen Gerechtigkeit beruhen, schlug sich seine Arbeit in beiden Fachbereichen nieder. Smith wollte als engagierter Verfechter der Wettbewerbsfreiheit und des Freihandels Eingriffe des Staates auf ein Mindestmaß begrenzt wissen, doch erkannte er gleichzeitig die vitale Bedeutung eines auf allen Ebenen gerechten wirtschaftlichen Handelns.

Ein fairer sozialer Ausgleich war für ihn zum Beispiel nur dadurch zu erreichen, dass die Reichen höher besteuert würden als die Armen.[3] Und obwohl er Politik und Volkswirtschaft strikt trennte, erklärte er auch, es sei notwendig, dass die Regierungen der Staaten hin und wieder durch gezielte Maßnahmen sicherstellten, dass Einzelne den Markt nicht zu stark dominierten.

Das Wort »Wohlstand« im Titel seines Buchs *Der Wohlstand der Nationen* meinte keineswegs den monetären Wohlstand. Das Buch erklärt nicht, wie Länder ihre Finanzmittel aufstocken können. Es untersucht, auf welche Weise Staaten das Wohlbefinden ihrer Einwohner zu heben vermögen. Für Smith war der Untersuchungsgegenstand der Nationalökonomie zum einen die Frage, wie staatliche Gemeinschaften Prosperität und Fortschritt erzielen können, und zum anderen, wie Fairness und Gerechtigkeit erreicht werden können.

Smith hielt zwar fest, dass die Individuen entsprechend ihrem »Eigeninteresse« handeln. Doch die zeitgenössischen Leser lasen das anders als wir. Der englische Ausdruck »rational self interest« bezeichnete nicht etwa ein egoistisches, sondern ein vernünftiges, das heißt ein gegenüber den Mitmenschen stets verantwortliches Handeln. Für Smith gab es in jedem Menschen ein mächtiges Streben, anderen Menschen zu helfen, und eine heftige Scheu, sie zu verletzen oder auszubeuten.

> »Man mag den Menschen für noch so egoistisch halten, es liegen doch offenbar gewisse Prinzipien in seiner Natur, die ihn dazu bestimmen, an dem Schicksal anderer Anteil zu nehmen, und die ihm selbst die Glückseligkeit dieser anderen zum Bedürfnis machen, obgleich er keinen anderen Vorteil daraus zieht, als das Vergnügen, Zeuge davon zu sein.«[4] *Adam Smith*

Deshalb, so Smith, soll jedes Individuum frei nach Gewinn streben dürfen, denn nur dann lässt ein unsichtbar wirkender Mechanismus alle Individuen im Interesse der sozialen Harmonie handeln.

Smiths aufgeklärte Ideen über soziale Verantwortung behielten lange ihre zentrale Bedeutung für das abendländische Wirtschaftsdenken. Während einige seiner Prinzipien schließlich aufgeweicht und andere, wie etwa jene über die notwendige Regulierung von Monopolstellungen, bisweilen ignoriert wurden, blieben die moralischen Fundamente seiner Lehre fast bis zum Ende des 19. Jahrhunderts unverändert bestehen.

Nach dem Ende des Ersten Weltkriegs grassierte jedoch ein neuer Glaube an die Notwendigkeit radikaler sozialer und politischer Veränderungen. Zugleich waren neue Investitionen notwendig, die die Erholung nach dem Krieg antreiben und eine bessere Welt schaffen sollten. Neue Entdeckungen schienen die faszinierende Möglichkeit zu eröffnen, ein völlig neuartiges Gesellschaftsmodell zu verwirklichen, eines, in dem Krieg und Armut für immer überwunden sein sollten. Von steigenden Aktienkursen beflügelte

Investoren glaubten an eine Spiralwirkung zwischen Fortschritt und wachsendem Wohlstand. Der in der Folge entfesselte Sturm der Begierden führte jedoch auch zu einer gewaltigen Finanzblase und zum großen Börsenkrach von 1929.

Die fatalen Folgen brachten Politiker zu der Einsicht, dass Märkte immer dann zu Fehlschlüssen tendieren, wenn sie ausschließlich von ihren eigenen Steuerungsinstrumenten abhängig sind. Die Politik übernahm daher nach der Weltwirtschaftskrise eine stärker führende Rolle im gesamten Wirtschaftshandeln. Da Banken und börsennotierte Gesellschaften weltweit als Hauptverursacher der Weltwirtschaftskrise galten, glaubten die Regierungen an die Notwendigkeit einer sorgfältigen Regulierung dieser Institute und Organisationen.

Als die Gewerkschaften mächtiger wurden und neue politische Ideen an Einfluss gewannen, ging man in manchen Ländern sogar dazu über, mehrere Sektoren der eigenen Primärindustrie zu verstaatlichen, etwa Kohle, Stromerzeugung, Gasversorgung, Massenmedien, Stahl, Telekommunikation und Wasser. Die Politiker und Volkswirte glaubten damals, in diesen Sektoren würden die Unternehmen unter staatlicher Aufsicht besser gedeihen. Bei der Kohle- und Kraftwerkindustrie, die massive Kapitaleinlagen benötigten und für das Gemeinwesen nützliche Produkte oder Dienstleistungen lieferten, sollten staatliche Kontrollen verhindern, dass Einzelpersonen überhöhte Profite aus den natürlichen Ressourcen der Länder zogen. Andere Industrien galten dagegen als strategisch wichtig, wie etwa die Telekommunikation und die staatlichen Medien. Um sicherzustellen, dass diese im besten öffentlichen Interesse betrieben wurden, erschien eine strikte Überwachung notwendig.

Die Ökonomen glaubten, dass die Blase von 1929 ganz oder zumindest teilweise durch die unsichtbare Hand, also durch Gewinnstreben im Eigeninteresse, verursacht worden sei. Sie schlossen daraus, dass die unsichtbare Hand der Führung bedürfe und der Staat die Märkte regulieren müsse.

In den späten 1970er-Jahren waren allerdings zahlreiche Schwächen der eingesetzten staatlichen Kontrollmechanismen offenkundig geworden. Als es in mehreren Ländern zu häufigen Streiks kam, wurde den Arbeitern vorgeworfen, sie wollten ihre Regierungen erpressen. Staatseigene Unternehmen galten jetzt als ineffektiv und bürokratisch, was nicht zuletzt auf fehlenden Wettbewerb durch konkurrierende Anbieter zurückgeführt wurde.

Die Folge war ein radikaler Wandel im ökonomischen Denken, der dazu führte, dass sich die westliche Welt in vielerlei Hinsicht auf Ideen der 1920er-Jahre zurückbesann. Eine neue Riege von Ökonomen, darunter auffallend viele Vertreter der Chicagoer Schule in den Vereinigten Staaten, redete nun nachdrücklich eher liberalen Methoden das Wort. Aus ihrer Sicht war es am besten, wenn man staatliche Eingriffe auf ein Mindestmaß beschränkte und den Märkten mehr Spielraum für ihre selbstregulativen Mechanismen ließ.

Etwa um die gleiche Zeit betrat ein neuer Politikertypus die Bühne. In den USA wurde Ronald Reagan ins Weiße Haus gewählt, und in Großbritannien übernahm Margaret Thatcher das Amt der Premierministerin. Thatcher musste jedoch ein von Arbeitslosigkeit geplagtes Land regieren.

Beide Politiker waren überzeugt, dass staatliche Einflussnahmen auf Unternehmen unzweckmäßig und verwaltungsintensiv seien, eine »dead hand«, das heißt ein totes Relikt aus der Vergangenheit, das den Weg zu mehr Wachstum und Fortschritt verstellte. Die amerikanischen Politiker wollten ihren Gegnern im Kalten Krieg die Überlegenheit des westlichen Modells der wirtschaftlichen Entwicklung demonstrieren. Der freie Markt sollte über das auf Staatseigentum gegründete Sowjetsystem triumphieren.

So kam der *Washington Consensus* zustande; eine Gruppe aus Ökonomen, Politikern und Journalisten trat für geringere Staatsbeteiligung und mehr Marktfreiheit ein. Globale Institutionen wie der Internationale Währungsfonds (IWF) und die Weltbank stimmten in diesen Chor mit ein. Alle zusammen sorgten für eine spürbare Intensivierung der US-Außenpolitik, die andere Länder anspornte, das amerikanische Modell von Demokratie und Liberalismus mit seinen freien, deregulierten Märkten zu übernehmen.

Teilweise war dieser Sinneswandel auch opportunitätsgesteuert. Damals schien es, als sei der Bankensektor in den Jahrzehnten nach dem Börsenkrach von 1929 und der damit verbundenen Depression stranguliert worden. Staatliche Interventionsmöglichkeiten, eingeführt, um Aktivitäten auf dem Finanzsektor zu regulieren, hatten zu einer Aufteilung in Investment- und Privatkundenbanken geführt. Die Spekulations- und Wachstumskapazitäten der Banken waren dadurch limitiert, ebenso die Optionen, neue Investmentprodukte anzubieten. Banker konnten jetzt mit vermeintlich rationalen ökonomischen Argumenten die Aufhebung dieser restriktiven Kontrollen fordern.

Bald lautete das neue Mantra: »Der Markt hat immer recht, der Staat hat immer unrecht.«[5] Der Ruf nach liberalen Märkten, Freihandel und der Wahlfreiheit des Individuums ging um die Welt. Insbesondere Politiker in den USA, in Großbritannien, Australien, Irland sowie in Teilen Asiens hörten ihn und griffen diese Gedanken bereitwillig auf. Die europäischen Staaten waren zum großen Teil weniger begeistert. Sie folgten eher unkritisch dem eingeschlagenen Pfad, da sie lieber ihr deutlich höheres staatliches Interventionsniveau beibehielten.

Doch es schien, als würden die neuen Ideen greifen. Die folgenden dreißig Jahre waren geprägt vom schnellsten Wachstum der Weltwirtschaft in der Geschichte. Eine Zunahme liberalisierter Binnenmärkte, die fortschreitende Globalisierung und die schrittweise Öffnung von Ländern wie China oder Indien eröffneten ungeahnte neue Marktchancen. Namentlich der Bankensektor wuchs rasant.

Aber die Kräfte, die das Mantra der nahezu unbeschränkten Marktfreiheit freigesetzt hatte, brachten auch mehr Volatilität an den Börsen. Konjunkturzyklen und Preise schwankten infolge von Blasen heftiger – die boomende Informationstechnologie gegen Ende der 1990er-Jahre und die steilen Anstiegskurven der Güter- und Lebensmittelpreise fast ein Jahrzehnt später sind Beispiele für diese Entwicklung. Spekulationen wurden nicht nur geduldet, sondern künstlich erzeugt; so wurden Güterpreise häufig vom tatsächlichen Niveau der zugrundeliegenden Nachfrage abgekoppelt. Die vielfach durch Kredite angetriebenen Verbraucherausgaben stiegen ebenfalls rapide. Die Einkommensschere öffnete sich immer mehr.

Es war klar, dass das Modell des unterregulierten freien Markts irgendwann in einer gigantischen Finanzblase münden musste. Das System scheiterte wie in den 1920er-Jahren. Die größte Schuldenblase der Geschichte führte zur Finanzkrise von 2007 und zur umfangreichsten Übernahme von Bankschulden aller Zeiten durch die Staaten.

Die Tatsache, dass die Blase systematisch erzeugt worden war, hätte niemanden überraschen dürfen. Und natürlich hätte auch niemand schockiert sein dürfen, weil ein komplexes System ohne jegliche Regulierung bedrohlich außer Kontrolle geraten war. Unsere Vertreter aus Politik, Staat und Wirtschaft hätten vorher wissen müssen, dass dies passieren würde – so wie es schon früher passiert war. Es wäre ihre Aufgabe gewesen zu erkennen, dass es weder nachhaltig noch sozial war, dass sich Menschen unverantwortlich überschuldeten. Sie hätten wissen müssen, dass Banker, denen man zu viel Handlungsfreiheit ließ, gravierende Probleme heraufbeschwören würden – denn genau so war es in der Vergangenheit stets gewesen. Und die Gesetzgeber wären gut beraten gewesen, die Blase frühzeitig anzustechen, solange sie noch klein war, denn schließlich hatten sie mit ihrem Amt eine Fürsorgepflicht gegenüber der Gemeinschaft übernommen.

Faktisch hätten wir alle, als Verbraucher, Bürger und Wähler, sehen müssen, dass die Dinge falsch liefen. Wir wussten, dass der steigende Wohlstand und die Geschwindigkeit des Wirtschaftswachstums nicht natürlichen Ursprungs waren. Aber die meisten von uns wandelten lieber weiter auf dem

Pfad der Blindheit und schätzten kurzfristige persönliche Gewinne höher als eine langfristige soziale Verantwortung.

Die Volkswirtschaftslehre ist keine exakte Wissenschaft

Die Politiker und Finanzaufseher in den westlichen Ländern hätten begreifen müssen, dass sie falsch beraten wurden. Sie hätten sich daran erinnern müssen, dass die Tätigkeit der Ökonomen nie dazu gedacht war, ein Modell des allumfassenden und selbstregulierenden sozialen Fortschritts zu liefern. Sie hätten wissen müssen, dass Volkswirtschaft keine exakte Wissenschaft ist – obwohl ihr das Etikett angehängt wird und obwohl viele studierte Volkswirte und Finanzberater, die wünschten, es wäre so, dies behaupten.

Diese Unterscheidung ist wichtig. Wenn Wirtschaftswissenschaftler heute von »ökonomischen Gesetzmäßigkeiten« reden, dann wird uns suggeriert, in ihrem Fach würden eifrig Patentrezepte gesucht und gefunden. Wir sollen glauben, es gäbe so etwas wie ökonomische Gewissheiten. Um als kluge, vertrauenswürdige Experten zu erscheinen, beten Ökonomen gern obskure Konzepte und Theorien herunter. Den Regierungen im Westen haben sie dreißig Jahre lang eingetrichtert, nur der Markt könne die Allokation der Gütermengen gestalten, die Preise bilden und dafür sorgen, dass Angebot und Nachfrage übereinstimmen. Sie erklärten, Smiths unsichtbare Hand garantiere die Selbstregulierung der Volkswirtschaft. Die Politik möge sich da möglichst wenig einmischen.

Es blieb bei der Theorie. Und die trog zum zweiten Mal in einem Jahrhundert.

Ökonomie ist keine Naturwissenschaft wie die Physik oder die Chemie, wo Versuch und Beobachtung schlüssige Resultate hervorbringen. Ihr Gegenstand erlaubt keine sicheren Vorhersagen. Werden zwei chemische Stoffe zusammen erhitzt, dann kennen wir die Reaktionen. Eine Wiederholung unseres Versuchs führt zum gleichen Ergebnis. Aber Ökonomie funktioniert anders. Wenn ein Staat die Zinssätze senkt oder die Steuern erhöht, dann wissen auch die Wirtschaftswissenschaftler nicht wirklich, wie die Sache ausgehen wird. Trifft derselbe Staat die gleiche Maßnahme erneut, dann sind die Ökonomen aufgrund dessen, was vorher der Fall war, immer noch nicht in der Lage, vorherzusagen, was dieses Mal geschehen wird. Oftmals weichen die Resultate von den Erwartungen ab.

Wirtschaftswissenschaftler behaupten nun gern, es liege daran, dass häufig zu viele »Variablen« eine Rolle spielten. Sie schieben die Verantwortung gern »Externalitäten« oder »externen Effekten« zu, Variablen, die vorher nicht bemerkt worden waren. Diese »Externalitäten« können allerdings ausschlaggebend sein.

Ein Beispiel: Aus ökonomischer Sicht ist es ein externer Effekt der Verbrennung fossiler Energieträger, dass bei diesem Vorgang Schadstoffe in die Atmosphäre gelangen. Die Schadstoffbelastung der Luft verursacht Menschen Probleme beim Atmen und führt zu diversen anderen Erkrankungen; außerdem gehört sie zu den Ursachen des Klimawandels. Da unsere Ökonomen diese Folgewirkungen als »Externalitäten« ansahen, unterließen sie es, sie zu quantifizieren, weswegen auch ihre Kosten jahrelang ignoriert wurden. Das Ergebnis nannte Lord Stern als Kopf der britischen Klimawandelforschung »den schwersten Fall von Marktversagen, den die Welt je gesehen hat«.[6]

Die Tatsache, dass ihre eigenen Politiker und Aufsichtsbehörden sich bedingungslos auf Meinungen von Ökonomen und deren fröhliches Vertrauen auf die Marktkräfte verließen, verführte unzählige Menschen zu dem Glauben, die Verbrennung fossiler Energieträger habe kaum ernste Auswirkungen. Sie verursache zwar hie und da Smog und Erkrankungen der Atemwege, und im kleinen Stil werde wohl auch der Planet verschmutzt. Wir ließen uns aber allzu schnell einreden, dass diese negativen Effekte zumindest nichts kosteten. Alle weiterreichenden Folgen übersahen bzw. verschleierten wir als »externe Effekte«.

Selbst heute noch sehen wir über die Kosten unserer Nutzung der fossilen Brennstoffe hinweg. Die Öl-, Erdgas- und Kohlepreise bilden die mit diesen Energieträgern notwendig verbundenen Umweltschäden nicht ab. Sie spiegeln auch nicht ihren stetigen Abbau bzw. dessen Implikationen für die nach uns kommenden Generationen.

Im Sinne der modernen Wirtschaftsrationalität handeln wir angemessen, wenn wir inadäquate Preise für natürliche Ressourcen veranschlagen. Aus heutiger volkswirtschaftlicher Sicht ist es zulässig, diese Ressourcen zu Billigpreisen zu nutzen und den Löwenanteil der Förderkosten nicht zu realisieren. Wie wir noch sehen werden, liegt die gleiche Kurzsichtigkeit auch unserem Konsumwahn zugrunde. Sie ist sogar dafür verantwortlich, dass wir zu viele Kinder bekommen.

Die lange Liste der falschen ökonomischen Weisheiten

Natürlich ist die ökonomische Wissenschaft kein purer Unsinn. Smiths Ideen sind heute teilweise noch genauso gültig wie zur Zeit ihrer ersten Veröffentlichung. Aber die Liste der bedauerlichen Irrtümer des modernen Wirtschaftsdenkens ist dennoch lang.

Die moderne Nationalökonomie affirmiert den freien Handel selbst dort, wo damit keiner von beiden beteiligten Seiten gedient ist. Sie begünstigt einen Überschuss an Wahlmöglichkeiten, zum Schaden des Planeten Erde und unserer eigenen sozialen Gemeinschaften. Sie vertieft gesellschaftliche Gräben. Und sie wirbt für Wachstum als Selbstzweck.

Smith war ein berühmter Verfechter des Freihandels. Dieser sollte aber nicht gänzlich uneingeschränkt sein. Hat eines von zwei Ländern nichts zu verkaufen oder wird es ausgebeutet, dann kann es mit dem freien Handel nicht funktionieren; wo strategische, unter Umständen protektionsabhängige Industrien im Spiel sind, funktioniert er auch nicht immer, und ebenso ist es bei Unternehmen, die zum Wachsen Zeit brauchen. Der Handel sollte möglichst frei sein, aber er darf nie ganz uneingeschränkt sein.

Übermäßig liberalisierte Märkte sind für Entwicklungsländer das entscheidende Hindernis auf dem Weg zur ihrer Industrialisierung. In modernen Handelsanalysen steht zu lesen, dass die Entwicklungsländer den Industriestaaten ihre Rohstoffressourcen verkaufen und dafür raffinierte Industriewaren erhalten sollen. Für Autos und DVD-Player können Entwicklungsländer zum Beispiel ihre Kohlevorräte anbieten. So erhalten die reichen Länder die benötigten Rohstoffe und einen Markt, auf dem sie ihre Endprodukte absetzen können; die armen Länder erhalten die Möglichkeit, ihre Ressourcen zu verkaufen und dafür schicke Erste-Welt-Produkte zu erwerben.

Doch was, wenn die Entwicklungsländer Autos und DVD-Player selbst produzieren wollen? Was, wenn sie Gesellschaften aufbauen wollen, deren Basis mehr ist als Graben, Bohren und Roden? Was, wenn sie ihre Wissenschaftler und Ingenieure im eigenen Land ausbilden und dort auch Stellen für sie schaffen wollen? Unter den Bedingungen des unbeschränkten Freihandels ist es für solche Länder nahezu unmöglich, eine Basis für eine eigene industrielle Güterproduktion zu schaffen. Sobald sie versuchen, Industrien aufzubauen, treffen sie auf den erbitterten Widerstand der Konzerne in den entwickelten Staaten, die mit aller Kraft versuchen, das Aufkommen neuer Konkurrenten zu verhindern.

Unter den Bedingungen des uneingeschränkten Freihandels sind Handelsunternehmen in Entwicklungsländern nicht wettbewerbsfähig. Ohne die Wirtschaftlichkeit der Massenproduktion und die Ertragsvorteile der Produktionserfahrung können sie ihre Autos und DVD-Player weder so billig produzieren wie die Anbieter aus Industrieländern, noch haben sie die Möglichkeit, alternative, konkurrierende Technologien zu entwickeln. Die Preise ihrer lokal hergestellten Produkte sind höher als die Preise für Importwaren. Durch den uneingeschränkten Freihandel ist es für die Entwicklungsländer also nahezu unmöglich, ihre Industrialisierung in eigene Hände zu nehmen.

Grenzenlos freier Handel zwischen reichen und armen Ländern bedeutet im Klartext, dass Entwicklungsländer in Zukunft nie etwas anderes sein werden als Entwicklungsländer. Damit können sie sich entweder abfinden – oder sie können Handelsbarrieren errichten. Sind diese Barrieren einmal geschaffen, haben die Länder Zeit gewonnen, um eine eigene gewerbliche Produktion in Gang zu bringen, das heißt ihre Bevölkerung zunächst eine Zeit lang höhere Preise für ihre vor Ort produzierten Autos und DVD-Player bezahlen zu lassen, den Zorn der ausländischen Handelspartner geduldig zu ertragen und danach, sobald sie wettbewerbsfähig geworden sind, ihre Grenzen zu öffnen.

Nichts anderes hat die Volksrepublik China im vergangenen Vierteljahrhundert getan. Dass China nicht an den unbeschränkten Freihandel glaubt, erscheint nicht nur aus sozialer Perspektive, sondern auch mit Blick auf die Entwicklung des Landes plausibel. Die Handelsbarrieren ermöglichen China notwendige Entwicklungsprozesse. Solche Regulationsmechanismen verstoßen aber gegen die Regeln der modernen westlichen Volkswirtschaftslehre. Deshalb erheben westliche Länder gegen China den Vorwurf, es übervorteile seine Handelspartner. Es heißt, die chinesischen Handelspraktiken seien unfair.

Es ist falsch zu sagen, Freihandel sei gut und geschlossene Märkte seien schlecht. Die heute im Westen gelehrte Ökonomie hat uns aber beharrlich in diesem Irrglauben bestärkt.

Ein DVD-Player muss mehr kosten als ein Mittagessen

Außerdem neigt die moderne Wirtschaftsrationalität zur Unterbewertung der Welt. So war sie unfähig, anfallende Kosten für Verschmutzung, Verschwendung sowie für die Entsorgung vieler unserer Gebrauchsartikel zu erfassen und auszuweisen. Sie hat uns beigebracht, kurzfristig zu denken, statt die Bedürfnisse künftiger Generationen mit zu bedenken.

Die Kaufpreise für natürliche Ressourcen stehen in keiner vernünftigen Relation zu ihrem Wert. Es ist schlicht Irrsinn, dass der Preis für ein Barrel Öl, das durch Erdaktivität in Millionen Jahren entstanden ist, das außerdem aus einer schwindenden Reserve entnommen wird und für viele zukünftige Generationen einen Wert haben könnte, nur 150 US-Dollar beträgt. Er hält uns nämlich weder davon ab, Öl zu verschwenden – über 80 Prozent der geförderten Menge geht einfach verloren –, noch spiegelt er die durch die Ölgewinnung bedingte Belastung der Umwelt, etwa bei der Förderung freigesetzte Treibhausgase oder jene Schäden, die unmittelbar durch Bohrungen verursacht werden.

Wasser ist eine weitere endliche Ressource. Ohne Wasser können wir nicht leben. Dennoch wird es fast überall auf der Welt verschwendet, denn wir können kostenlos darüber verfügen. Fabriken und Schiffe dürfen ungestraft Flüsse und Seen verschmutzen, während Hunderte Millionen Menschen hungern, weil sie kein Wasser zum Bewässern ihrer Felder haben.

Wir zerstören auch die Regenwälder und überfischen die Meere. Wir rotten Arten tausendfach und ohne sichtbare Kosten aus, weil unsere heutige ökonomische Wissenschaft uns kein praktisches Mittel an die Hand gibt, um ihren Wert zu erfassen. Die allermeisten gesetzlichen Kontrollvorschriften, die solche Umweltverstöße unterbinden sollen, scheitern an unserer entschiedenen Ablehnung jeglicher Regulierung der Märkte – und keineswegs deshalb, weil es irrelevant ist, was wir den Wäldern und Meeren antun.

Der Preis für unsere Missachtung der Natur spiegelt sich kaum je in den Preisen, die wir beim Kauf einzelner Artikel bezahlen – was er nach der klassischen Nationalökonomie aber sollte.

Kaufen wir eine auf Palmöl-Basis hergestellte Seife, dann spiegelt ihr Preis nicht den Wert der Regenwälder, die brandgerodet wurden, um Ölpalmen anbauen zu können. Auch die Ausrottung der Tier- und Pflanzenarten, die früher in den Wäldern lebten und bei der Brandrodung oft qualvoll umkamen, taucht im handelsüblichen Kaufpreis für die Seife nicht auf. Noch trägt er der Geschwindigkeit Rechnung, mit der die Ölbäume die verbleibenden Nährstoffe im Erdreich verbrauchen. Beim Verzehr von Fisch bleiben die direkten Kosten der Seefischgewinnung unsichtbar. Wir bezahlen lediglich die indirekten Kosten, die entstehen, wenn Fischer mit Booten auf offene Meere hinausfahren, um sie leer zu fischen. Die Meere werden nicht bezahlt.

In vielen Weltregionen ist der Mietpreis für ein Fahrrad höher als der für ein Auto, trotz der Differenz der jeweils für die Herstellung benötigten Ressourcen und ihrer relativen Umweltkosten. Ein DVD-Player kostet weniger als das Mittagessen in einem durchschnittlichen westlichen Restaurant, obwohl doch alle Inhaltsstoffe für das Mittagessen ersetzbar sind – die des DVD-Players aber nicht. Ein Flug von London nach Athen kostet häufig weniger als die Busfahrt zum Flughafen. Eine Brille kostet mehr als eine Waschmaschine. Eine Fahrt mit dem Pkw ist billiger als die gleiche Strecke mit der Bahn, obwohl die anfallenden Verschmutzungs-, Verkehrsbelastungs- und Bodennutzungskosten bei der Fahrt mit dem Auto höher liegen. Hotels berechnen für Sockenwäsche Preise über dem Anschaffungspreis für ein neues Paar.

Im Sinne der modernen Wirtschaftsrationalität sind solche Preisanomalien plausibel. Auf der ganzen Welt werden ständig Waren unter Wert verkauft, während zugleich andere Güter auf Mülldeponien landen, da die Kosten der Wiederaufbereitung höher wären. Unter ökologischen wie moralischen Gesichtspunkten ist das absurd.

Auf die Gründe für diese Preisanomalien kommen wir weiter unten zurück.

Reich gewinnt, Arm verliert

Für bestimmte Menschen waren die modernen Wirtschaftstheorien natürlich buchstäblich Gold wert. Ihre praktische Umsetzung in Form der entfesselten Macht des Marktes, der Unterbewertung der Weltressourcen und des Konsumerismus hat einige Leute signifikant reicher, ja vielleicht sogar glücklicher gemacht. Während in der Vergangenheit bei solchen Personen der private Vermögenszuwachs mit einem proportional wachsenden Gefühl sozialer Verantwortung gekoppelt war, einer Verpflichtung gegenüber anderen, weniger vom Schicksal begünstigten Menschen, sind die Ultrareichen heute weitgehend frei von allen moralischen Skrupeln.

Und die Reichen bleiben in der Minderheit. Der großen Mehrheit der Menschen hat die moderne Ökonomie wenig Nutzen gebracht. Es ist richtig, dass in den vergangenen fünfzehn Jahren Millionen Menschen der absoluten Armut entrissen wurden. Aber ihr etwas besseres Leben dauerte nur kurz. Durch die Finanzkrise und gestiegene Nahrungsmittelpreise ist heute für viele wieder alles beim Alten. Selbst in der entwickelten Welt lassen nicht wenige Wohltaten unserer liberalen Marktordnung eher an Strafen denken: so der Schuldenberg, der Anstieg unsicherer, niedrig entlohnter Beschäftigungen und die grassierende Fettleibigkeit.

Selbst Ökonomen erklären uns heute, so sei das nicht geplant gewesen. Eigentlich sollte die Liberalisierung der Märkte den Wohlstand gleichmäßiger umverteilen. Er sollte von oben nach unten »sickern«. Man dachte, die Reichen bräuchten nur ihr Geld auszugeben, dann würde es in Kürze (durch einen nicht spezifizierten Prozess) am Sockel der Pyramide ankommen und die Armen reicher machen.

Das ist aber nicht passiert. Vielmehr ging die Schere zwischen Arm und Reich während der letzten dreißig Jahre in fast allen Ländern der Welt weiter auf.

Das sind schlechte Nachrichten, und sie betreffen uns alle. Wie Untersuchungen übereinstimmend belegt haben, sind Gesellschaften mit schwach ausgeprägten Einkommensungleichheiten weniger gewalttätig, gesünder und stärker von wechselseitigem Vertrauen geprägt. Nicht zufällig fiel Amerikas boomende Entwicklung der 1950er- und 1960er-Jahre in eine Zeit, in der die Einkommensungleichheit den niedrigsten Pegel seit Jahrzehnten erreichte. Ebenso wenig haben die Japaner einfach nur Glück gehabt, dass die soziale Balance in ihrem Land eine über zwanzig Jahre andauernde Stagnation überdauerte. Dabei hing viel davon ab, dass das Gefälle zwischen Arm und Reich sehr flach gehalten wurde. Klafft der Wohlstandsgraben zwischen reich und arm nicht zu weit auf, steigert das sogar die durchschnittliche Lebenserwartung.

Natürlich kann ein gewisser Grad an Einkommensungleichheit auch nützlich, ja sogar wünschenswert sein. Die individuelle Anstrengung muss belohnt werden. Wir sind nicht alle gleich. Aber die riesigen Unterschiede, die heute in den Vereinigten Staaten, in weiten Teilen von Lateinamerika, in Asien und Afrika bestehen, sind kontraproduktiv und schädlich. Für den sozialen Zusammenhalt stellen sie eine Bedrohung dar.

Wie die kommenden Kapitel zeigen werden, sind sie aber nicht die einzige Gefahr.

3 Die marode Finanzordnung

Wenn das Geld nicht Euer Diener ist, so wird es bald Euer Herr sein.
Francis Bacon

Konsum: Rausch und Ratio

Es mag eine wichtigere, aber ganz gewiss keine offenkundigere Folge von drei Jahrzehnten volkswirtschaftlicher Kurzsichtigkeit gegeben haben als die Finanzkrise im Jahr 2007. Wir betrachten sie zwar gerne wie ein fernes historisches Ereignis, sie war aber viel zu einschneidend, um als vergangen zu gelten. Wie radioaktiver Fallout nach einer Atomexplosion wird sie die westlichen Volkswirtschaften auf Jahre vergiften.

Was da giftig weiterstrahlt, sind Schulden. Verbraucherschulden, Bankschulden und Staatsschulden werfen dunkle Schatten in unsere Zukunft.

Die Weltwirtschaft war und bleibt vom Konsum abhängig, also davon, dass Menschen Güter einkaufen, um ihren täglichen Bedarf zu decken. Da nun die westlichen Volkswirtschaften größer sind als alle anderen, bedeutet das, dass sie hauptsächlich vom Konsum in den westlichen Ländern abhängt. In den Vereinigten Staaten tragen private Käufer, die beispielsweise Autos und Kameras, Versandhausmöbel, Unterhosen und Schuhe kaufen, über 70 Prozent zum Wirtschaftsvolumen bei. Und auch in Deutschland macht der Konsum immer noch 60 Prozent der gesamten Wertschöpfung aus, obgleich deutsche Verbraucher im Ruf stehen, sparsamer zu wirtschaften.

Auf hohen Konsumanteilen basieren auch die Volkswirtschaften vieler Entwicklungsländer. Wegen der niedrigen Pro-Kopf-Ausgaben in diesen Ländern ist der Gesamtwert aber kaum signifikant. Der Motor der Weltwirtschaft blieb daher der westliche Konsum. Er hat das globale Wirtschaftswachstum während der letzten drei Jahrzehnte angetrieben.

Damit die Weltwirtschaft wachsen konnte, mussten die westlichen Gesellschaften ihren Konsum stetig steigern. Das wiederum setzte voraus, dass einer von zwei Faktoren sich permanent veränderte: Entweder mussten die Verbraucher über immer mehr Geld für Ausgaben verfügen, oder die Preise der von ihnen gekauften Güter mussten immer tiefer fallen. Dass *beide*s eintraf, war direkt verknüpft mit dem in den späten 1970er-Jahren zu beobachtenden Wandel dessen, was ökonomisch vernünftig erschien.

Hersteller in aller Welt schufteten unermüdlich, um fast alle ihre Produkte zu billigeren Preisen anbieten zu können. Ein Kraftfahrzeug, eine Waschmaschine, ein Paar Socken kosteten 2010 preisbereinigt erheblich weniger als 1980.

Für Unternehmen waren Kostenkürzungen das Mittel der Wahl. Lohnkosten ließen sich senken, indem man Fabrikstandorte in Entwicklungsländer wie China oder Bangladesch verlegte. Durch neue Güterdesigns wurden die Montage und die Verschickung zahlreicher Produkte erleichtert. Unternehmen drückten die Einkaufspreise für Zwischenprodukte und Rohmaterialien. Staatlich ratifizierte Freihandelsabkommen halfen, neue Absatzmärkte zu erschließen, Bürokratie abzubauen und Frachtkosten rund um die Welt zu senken.

Solche Hebel waren brauchbar, um die Welt »flacher« zu machen, um in Tianjin gefertigten Tand und Trödel in Toronto, Tokio und Tel Aviv am Markt zu platzieren.

Das hieß Globalisierung.

Wenn es damals noch wie ein rühmlicher Ansatz erscheinen konnte, dass Betriebe Kosten senkten und die Umsätze in die Höhe trieben, so lernten viele Menschen doch bald die unangenehmen Nebenwirkungen der Entwicklung kennen. Fabrikschließungen in Nordamerika und Europa führten dazu, dass Jobs verloren gingen. Arbeiter (darunter auch Kinder) in Indonesien und China wurden häufig ausgebeutet, sprich zu Überstunden für Bezahlung unter dem gesetzlichen Mindestlohn gezwungen. Vielfach wurden in Entwicklungsländern Fabrikabfälle unreguliert in Flüsse geleitet und vernichteten flussabwärts alles Leben. Wälder wurden gerodet. Staaten sicherten durch dubiose Regelungen ihre Treibstoffversorgung und verschafften sich Zugriff auf natürliche Ressourcen. Die Qualität der angebotenen Güter sank nun ebenfalls häufig, denn ihr Design sah bereits vor, dass sie rasch verschleißen, technisch veralten oder aus der Mode kommen würden – auch das waren konsumanregende Maßnahmen.

Gleichzeitig entdeckten westliche Verbraucher neue Investitionsmöglichkeiten. Obwohl die Realeinkommen während dieser ganzen Zeit insbesondere in den USA kaum stiegen, griffen die Konsumenten immer häufiger ihre Ersparnisse an. Hinzu kam, dass mehr Menschen Kreditangebote nutzten und sogar Hypotheken auf ihre privat genutzten Immobilien aufnahmen.

Die Darlehen wurden meist von Banken sowie von Finanz- und Kreditunternehmen vergeben. Die Finanzierer taten dies mit Vergnügen, weil sie an den Krediten verdienten, aber auch, weil Vertreter aus Politik, Wirtschaft und Finanzmarktaufsicht sie zu einer Erweiterung der Kreditvergabe anhielten. Diese befürchteten nicht grundlos, alles andere könnte das Wirtschaftswachstum womöglich bremsen. Wenn die Kreditvergabe nicht weiter expandieren würde, musste der Konsum zwangsläufig nachlassen; dann wäre es auch mit der Erweiterung von Fabriken vorbei gewesen, und Schiffe und Luftfrachtgesellschaften wären bald gezwungen, ihre Containerterminals und Flugzeuge stillzulegen. Der ganze Konjunkturmotor würde abgewürgt.

Niemand wollte das.

So führte ein seit dreißig Jahren andauernder Konsum- und Kreditwahn 2007 zur Finanzkrise. Die Verantwortung für diese Entwicklung tragen zum großen Teil heutige Ökonomen. Von ihnen stammte die Idee, Märkte sollten so wenig wie möglich reguliert werden. Sie rieten den Politikern und Finanzaufsehern, einen Schritt zurückzutreten und die unsichtbare Hand die Hauptarbeit erledigen zu lassen. Sie waren verantwortlich, als die Welt die Strategie der Krebszelle übernahm, als man uns den Glauben lehrte, Wachstum sei nicht Ergebnis, sondern Sinn und Zweck unseres geschäftlichen Handelns. Sie formulierten Bankenrichtlinien für die uneingeschränkte Kreditvergabe, was zur Folge hatte, dass die Bankkunden mehr Schulden aufnehmen konnten, als sie bedienen konnten.

Der verbleibende Schuldenstand ist die Ursache dafür, dass diese Krise noch lange Zeit fortwirken wird. In den Vereinigten Staaten und in Teilen Europas übersteigen die Verbraucher- und Bankschulden die Größe der Volkswirtschaften. Weltweit wurden Banken durch Millionen wertlose Anleihen lahmgelegt. Um die Banken zu entlasten, nahmen verschiedene Staaten nach 2007 höhere Schulden auf, als für sie zuträglich war.

Es ist wie der Morgen nach einer Party. Die entwickelte Welt ist mit einem finanziellen Kater nach dreißig Jahren hemmungsloser Zecherei erwacht.

Wie groß ist die Welt?

Wo von Weltschulden und Bankgrößen die Rede ist, geht es um Billionen. Bei so gigantischen Zahlen verlieren aber viele von uns leicht die Übersicht. Also von vorn – wie viel ist eine Billion? Eine Billion bedeutet tausend Milliarden. Es ist eine 1 mit 12 angehängten Nullen. Eine Billion Dollar, das entspricht den Umsätzen des Wal-Mart-Konzerns in zweieinhalb Jahren. 2009 belief sich die wirtschaftliche Wertschöpfung der Welt auf rund 60 Billionen Dollar jährlich. Das indische, das russische sowie das texanische Bruttoinlandsprodukt (BIP) lagen 2009 bei jeweils knapp über 1 Billion Dollar. Das amerikanische BIP betrug 14 Billionen Dollar. In China und Japan waren es 5 Billionen und in Deutschland 3,4 Billionen. In der Schweiz, Indonesien und Belgien lag die Konjunktur im Jahr 2009 bei etwa einer halben Billion Dollar. Die amerikanischen Schulden überstiegen 80 Billionen Dollar.

Wie hart landen wir?

Die Geschichte der Finanzmisere, Ergebnis einer dreißig Jahre andauernden Konsumorgie, kann in drei Teilen erzählt werden, von denen leider keiner ein Happyend hat.

Der erste Teil betrifft die Verbraucherschulden in den USA und in weiten Teilen Europas. Ohne Schuldenerlässe und Hypothekenstundungen stehen womöglich bald Millionen Menschen, die alle zu viele iPods, Pullover und Küchen gekauft haben, vor der Pleite.

Im zweiten Teil der Geschichte geht es um unser Bankensystem. Schwache Regulierungen und dreißig Jahre leichtfertiger Kreditvergabe bedeuten, dass unser Weltwährungssystem großenteils ein Passivposten bleibt. Wie das ausgehen wird, steht in den Sternen.

Teil drei betrifft die Staatsverschuldung im Westen und in Japan. Durch Übernahmen von Bankschulden und finanzpolitische Rettungsmaßnahmen sind die Staatsschulden sprunghaft angestiegen. Eine Zeit lang werden sie weiter ansteigen, bis auch sie eines Tages getilgt werden müssen. Dazu werden etliche Staaten nicht in der Lage sein. Ihre Schulden werden zu groß und die Zinsen – und folglich die Tilgungszahlungen – zu hoch sein, um weiteres Schuldenwachstum zu verhindern. Einigen Staaten der entwickelten Welt droht deshalb der Bankrott. Darin liegt das Problem.

Die Finanzkrise von 2007 mag vielen wie ein Erdbeben vorgekommen sein, in Wirklichkeit war sie nur ein Vorgeschmack auf das, was uns bevorstehen könnte, wenn der Westen seine Finanzprobleme nicht in den Griff bekommt. Was 2007 geschah, hat keine Korrektur nach sich gezogen. Es lief bloß ein Riss durch das westliche Finanzsystem, aber so, dass das Ganze nicht zusammengebrochen ist.

Nun sind schon mehrere Banken pleite gegangen, und immer noch kann der Westen nicht entspannt auf die größte Spekulationsblase in der Geschichte zurückblicken. Deren Implikationen werden noch Jahrzehnte lang zu spüren sein.

Bedauerlicherweise kann höchstwahrscheinlich weder die heutige Volkswirtschaftslehre noch können unsere staatlichen Finanzaufsichtsbehörden oder der freie Markt die entstandenen Probleme meistern. Schließlich haben sie selbst sie geschaffen. Um aus dem durch die westliche Kaufwut geschaufelten Finanzloch wieder herauszukommen, sind radikale Maßnahmen erforderlich – und ein anderes Denken.

Verbraucherschulden

Jahreseinkommen 50 000 Dollar, Jahresausgaben 80 000 Dollar

Ergebnis: Elend

Die Finanzkrise von 2007 wurde zuerst durch einen Rückgang der amerikanischen Immobilienpreise ausgelöst. Der Immobilienmarkt war aber nicht das Hauptproblem. Das waren die Schulden. Nach über einem Vierteljahrhundert der kontinuierlichen Verbrauchssteigerung bei gleichzeitig stagnierenden Realeinkommen waren die Ersparnisse vieler amerikanischer und europäischer Familien aufgebraucht und die Praxis der Kreditaufnahme außer Kontrolle geraten.

Jahrzehntelang hatte die durchschnittliche amerikanische Familie zwischen acht und zwölf Prozent der von ihr erwirtschafteten Summe zurückgelegt. So blieb es bis Mitte der 1980er-Jahre. Amerikaner sparten für Notzeiten, vor denen ihre Großeltern sie immer gewarnt hatten; sie sparten für medizinische Behandlungen, die sie vielleicht einmal benötigen würden, und für ihren Ruhestand.

Doch als die Wirtschaft während der 1990er-Jahre kontinuierlich wuchs, dachten viele Menschen allmählich weniger ans Sparen und zunehmend ans Konsumieren. Die Arbeitslosenquote war niedrig, und politische Entscheidungsträger rieten den Menschen zu konsumieren, statt zu sparen. Da es so einfach geworden war, Kredite aufzunehmen, war die Versuchung noch größer, sich die eine oder andere Ausgabe zu leisten. Wer Geld für eine Operation, für einen neuen Wagen oder ein Haus benötigte, bekam es meist zügig von der Bank. Sparen war obsolet geworden.

Damals schwammen amerikanische Banken im Geld und verliehen es mit Freuden. Zum Teil dank der Integration asiatischer Wirtschaftszentren in das globale Bankensystem verfügten westliche Banken damals über hohe Geldreserven, für die sie keinen unmittelbaren Verwendungszweck hatten.

Das ebnete der Masse der Amerikaner den Weg zu günstigen Hypothekendarlehen. Als dadurch die Nachfrage auf dem Häusermarkt stieg, stiegen auch die Immobilienpreise. So wurde der Markt noch attraktiver für die Banken, die entsprechend weniger darauf achteten, an wen sie das Geld verliehen. Sie achteten zum Beispiel weniger darauf, dass Kunden alle Bonitätsstandards erfüllten. Um die gleiche Zeit begannen amerikanische Familien weniger zu sparen, bis sie im Jahr 2006 nur noch durchschnittlich 1 Prozent ihrer Einnahmen zurücklegten. Viele Amerikaner hatten gar keine Sparrücklagen.

Dieses reguläre Schuldenmachen und Geldausgeben sollte bald außer Kontrolle geraten. Je mehr Darlehen die Banken gewährten, umso schneller stiegen die Immobilienpreise. Die Banken wiederum, denen die Finanzaufseher keine Restriktionen auferlegten, vergaben daraufhin noch mehr Darlehen, etwa in Form von Kraftfahrzeugkrediten oder indem sie die Kreditlinien ihrer Kunden erweiterten. Dergleichen Angebote waren nur ein weiterer, kleiner Schritt, und sie brachten noch höhere Gewinne. Die verfügbaren Einkommen und die Beschäftigung wuchsen; viele Bankkunden nahmen jetzt zusätzliche Hypotheken auf ihre im Wert steigende Erstimmobilie auf.

Bei Überziehung der Kredit- oder Kundenkarten konnte die Bank die Schuldner ja immer noch zum Verkauf ihres Eigenheims zwingen. Kaum jemand dachte an natürliche Konjunkturzyklen oder bedachte die Tatsache, dass Immobilienpreise auch fallen können.

Große Bedeutung für diese Geschichte hatte die Praxis der »Verbriefung«, ein komplexer Begriff für einen im Grunde simplen Vorgang. Von Verbriefung spricht man, wenn Banken die Risiken mehrerer Kredite – etwa von Hypothekendarlehen – bündeln und die so entstandenen Portfolios Anlegern als Wertpapiere verkaufen, mit denen Handel getrieben werden kann. Die Verbriefung gestattete es den Banken, sich durch den Verkauf der von ihnen gewährten Hypotheken Mittel für die Vergabe weiterer Hypothekendarlehen zu beschaffen, die sie ebenfalls verbrieften, wodurch sie über noch mehr Kreditmittel verfügten.

Für die von Banken verbrieften Anlagenportfolios fanden sich zahlreiche Käufer. Pensionskassen und Versicherungsgesellschaften ertranken weltweit im Cashflow der Babyboomer und suchten neue Investitionsmöglichkeiten. Da schien ein Stück vom Kuchen des boomenden US-Immobilienmarkts genau das Richtige.

Für die Sicherheit der von den Pensionskassen und Versicherern getätigten Investitionen sollten Ratingagenturen wie Moody's oder Standard & Poor's sorgen. Diese unabhängigen Agenturen hatten die Aufgabe, die Bonität der verbrieften Hypothekenportfolios einzustufen. Wenn die Hypothekenportfolios an wohlhabende Kunden mit guter »Kreditvergangenheit« vergeben wurden, dann verlieh die Ratingagentur dem Gesamtpaket in der Regel die begehrte Höchstnote *Triple A* oder *AAA*. Die Käufer hielten diese verbrieften Darlehen für ebenso sicher wie Staatspapiere.

Doch die Banken veränderten ihre Kreditvergabe. Sie wurden immer skrupelloser. Die Banken verliehen Geld an Personen ohne festes Einkommen oder nachweisbare Bonität. Allerdings konnten die Banken für Hypothekendarlehen, die sie Menschen ohne Arbeit anboten, kaum Garantien abgeben, denn die zählten ja nicht zu den erstklassigen AAA-Kunden, sondern waren »sub-prime« – sprich zweitklassig bis bankrottverdächtig –, und wer kauft schon gern einen Haufen Kredite mit hohem Ausfallrisiko?

Zur Umgehung des Problems bündelten die Banken die Anlagen jetzt häufig neu. Dabei mischten sie eine größere Anzahl sicherer Papiere mit einer kleinen Anzahl sehr unsicherer. Solange die Immobilienpreise anstiegen, war die Rate der Zahlungsausfälle selbst noch bei den fragwürdigsten Krediten niedrig – somit war es leicht, die Sicherheit dieser zweitklassigen Hypothekenkredite darzustellen. Den verbriefenden Banken fiel es dadurch leicht, die von ihnen für ihre Einstufungen bezahlten Kredit-Ratingagenturen dazu zu bringen, diese gemischten Anlagenportfolios durch gute Bewertungen für Anleger attraktiv zu machen.

Wenig später erreichte eine Kapitalflut das globale Finanzsystem und trug die Immobilienpreise in den USA, Spanien, Großbritannien, Irland und vielen anderen Ländern der Welt in schwindelerregende Höhen. Die steigenden Häuserpreise spiegelten freilich keinen realen Wertanstieg, die Preise stiegen vielmehr deshalb, weil die Leute leichter Kredite bekamen und infolgedessen mehr Geld ausgeben konnten.

Während die Finanzaufseher, trunken vom liberalistischen Glauben an die Selbstregulierungskräfte des Marktes, ruhig schlummerten, fielen Anleihen, die nach einer zunehmend fragwürdigen Logik neu gebündelt und danach wiederverkauft wurden, in die Hände zunehmend unsicherer Kreditnehmer. Dann geschah, was am Ende jeder Blase geschieht: Der Markt brach plötzlich zusammen. Die amerikanischen Immobilienpreise hörten auf zu steigen. Praktisch über Nacht saßen Kreditnehmer, Banken und Investoren auf einem Berg ebenso gewaltiger wie riskanter Schulden, die sie nicht bedienen konnten.

Als die Krise ausbrach, hatten die Banken oftmals weit über ihren Bilanzrahmen hinaus Geld verliehen. Als ebenso fragwürdig konnte die Anlagepraxis der Pensionskassen und Versicherer gelten, die die verbrieften Hypothekenportfolios bereitwillig gekauft oder garantiert hatten. Die Finanz- und Kreditinstitute verfügten in vielen Fällen nicht über das nötige Kapital, um ihre Verluste zu verschleiern; deshalb wurden staatliche Finanzhilfen für Banken unerlässlich. Während manche Banken schon nach kurzer Zeit in Konkurs gingen, wurden andere, darunter einige der weltgrößten Häuser wie die Citibank, die Bank of America, der Versicherungskonzern American International Group (AIG) und die Royal Bank of Scotland (RBS), faktisch verstaatlicht.

Für Millionen Bankkunden, die Hypotheken auf Immobilien aufgenommen hatten, die ihre realen Vermögensverhältnisse überstiegen, gab es keine entsprechenden Überbrückungshilfen. Viele mussten Konkurs anmelden, oder sie überschrieben ihr Eigenheim den Banken, die ihre Hypothekendarlehen vorher verbrieft hatten. Zwar konnten sich die meisten notdürftig über Wasser halten, doch die fehlenden Sparrücklagen verschärften ihre Lage zusätzlich. Die Notzeiten, vor denen ihre Großeltern stets gewarnt hatten, waren Realität geworden. Sie saßen mit leerem Sparschwein auf einem Schuldenberg.

Dass diese Verpflichtungen zum größten Teil immer noch bestehen, hat globale Auswirkungen. Die Banken werden noch auf Jahre geizen müssen, um ihre Bilanzen in Ordnung zu bringen. Um ihre Kreditschulden abzubezahlen, müssen daher Millionen amerikanischer und europäischer Verbraucher künftig sparsamer leben und ihre Ausgaben einschränken. Die Ausgabensenkung der westlichen Verbraucher wird wiederum dazu führen, dass weltweit Fabriken ihre Produktion zurückfahren müssen.

Nun hoffen natürlich viele, dass der Ausgabenrückgang im Westen durch schnell wachsende Volkswirtschaften wie China oder Indien kompensiert werden kann. Man nimmt an, dass die konsumgetriebene Weltwirtschaft in dem Moment gerettet sein wird, in dem die Chinesen und Inder anfangen, ihre Ausgaben zu erhöhen. Aber die privaten Verbraucherausgaben in

China liegen bei unter 20 Prozent des amerikanischen Niveaus, und Chinesen neigen nun einmal zur Sparsamkeit. 2010 entsprachen zehn Dollar, die ein amerikanischer Verbraucher ausgab, nur 0,42 Dollar beim chinesischen Konsumenten. Inder gaben nur ein Drittel dieses Betrags aus. Da der Konsum in China und Indien nur sechs Prozent des globalen BIP ausmacht, ist es noch ein weiter Weg, bis die Verbraucher in diesen Ländern das Defizit ausgleichen können.

Der lange Weg zum Verbraucher

Dieses »Deleveraging«, sprich die Rückzahlung von Verbraucherschulden und Substituierung ihres Eigenkapitals, wird ein langwieriger Prozess, denn für jede kurzfristige Tilgung sind die Schulden zu hoch.

Ende 2009 beliefen sich die Gesamtschulden der amerikanischen Verbraucher auf 13,5 Billionen Dollar, umgerechnet 130 000 Dollar pro Privathaushalt oder 45 000 Dollar pro Kopf. Die Schulden einer durchschnittlichen amerikanischen Familie waren 2,9 Mal so hoch wie ihr erwirtschaftetes Einkommen. Selbst wenn wir von steigenden Zinssätzen absehen, werden zwischen zwanzig und dreißig Jahre vergehen, bis diese Schulden abbezahlt sind.

Natürlich betrachten wir hier nur eine Seite der finanzwirtschaftlichen Gleichung: die Verbindlichkeiten. Die Aktiva der amerikanischen Verbraucher sind nicht berücksichtigt. Die Aktiva der privaten amerikanischen Haushalte am Ende des Jahres 2009 lagen laut dem Bericht der US-Zentralbank bei 55 Billionen Dollar, vier Mal so hoch wie die Schulden.

Wo liegt also das Problem?

Die Schwierigkeit besteht darin, dass die Verbindlichkeiten und die Aktiva ungleichmäßig verteilt sind Die reichsten 30 Millionen Amerikaner besitzen 70 Prozent der Aktiva, mit einem Wert von ca. 39 Billionen Dollar. Am anderen Ende des finanziellen Spektrums hatten 120 Millionen Amerikaner ein durchschnittliches Nettovermögen von 920 Dollar. Mehr als 24 Prozent[7] der privaten Haushalte – mit 25 Millionen Einfamilienhäusern – verfügten 2010 über *keine* marktfähigen Aktiva.

Dieses Ungleichgewicht zwischen Aktiva und Verbindlichkeiten erklärt, warum 2009 mehr als zwei Millionen amerikanische Einfamilienhäuser gepfändet oder versteigert wurden, und warum bei weiteren 7,4 Millionen[8] Zahlungsverzug angemeldet worden war oder die Zwangsvollstreckung kurz bevorstand. Eine weitere Million Häuser waren bereits Bankeigentum. In der ersten Hälfte des Jahres 2010 waren 24 Prozent der amerikanischen Einfamilienhäuser im Wert unter die für ihren Kauf aufgenommenen Hypothekendarlehen gefallen.[9] Insolvenzen im Sub-prime-Immobiliensektor kamen auf über 35 Prozent; private Kreditkarteninsolvenzen auf 13 Prozent; weitere Kreditkartenpleiten auf über 11 Prozent. Und das alles in einer Zeit, in der die Zinssätze gegen null tendierten. Da die Immobilienpreise ins Bodenlose stürzten, meldeten 2010 monatlich 150 000 Privatpersonen und Unternehmer Bankrott an – aufs Jahr gerechnet 1,8 Millionen Pleiten.

In Großbritannien war die Situation sogar noch schlimmer. Die britische Gesamtprivatverschuldung einschließlich Hypotheken lag 2010 bei 2,2 Billionen Dollar, also bei 161 Prozent der Haushaltseinkommen, und damit höher als in den USA. In Kanada war die Privatverschuldung ebenfalls außer Kontrolle geraten (mit 140 Prozent in der Relation von Schulden zu Einkommen im Jahr 2009), desgleichen in Teilen Europas (Niederlande: 241 Prozent; Spanien: 125 Prozent; Dänemark: 271 Prozent; Irland: 199 Prozent, alle 2009[10]) sowie in Australien (155 Prozent, 2009) und Südkorea (153 Prozent, 2008). In all diesen Ländern hatte sich die Schulden-Einkommen-Relation zwischen 2000 und 2008 massiv verschoben, in der Regel um 30 bis 40 Prozent.

Diesen Schuldenberg gilt es zu reduzieren. Das ist jedoch nur möglich, wenn in all diesen Ländern die Verbraucherausgaben über einen längeren Zeitraum zurückgehen. Das gilt jedoch auch für die globale Konjunktur.

Bankschulden

Ich glaube ... dass Banken gefährlicher sind als stehende Heere.

Thomas Jefferson, 1816

Im Zuge des dreißigjährigen Kauf- und Kreditrausches in der entwickelten Welt haben sich leider nicht nur die Verbraucher massiv vertan. Gemessen an der Verschuldung von Banken, Pensionskassen und Versicherungsgesellschaften sind die Schulden der Normalverbraucher Bagatellen.

Im 19. Jahrhundert betrug der Anteil des Finanzdienstleistungssektors an der US-amerikanischen Konjunktur lediglich 1,5 Prozent. Doch auf dem Höhepunkt der Aktienmarkt-Blase von 1929 war dieser Anteil dramatisch auf sechs Prozent gestiegen. Nach dem Großen Crash fiel er wieder zurück auf zwei Prozent. Banken reagieren traditionell mit heftigen Wachstumsschüben auf Blasen (auch, weil sie selbst sie hervorrufen), um danach – ebenso traditionell – wieder zu schwächeln. Seit der Finanzsektor zu Beginn der 1980er-Jahre unter Reagan dereguliert wurde, ist sein Anteil an der Konjunktur der entwickelten Ländern stetig gewachsen, am schnellsten in den Jahren zwischen 2002 und 2009. 2009 betrug der Anteil des Finanzdienstleistungsgewerbes bis dahin unerreichte 8,4 Prozent des amerikanischen BIP.[11] In Großbritannien sah es ähnlich aus, ebenso in einer Reihe anderer entwickelter Ländern, wo Restriktionen für den Finanzsektor abgebaut wurden. Das britische Finanzdienstleistungsgeschäft betrug 2009 8,3 Prozent des nationalen Bruttoinlandprodukts; es beschäftigte fast eine halbe Million Menschen und brachte über 100 Milliarden Dollar Steuererträge ein, immerhin zwölf Prozent des gesamten Steueraufkommens.

Das Bankenwachstum basierte zum Teil auf liberaleren gesetzlichen Rahmenbedingungen, die es den Finanzhäusern gestatteten, neue Produkte anzubieten; ein weiterer Grund war jedoch, dass sie jetzt ihre eigenen Aktiva zurückholen konnten. Sie verliehen, verbrieften und handelten in Optionen, sogenannten Futures und Derivaten, in vielfacher Höhe des Eigenkapitals. Dadurch konnten sie viel höhere Gewinne einstreichen – allerdings auch viel mehr riskieren.

Um zu wachsen, gingen Banken auch weniger transparente, für Finanzaufsichtsbehörden schwer nachvollziehbare Wege. Sie entwickelten noch komplexere und selbst für die Zentralbanker häufig kaum noch verständliche Finanzprodukte. Um inländische Rechtsvorschriften zu umgehen, eröffneten sie Finanzplätze außerhalb der nationalen Grenzen. Sie legten sich auch merkwürdige Buchführungsrichtlinien zu, die ein irreführendes Bild ihrer finanziellen Lage entstehen ließen. Diese Richtlinien deckten etwa die Durchführung vielschichtiger Finanztransaktionen, bekannt als »Repos«, durch die Verbindlichkeiten als Aktiva dargestellt werden konnten. Auf diese Weise verbarg Lehman Brothers Inc. vor dem Bankrott Verbindlichkeiten in Höhe von 50 Milliarden Dollar.

Das war zulässig, obwohl den Aufsichtsbehörden bekannt war, dass der Finanzsektor mit bedeutenden inhärenten Risiken umgehen muss. Es ist ja keineswegs so, dass Banken erst seit dem Börsenkrach von 1929 unzählige Menschen in den Ruin getrieben haben; sie tun dies seit Jahrhunderten. Daher stehen Banker auch verdientermaßen im Ruf, geizig zu sein und in guten Zeiten allzu leichtfertig Kredite zu gewähren. Crashs und Krisen, die sie eben erst verursacht haben, vergessen sie geflissentlich. Wenn wirksame Kontrollen fehlen, können sie Vermögensblasen sogar gezielt herbeiführen, um Gewinne abzuschöpfen.

Beim Thema Großbanken ist häufig von einem »moral hazard« die Rede, zu dem sie sich verleiten lassen. Gemeint ist, dass solche Banken – eben wegen ihrer Größe und weil sie für das Finanzsystem relevant sind, und weil nicht zuletzt sehr viele Menschen von ihnen abhängen – eine irrationale Risikobereitschaft an den Tag legen, weil ihnen die Risiken gleichgültig sind: Sie wissen ja, dass der Staat sie im Notfall wird retten müssen. Wenn nun zu viele Großbanken zu eng verschränkte Geschäfte treiben oder wenn sie von den gleichen Ertragsquellen abhängen, dann bergen sie ein »systemisches« Risiko: Wenn mehrere von ihnen oder alle zusammen in Schwierigkeiten geraten, droht der Zusammenbruch der gesamten Wirtschaft.

Deshalb ist eine strikte Bankenregulierung notwendig.

Doch solange die Boom-Phase andauerte, ignorierten die Aufsichtsbehörden die Hazard-Spiele der Banken auf dem Finanzsektor trotz dieser Risiken. Die unsichtbare Hand war Trumpf. Alan Greenspan, der fast während der gesamten Boom-Phase als Präsident der amerikanischen Notenbank amtierte, war damit wahrscheinlich der einflussreichste Vertreter des Anti-Regulierungskurses in den USA. Jahrelang galt er als Held, ein Zauberer, der durch leichte Berührung, winzigste Eingriffe an der einen oder anderen Stelle, Wachstum verstetigen konnte. Obwohl er die Risiken kannte, glaubte er, was ihm hochrangige Ökonomen erzählten: Die unsichtbare Hand wird alle Probleme lösen.

Greenspan kniete vor dem Altar der selbstregulierenden Märkte. Er ging sogar so weit zu behaupten, das Platzen der Finanzblase habe ihn in einen »ungläubigen Schockzustand« versetzt. Er bezeichnete es als schwierig, solche radikalen Verschiebungen auf dem Markt vorherzusehen, was aus seinem Mund wenig glaubwürdig klang. Greenspan hat bereits als Student untersucht, wie Immobilienpreisblasen Konjunktureinbrüche hervorrufen.

Es war genau dieser irrationale Glaube an die Macht des Marktes – den Greenspan nicht etwa allein, sondern gemeinsam mit vielen anderen Zentralbankern hegte – der zu einer Krise führte, wie sie frühere Generationen mühelos vorhergesehen hätten. Die Philosophie des Marktliberalismus legitimierte ein zu großes und zu schnelles Wachstum des Bankensektors, wodurch individuelle Finanztransaktionen weder gelenkt noch durchschaut werden konnten. Unzureichende Wirtschaftspläne gestatteten es den größten Banken der westlichen Welt, massive Risiken jenseits allen gesellschaftlichen Interesses einzugehen.

Seit 2007 sind die Folgen dieser Kurzsichtigkeit offensichtlich. Der Internationale Währungsfonds (IWF) schätzt, dass die US-amerikanischen Verluste durch den Bankensektor auf 1,1 Billionen Dollar ansteigen werden; Banken werden laut IWF mehr als acht Prozent ihrer Anleihen abschreiben müssen. Das scheint noch optimistisch. Da 25 Prozent der amerikanischen Hausbesitzer verzweifelt bemüht waren, ihre Hypotheken noch 2010 abzubezahlen, und mehr als ein Drittel der Kreditkarteninhaber mit ihren Zahlungen in Verzug waren, sind Endabschreibungen in doppelter Höhe leicht vorstellbar.

In Großbritannien, einer Volkswirtschaft von nicht einmal einem Fünftel der Größe der USA, haben die Banken Verbindlichkeiten in Höhe von elf Billionen Dollar angehäuft.[12] Zu einem bestimmten Zeitpunkt betrug die Summe der ausstehenden Immobilienkredite der Bank of Scotland 400 Milliarden Dollar, bei einer gleichzeitigen Kapitalbasis von nur 15 Milliarden Dollar. Die RBS, die, als ihr Börsenwert um 96 Prozent auf nur fünf Milliarden US-Dollar fiel, unter staatliche Aufsicht gestellt werden musste, hatte sich zu einer der weltgrößten Banken entwickelt, mit ausstehenden Kreditforderungen von knapp drei Billionen Dollar – verglichen mit dem britischen BIP die anderthalbfache Summe. Nach Einschätzung des IWF[13] müssen britische Banken künftig sieben Prozent ihrer Anleihen abschreiben – umgerechnet fast 35 Prozent des britischen BIP. Ähnliche Verbindlichkeiten bestehen in Island, Irland, Griechenland, Spanien, Portugal und vielen anderen europäischen Ländern.

Folglich werden in den kommenden Jahren nicht nur die Verbraucherausgaben sinken. Da viele der bedeutendsten Großbanken der Welt erst einmal Ordnung in ihre Bilanzen bringen müssen, wird das Kreditgeschäft der Banken ebenfalls auf Jahre hinaus eingeschränkt bleiben.

Die traurige Geschichte von Freddie und Fannie

In den Vereinigten Staaten müssen auch die Verbindlichkeiten der America's Federal National Mortgage Association (Fannie Mae) und der Federal Home Loan Mortgage Corporation (Freddie Mac) berücksichtigt werden. Diese sind weder in den IWF-Kalkulationen noch in den staatlichen Rechnungsberichten mitgerechnet.

Fannie Mae und Freddie Mac waren ursprünglich private, aber staatlich geförderte Unternehmen, die Hypotheken von Banken und anderen Kreditgebern kauften. Durch die Verbriefung dieser Darlehen sorgten sie für Liquidität auf dem Häusermarkt.

Während der Finanzkrise sickerte durch, dass auf Fannie und Freddie höhere Verbindlichkeiten lasteten als auf allen anderen amerikanischen Finanzunternehmen zusammen. Fannie und Freddie hielten – bzw. besicherten – hypothekengestützte US-Wertpapiere im Gesamtwert von 5,5 Billionen Dollar; das ist der höchste nicht-staatliche Schuldenberg der Welt. Sie hielten auch viele der schlechtesten Anleihen, also solche von Schuldnern mit den niedrigsten Eigenkapitalquoten, dazu einen hohen Anteil an Anleihen in den Ländern, in denen die Immobilienpreise am schnellsten fielen. Um sie vor dem Bankrott zu bewahren, wurden beide Hypothekenfinanzierer 2008 unter die »Obhut« des Staates gestellt. Um aber Garantien für ihre Verbindlichkeiten übernehmen zu können, musste die Bundesregierung die Obergrenze der Staatsverschuldung auf 10,5 Billionen Dollar anheben.[14] Es war die größte Schuldenübernahme der amerikanischen Geschichte.

Schon Mitte 2010 wurden Fannie und Freddie bis zur Höhe von 160 Milliarden Dollar refinanziert. Schätzungen ihrer möglichen Gesamtverluste schwanken. Viele glauben, dass die Verluste auf eine Billion Dollar (3000 Dollar pro US-Bürger) ansteigen werden.[15]

Die Fannie- und Freddie-Problematik hat weitreichende Implikationen. Banken, Pensionskassen, staatliche Vermögensfonds und kleine Sparer halten Milliarden Dollar dieser Schulden. Nach Aussagen der amerikanischen Zentralbank hielten ausländische Staaten, darunter China und Japan, 2010 Fannie- und Freddie-Bonds zum Nominalwert von 908 Milliarden Dollar. Vernünftig betrachtet eine reine Fehlinvestition.

Die Schuldenbombe tickt

Die weltweit von Finanzinstituten aufgehäuften Schulden reichen aus, um die Wirtschaft vieler Staaten der entwickelten Welt auf Jahre zu lähmen. Aber als ob das nicht schon schlimm genug wäre, ist der Weg aus der Krise hinaus mit Schlaglöchern übersät.

Eines dieser Schlaglöcher sind variabel verzinsliche Hypotheken, auch bekannt als Alt-A-Hypotheken, Ballonkredite, Payment-option-ARMs und zinsangepasste Hypotheken. Sie heißen nicht ohne Grund »Albtraum-Hypotheken«.

Während der Boom-Phase wurden Immobiliendarlehen dieser Art häufig aufgenommen. Zwischen 2003 und 2007, als der Häusermarkt den schnellsten Preisanstieg erlebte, dominierten sie. Charakteristisch für die entsprechenden Angebote waren niedrige Zinsen sowie extrem niedrige Monatsraten, sie enthielten aber oft eine »Zinsanpassungsklausel«, die nach vier oder fünf Jahren wirksam wird. Das konnte zweierlei bedeuten: Entweder wurden die Monatsraten drastisch erhöht, oder der Gesamtkredit wurde fällig.

Diese Hypotheken, die den Kunden täuschend unkompliziert erschienen, enthielten Fallstricke, die vor allem Finanzlaien verborgen bleiben mussten. Solange die Häuserpreise anzogen, waren es schlichtweg lausige Finanzprodukte. Bei einem Preisrückgang entpuppten sie sich jedoch als potenzielle Desaster für Schuldner und Gläubiger.

Die Personen, die diese Hypotheken aufnahmen, waren häufig vollkommen ahnungslos. Sie waren es nicht gewohnt, mit zungenfertigen Finanzbrokern zu verhandeln oder mit größeren Forderungen umzugehen. Hinzu kam, dass das Kleingedruckte in den Verträgen sehr schwer zu begreifen war. Nur wenige unter den angehenden Kreditnehmern hatten verstanden, dass die Monatsraten so verlockend niedrig waren, weil ihre Gesamtschuld trotz regelmäßiger Zahlungen Monat für Monat steigen würde.

Die Kreditgeber beziehungsweise Finanzverkäufer kassierten munter Provisionen für die Vermittlung derartiger Investments. Um rasch Investoren anzuziehen und einen Vertragsabschluss zu erzielen, ließen sie die üblichen Fragen nach der Zahlungsfähigkeit der Kunden oftmals unter den Tisch fallen. Es war nicht relevant, ob ein Kreditnehmer eine Fehlentscheidung traf, die ihn womöglich in die Insolvenz trieb. Das Geschäft mit den Krediten ging vor. Heute kursieren Geschichten über arbeitslose Tomatenzüchter in New Mexico, die Villen für Millionen ohne Tilgung der Kredite kauften.

Viele Kreditkunden nahmen die Hypotheken auch zu normalen Zinssätzen auf, die sie sich auf keinen Fall leisten konnten. Sie hofften (und wurden in dieser Hoffnung bestärkt), dass sie sich durch den Kauf eines Hauses finanziell verbessern könnten. Man erzählte ihnen, sie könnten das Haus nach der Zinsanpassung mit Gewinn wieder verkaufen.

Da die Immobilienpreise jedoch fielen, gab es für viele dieser Kreditkunden keinerlei Zuwachs. Die Zinssätze werden in den kommenden Jahren angepasst: Sobald das geschehen ist, werden sie die saftigen Monatsraten nicht mehr bezahlen können. Sie sitzen also auf Kreditforderungen, die sie nicht bedienen können, weil sie höher sind als zu Beginn der Vertragszeit – und auf ihren Häusern, die nur noch einen Bruchteil ihrer Schulden wert sind.

Zwischen 2004 und 2007 wurden Hypotheken im Umfang von über 750 Milliarden Dollar verkauft, und bei den meisten standen »Roll-over-Termine« aus, d. h. die Zinsanpassung wurde 2011 oder wird 2012 fällig. Wegen der vermutlich weiterhin schwächelnden Konjunktur wird uns dieser Umstand eine neue Runde von Hypothekenpleiten, Zwangsversteigerungen und daraus folgenden weiteren Immobilien-Preisstürzen bescheren. Die Zahl der Privatbankrotte wird zunehmen.

Nicht die Armen Amerikas, seine Mittelklassen waren die Hauptabnehmer dieser Albtraum-Darlehen. Nun werden viele Menschen ihre Häuser räumen müssen, und den Banken drohen weitere Ausfälle.

In den meisten Fällen wurden diese Darlehen von der Golden West Financial Corp. vergeben, jetzt Teil von Wells Fargo, Bank of America und JP Morgan Chase. Verluste aus variabel verzinsten Hypothekenkrediten werden aber auch Hedgefonds und andere Investmentfonds tangieren. Niemand weiß, was das für Folgen haben wird – denn auch hier hat die Finanzaufsicht versagt. So durften Banken darüber schweigen, wie viele Kreditverträge dieser Art sie unterschrieben hatten. George McCarthy, Wohnungsbauökonom an der Ford Foundation in New York, vergleicht das heraufziehende Unheil mit dem Abwurf einer Neutronenbombe: »Die Häuser bleiben stehen, aber alle Bewohner werden ausgelöscht.«

Europas 40-Billionen-Dollar-Last

In Europa ist das Problem anders gelagert, da die meisten europäischen Banken ihre Darlehen nicht verbrieft haben. Sie tauchen in den Bankbilanzen auf. Finanziert werden sie indessen durch Aufnahme von Krediten, die periodisch durch neu aufgenommene Kredite ersetzt wurden. Demnach kommt in den nächsten Jahren ein hoher Refinanzierungbedarf auf die Banken zu. Laut Standard & Poor's betrugen die Gesamtverpflichtungen der europäischen Banken 2010 mehr als zwei Drittel des weltweiten BIP, im Einzelnen 30 Billionen US-Dollar für die Eurozone und weitere 10 Billionen für Großbritannien, Schweden und Dänemark.

Die Banken, die diese Darlehen refinanzieren müssen, konkurrieren in einem Verdrängungswettbewerb mit kredithungrigen Staaten. In der Eurozone und in Großbritannien werden 2012 Bankanleihen in Höhe von rund einer Billion Dollar fällig. Das dürfte die Zinsen in die Höhe treiben. Banken in EU-Ländern mit dem höchsten Ausfallrisiko für Staatsanleihen könnten vor besonderen Problemen stehen.

Glauben Sie noch an Ihre Rente?

Besorgnis wecken auch Entwicklungen im Versicherungs- und Vorsorgebereich und im Investmentfondssektor. Die Finanzintermediäre halten einen erheblichen Teil der globalen Rückstellungen. Doch auch sie investierten kurzsichtig hohe Beträge in Immobilien und in jene Scheinkonjunktur, die die entwickelte Welt hervorbrachte. Sie ritten auf der Welle mit.

Die Fehlbeträge der Pensionskassen müssen nun überall in der entwickelten Welt mühsam ausgeglichen werden. In den Vereinigten Staaten lag der Fehlbetrag in der betrieblichen Altersvorsorge im Jahr 2008 zwischen 25 und 30 Prozent des Betrags, der für die Deckung der entstandenen Pensionsverpflichtungen benötigt wurde. In vielen anderen Ländern ist die Finanzlücke noch größer.

Aufgrund der Differenz zwischen fälligen Auszahlungen und verfügbaren Zahlungsrücklagen werden zahlreiche Pensionsfonds, Lebensversicherer und Anlagespezialisten ihre Versprechen nicht einlösen können. So werden Rentner und Pensionäre in westlichen Ländern geringere Summen beziehen als erwartet, mit der Folge, dass sie ihre Ausgaben stärker einschränken müssen als in den Jahren zuvor. Wenn ältere Menschen ihre Häuser verkaufen müssen, da sie zum Leben auf den Erlös angewiesen sind, wird sich das auch auf die Immobilienpreise auswirken.

Und wir müssen künftig länger arbeiten – der Gedanke ist übrigens weniger unsinnig, als es auf den ersten Blick scheinen mag. Die meisten Rentenkassen wurden in einer Zeit gegründet, als man bis zum sechzigsten oder fünfundsechzigsten Lebensjahr arbeitete. Danach konnte man noch fünf oder zehn Jahre seinen Ruhestand genießen. Heute möchten viele Menschen mit Mitte Fünfzig oder Anfang Sechzig in den Ruhestand wechseln. Gleichzeitig ist aber die Lebenserwartung stark gestiegen. Fünfundvierzig Jahre Lebensarbeitszeit, in denen die Beschäftigten für einen fünf- oder zehnjährigen Ruhestand Ersparnisse bildeten, waren vernünftig. Wenn wir dagegen dreißig oder fünfunddreißig Jahre arbeiten und anschließend weitere dreißig oder fünfunddreißig Jahre im Ruhestand verbringen, ist das keine sinnvolle Relation. Deshalb muss man sich nicht wundern, wenn einige amerikanische Bundesstaaten das gesetzliche Rentenalter auf fünfundachtzig oder neunzig Jahre anheben wollen.

Auch der Versicherungssektor ist ein sensibler Geschäftsbereich. In den westlichen Ländern zeichneten viele Versicherer Risiken am Kapitalmarkt. Sie stellten Policen für Hausbesitzer und Banken aus, durch die diese vor Hypothekenpleiten und Verlusten geschützt wurden. Die Schäden, die amerikanische Versicherungsgesellschaften durch Betätigungen im Immobiliensektor erlitten, wurden mit 460 Milliarden Dollar für 2009 angesetzt; ein Hauptanteil waren Darlehen zur Absicherung von Hypotheken von Fannie Mae und Freddie Mac.

Trotz dieser Anhäufung von Katastrophen sind natürlich viele globale Finanzinstitute im Westen auch heute noch stark. Die meisten Banken in Asien, im Mittleren Osten und Afrika sind verhältnismäßig sicher. Aber auch dort macht man sich Sorgen, vor allem, was die Banken in China betrifft. Zwischen 1998 und 2007 erhielten chinesische Banken staatliche Nothilfen in Höhe von 434 Milliarden US-Dollar. Das ist gemessen an der Wirtschaftsleistung des Landes eine riesige Summe. 2008 schrieb allein die Agricultural Bank of China faule Kredite im Wert von 120 Milliarden US-Dollar ab.[16] Zugleich wächst kaum eine andere Bevölkerung so rasant wie die chinesische. Wenn die Älteren in China aus dem Arbeitsleben ausscheiden, werden auch hier Ersparnisse »austrocknen«, und es wird eine strukturelle Veränderung der Verbraucherausgaben geben.

Staatsschulden

Wir kommen zum dritten Teil der Geschichte der Finanzkrise, die durch törichte Begeisterung für die Lehren des Marktliberalismus heraufbeschworen wurde. Wir sprechen hier von einigen der größten Staaten der Welt. Wenn schon die oben genannten Zahlen beängstigend waren, die nun folgenden sind noch furchterregender.

Vorbild Japan?

Die trübsten finanziellen Aussichten hat Japan, die drittgrößte Volkswirtschaft der Welt. Mehrere andere Länder, deren Schwierigkeiten zwar weniger tiefgreifend sind – wie zum Beispiel Italien, Griechenland, Irland und Großbritannien –, bewegen sich in die gleiche Richtung. Und noch viele weitere Volkswirtschaften, einschließlich der amerikanischen, werden Japans Schicksal teilen, wenn sie sich weiter verschulden.

Als in Japan Ende der 1980er-Jahre die Immobilien- und Finanzblase platzte, folgte eine mehr als zwanzigjährige Rezession. Aber wer Japan, oder zumindest wer Tokio besucht, muss schon genauer hinsehen, um zu merken, dass nicht alles zum Besten steht. Die Straßen werden gereinigt und gepflegt, die Kriminalität ist niedrig und auf den Gesichtern liegt noch immer der Ausdruck von Zurückhaltung und Stolz. Erst ein Abstecher in Kleinstädte oder ländliche Gebiete vermittelt ein anderes Bild. Mehr Menschen als früher schlafen auf den Straßen, und viele Geschäfte haben aufgegeben – Armut hat mit dem Aufstieg der Billigmärkte für Lebensmittel Einzug gehalten. Man spürt, wie weit das Land von seinem Kurs abgekommen ist und wie lange dieser Prozess schon andauert. Langsam, schrittweise, unaufhaltsam scheint sich der Wohlstand der japanischen Einwohner in zwanzig Jahren verflüchtigt zu haben. Von der Zukunft erwarten sie keine Verbesserung.

Auf Japans Sorgenliste stehen ganz oben die Deflation, die hohe Staatsverschuldung, dazu die alternde Bevölkerung und der politische Stillstand. Die Wirtschaft schrumpft. Das japanische Bruttoinlandsprodukt lag 2009 *nominal* unter dem von 1991. Aber die Schulden wachsen weiter. Der japanische Staatshaushalt erzwang 2010 eine Neuverschuldung in Höhe von 468 Milliarden Dollar, während die Einnahmen aus Steuern umgerechnet nur knapp 390 Milliarden Dollar in die Staatskasse spülten. Das ist so, als hätte man ein Jahreseinkommen von 39 000 Dollar und jährliche Ausgaben von 86 000 Dollar. Dass Japan schon in der Vergangenheit hoch verschuldet war, machte die Sache noch schlimmer. Die Schulden des Landes belaufen sich mittlerweile auf mehr als 200 Prozent des BIP, die Summe entspricht den Steuereinnahmen aus 17 Jahren.

Zu viel, um je abbezahlt zu werden. Japan hat Schulden in Höhe von zehn Billionen Dollar, dazu kommt eine jährliche Neuverschuldung von 500 Milliarden Dollar, dabei decken die Steuereinnahmen kaum die Zinsen. Diese Rechnung kann nicht aufgehen. Dass der Staatshaushalt noch nicht zusammengebrochen ist, liegt einzig daran, dass der japanische Staat dafür gesorgt hat, dass die inländischen Sparer seine Anleihen trotz niedrigster Renditen kaufen. Sobald deren Ersparnisse aufgebraucht sind, wird Japan seine Zinsen entweder auf ein internationalen Standards entsprechendes Niveau anheben müssen oder das Land kann seinen Haushalt nicht länger durch Kredite finanzieren. Wenn Japan weiter auf Pump lebt, ist die Staatspleite unabwendbar. Wenn es seine Schulden zurückführt, dabei aber an seiner – gemessen an der Höhe der Staatsausgaben – fiskalischen Mini-Abschöpfung festhält, ist die Wirtschaft ruiniert.

Japan steht nicht länger allein

Um den Haushalt der Vereinigten Staaten steht es nicht ganz so schlimm wie um den japanischen. Doch die amerikanischen Staatsschulden sind schnell gewachsen und übersteigen längst ein noch erträgliches Maß. Zwischen 2003 und 2010 verdoppelten sie sich auf 14 Billionen Dollar, das entspricht 94 Prozent des amerikanischen Bruttoinlandsprodukts – ein Rekordsatz in Friedenszeiten. Um das Schuldenloch aufzufüllen, bräuchte man fast dreimal so viel Gold, wie je geschürft wurde (zum Goldpreis von 2010).

2010 beliefen sich die Einnahmen der US-Bundesregierung aus Steuern und Gebühren auf 2,2 Billionen Dollar,[17] das sind 16 Prozent weniger als im Jahr 2007. Dagegen standen Aufwendungen in Höhe von 3,75 Billionen Dollar. Das heißt, das Finanzdefizit stieg in einem Jahr um zusätzliche 1,55 Billionen Dollar, oder anders ausgedrückt, jedem amerikanischen Bürger wurden weitere 4700 Dollar Schulden aufgebürdet. Es war so, als hätte sich der Staat den Gesamtetat von 2010 für die Renten- und Krankenversicherungen geliehen.

Da die Zinsen 2010 sehr niedrig waren, konnten diese Schulden mit Zinsen von nur 187 Milliarden Dollar bedient werden. Bei einem »normalen« Zinssatz von zwei Prozent wären die Schuldenkosten um 100 Milliarden Dollar höher ausgefallen. Dann müssten allein 13 Prozent des Staatshaushalts – mehr als jeder achte Steuerdollar – in die Deckung der jährlichen Zinsen fließen. Ein erheblicher Teil dieser Zinsen würde ans Ausland bezahlt werden, da dort die Gläubiger residieren. Von 100 Dollar, die jeder US-Bürger im Jahr 2010 an den Fiskus entrichtete, wurden 8,50 Dollar verwendet, um Schuldzinsen der Vereinigten Staaten zu bezahlen. Davon entfielen je vier Dollar auf China, Japan, Großbritannien und andere Länder.

Nun vermittelte auch der in den Finanzbüchern der Vereinigten Staaten dargestellte Schuldenberg (14 Billionen Dollar) kein vollständiges Bild der Lage, denn die US-Verpflichtungen für Fannie Mae und Freddie Mac, die als »bilanzexterne Finanzierung« ausgewiesen wurden, blieben ausgeschlossen. Legt man hier einen Gesamtbetrag von einer Billion Dollar zugrunde, fügen diese Verpflichtungen den amerikanischen Staatsschulden weitere sieben Prozentpunkte hinzu, wodurch die Schuldenquote auf 108 Prozent vom Bruttoinlandsprodukt 2011 steigt. Doch die Zahlen der amerikanischen Regierung enthalten nicht die Bundesgarantien für Anlagefonds, Banken und Kapitalgesellschaften. Diese sicherten Ende 2009 Risiken in Höhe von weiteren 19,9 Billionen Dollar[18] ab.

Unser Bild wird vollständiger, wenn wir die Bundesstaats- und Kommunalanleihen einbeziehen. Zusammengerechnet betrug die Bruttostaatsverschuldung 2010 in den Vereinigten Staaten 16,6 Billionen Dollar oder 50 000 Dollar pro Einwohner.

Bisher gibt es noch keinen seriösen Plan, wie diese Summe gesenkt werden soll. Bis 2020 werden die Staatsschulden auf über 22 Billionen Dollar ansteigen, d. h. auf die vierfache Höhe von 2000. Nach Einschätzung des Haushaltsbüros des Kongresses wird sich beinahe die Hälfte des Schuldenanstiegs zwischen 2009 und 2019 allein aus Zinskosten errechnen. 2020 sollen über 910 Milliarden Dollar an Zinszahlungen geleistet werden, mit anderen Worten 40 Prozent der Gesamtsteuereinnahmen der Vereinigten Staaten von 2010.

Doch auch damit ist das Bild noch unvollständig. Die amerikanische Bundesregierung hat die gesetzliche Verpflichtung, künftig Beiträge zur Gesundheits- und Sozialversicherung zu leisten; gefördert werden damit hauptsächlich Beamte des Bundes, der Länder und der Kommunen, etwa Lehrer, Polizisten, Gefängnisaufseher oder Verwaltungsfachangestellte. Die besagten Verpflichtungen gehen gegenwärtig um weitere 48 Billionen Dollar über die vorausgeschätzten Steuererträge hinaus. Es sind »explizite« Aufwendungen, die zu den normalen Verbrauchsausgaben hinzukommen. Weil jedoch keine Rückstellungen für sie gebildet wurden, sind sie »ungedeckt«. Um diese Verbindlichkeiten des Staates abzudecken, bedarf es künftig entweder zusätzlicher Steuereinnahmen oder weiterer Kreditaufnahmen. 2010 betrug der Gesamtwert der nicht kapitalgedeckten Verpflichtungen 412 400 Dollar pro amerikanischem Haushalt. Bis 2013 wird er auf 474 077 Dollar ansteigen.[19]

Zum Glück werden nicht sämtliche ungedeckte Aufwendungen sofort fällig. Diejenigen des »Medicare«-Programms (der staatlichen Krankenversicherung für ältere Menschen), die sich 2010 auf 36 Billionen Dollar beliefen, verteilen sich über die nächsten 75 Jahre.

Sie bedeuten aber trotzdem, dass Amerika eine Richtungsentscheidung treffen muss. Entweder müssen diese Verbindlichkeiten reduziert werden – durch Pensionskürzungen oder durch die Nichteinhaltung medizinischer Vorsorgeversprechen –, oder künftige Generationen müssen sie finanzieren. Das wäre schwerlich vertretbar, da die Generationen nach uns schon das Gros der anderen Kredite abbezahlen müssen, und zwar in Form höherer Steuern. Sollen sie nun zusätzlich noch die Pensionen und steigenden medizinischen Behandlungskosten für ältere Menschen bezahlen, wird das Steuerniveau untragbar.

	US-Dollar
Durchschnittliche Privatverschuldung	45 000
Anteil öffentlicher Schulden	50 000
Ungedeckte Medicare- und Sozialversicherungen	145 000
Eingerechnete Fannie- und Freddie-Verpflichtungen	>3000
Andere Bankschulden, die abgeschrieben werden müssen[20]	>3500
Bundesgarantien für Anlagefonds, Banken und Kapitalgesellschaften	verdeckt*
Gesamtsumme	>246 500

Tabelle 3.1: Finanzverpflichtungen pro Kopf in den USA 2010
*Im Fall, dass die ausgestellten Bundesgarantien mit der gleichen Quote wie andere Bankschulden abgeschrieben werden müssen (8,3 Prozent vom garantierten Vermögen von 19,9 Billionen Dollar), erhöht sich die Pro-Kopf-Last um weitere 5005 Dollar.

Es ergibt kein schönes Bild, wenn man die Schulden zusammenzählt. 2010 betrugen die durchschnittlichen amerikanischen Finanzverpflichtungen pro Kopf mindestens 245 000 Dollar (s. Tabelle 3.1). Das sind über 80 Billionen Dollar Schulden, der sechsfache Betrag des Bruttoinlandsprodukts der Vereinigten Staaten. Um diese Schulden zu tilgen, braucht es 37 Jahre lang die Steuereinnahmen von 2010, mehr als doppelt so lang wie in Japan. Auf jeden amerikanischen Privathaushalt entfielen 2010 mehr als 735 000 Dollar Schulden.

Einen solchen Staatsschulden-»Berg« gibt es nicht nur in den Vereinigten Staaten und in Japan. Die italienische, griechische, deutsche, französische, israelische, kanadische und spanische Staatsverschuldung ist ebenfalls hoch. Die britische Schulden-BIP-Relation wird sich zwischen 2007 und 2012 fast verdoppelt haben und danach weiter steigen. 2010 fielen in Großbritannien täglich 127 Millionen Dollar Zinskosten an, was die Schuldenlast pro privatem Haushalt um weitere 1890 Dollar vergrößerte. Der weiter wachsende Ausfall in der britischen Rentenfinanzierung lag 2010 bei insgesamt sechs Billionen Dollar.[21] Allein dieser Ausfall, der das nationale BIP um fast das Dreifache übersteigt, macht nach Angaben des Statistischen Amts des Vereinigten Königreichs einen »intergenerationellen Transfer« der Finanzmittel erforderlich. Um die drohende Last von ihren Kindern zu nehmen, müssten britische Bürger heute 30 Prozent mehr Steuern im Jahr bezahlen. Es ist unwahrscheinlich, dass sie das möchten. Deshalb werden die noch ungeborenen britischen Mädchen und Jungen künftig mit einer unbezahlten Steuerrechnung von jeweils 300 000 Dollar auf die Welt kommen.

Fast alle Staaten der entwickelten Welt schieben ungeheure Schuldenlasten vor sich her. Schlimmer noch, die Verschuldung nimmt zu, und der Schuldenberg betrifft alle Menschen auf der Welt. Sind die reichsten 60 Prozent der Weltwirtschaft künftig gezwungen, anders zu investieren, kommen die übrigen 40 Prozent nicht ungeschoren davon.

Die Ökonomen sind nicht allein schuld. Wer ist es noch?

Das aktuelle globale Finanzchaos haben uns nicht nur Freimarkt-besessene Ökonomen eingebrockt. Sie legitimierten lediglich ein System, das andere in die Praxis umsetzen sollten. So ist auch den Politikern ein Vorwurf zu machen. Sie gingen fest davon aus, sie könnten endloses Wachstum produzieren, weil das ihre Wiederwahl sicherte. Die Industriellen, aus deren Sicht alle ständig investieren sollten, damit ihre Großfabriken in Betrieb blieben und weiter Dividenden flossen, sind ebenfalls verantwortlich. Schuld tragen auch die Banker, die bloß Profit machen wollten, ohne je einen Gedanken daran zu verschwenden, welche gesellschaftlichen Effekte sie auslösten. Und schließlich die westlichen Verbraucher, die folgenlos konsumieren und ausgeben wollten.

Es gibt noch viele andere Schuldige: Die staatlichen Finanzaufseher, allen voran die Zentralbanker, wirkten, da sie dem Sirenenruf des Marktliberalismus so begeistert folgten, an diesem Absturz mit. Amerikanische Zentralbanker wussten seit Langem, dass sich über dem Immobiliensektor für private und geschäftliche Anleger dunkle Wolken zusammenbrauten. Sie wussten, dass die Kreditvergaben der Banken aus dem Ruder liefen. Alan Greenspan sprach als Chef der amerikanischen Notenbank verharmlosend von etwas »Schaum«, der sich gebildet habe, was in Anbetracht der instabilen Wirtschaftslage absolut unverantwortlich war. Es führte dazu, dass er selbst und andere untätig blieben, dass sie meinten, alles sei bestens und die freien Märkte und die Konsumentenrationalität würden das Problem schon richten.

In Anbetracht des Umfangs der Schulden, die heute und in Zukunft das Leben von Millionen Menschen beeinträchtigen werden, sollte gegen Alan Greenspan und Hank Paulson ein Prozess wegen wirtschaftlicher Verbrechen gegen die Menschlichkeit geführt werden. Sie haben unvorstellbares Leid zu verantworten: Elend, Gesundheitsschäden und Armut.

Wie viele andere Zentralbanken ließ auch die US-Notenbank die Ausflüchte gieriger Banker gelten, die nicht sehen wollten, dass die Preise für Aktiva durch zu freigiebig vergebene Kredite angeheizt wurden, und die, als die Blase geplatzt war, zumindest anfangs aus allen Wolken fielen. Danach machten sie ihr Versagen noch schlimmer, indem sie den Regierungen rieten, hohe Staatsanleihen aufzunehmen und Geld zu drucken.

Es mag Hinweise darauf geben, dass einige der Zentralbanker während der Boom-Jahre möglicherweise unter politischem Druck standen. Das ist aber keine Entschuldigung, denn Zentralbanker haben die Aufgabe, jederzeit stark und unabhängig zu sein. Vermögensblasen und unverantwortliche Kreditvergaben können und müssen kontrolliert werden, und es ist durchaus möglich, sie sogar ganz auszumerzen. In Teilen Europas kommt es gar nicht zu Blasen. Dort werden Spekulationen im Baugewerbe und überhöhte Gewinne durch die Steuer beschnitten. Dass am Ende der Markt die Blasen heilen soll, ist also nicht nur überflüssig, es war in diesem Fall sogar ein schrecklicher Fehler. Für die Unverantwortlichkeit oder Inkompetenz weniger müssen Millionen Menschen büßen, deren Leben langfristig beeinträchtigt wird. Das war gewiss nicht das, was Adam Smith wollte, als er von der »unsichtbaren Hand« sprach.

Finanzaufseher von zweifelhafter Befähigung, die den heute gängigen volkswirtschaftlichen Theorien viel zu viel Glauben schenkten, ließen auch zu, dass Banken zu den Säulen der marktliberalen Ordnung aufrückten. Sie sahen untätig zu, wie zahlreiche Banken ihre Position missbrauchten und die Märkte mit Krediten überschwemmten, ein Vorgang, durch den sich eine kleine Minderheit von Leuten hemmungslos bereichern konnte. Aufgrund dieser Untätigkeit war es den Banken möglich, gewaltige, die wirtschaftlichen Grundfesten der westlichen Welt bedrohende Risiken einzugehen.

Trotz aller Folgen, die aus diesen Fehlern entstanden, haben die Finanzaufsichtsbehörden bis heute fast nichts unternommen, um Bankaktivitäten zu kontrollieren. Noch heute sind Großbanken überall auf der Welt die Hauptverursacher finanzwirtschaftlicher Instabilität und noch genauso unbeherrschbar und uneinsichtig wie vor der Krise.

Das muss geändert werden.

Ferner sind auch die Kredit-Ratingagenturen zur Verantwortung zu ziehen. Da sie Kreditrisiken falsch einstuften, entstand sowohl für private Sparer als auch für die Finanzaufsicht ein gefährlich täuschendes Bild. Sie machten hemmungslos Geschäfte, die sie in einen klaren Interessenkonflikt brachten.

Was am meisten gegen diese Agenturen spricht, ist die Tatsache, dass sie offenbar nichts aus ihren Fehlern gelernt haben: 2010 gaben die drei Spitzen-Ratinggesellschaften Fitch, Standard & Poor's und Moody's amerikanischen und britischen Staatsanleihen trotz der uneinbringlichen Schulden dieser Staaten weiterhin die Höchstnote *Triple A*. Chinas Ratingagentur Dagong entschied sich bezeichnenderweise dagegen, den USA, Großbritannien, Deutschland und Frankreich den bisherigen *Triple-A*-Status abzuerkennen.

Kapitel 9 wird die Implikationen dieser finanzwirtschaftlichen Probleme untersuchen. Die drei abschließenden Kapitel des Buches widmen sich dann den Handlungsmöglichkeiten, die uns offenstehen.

4 Die Verschwendung der Ressourcen

Denn man kann der Natur nur gebieten, wenn man ihr gehorcht.

Sir Francis Bacon[22]

Wem gehören die Ressourcen der Welt?

Die finanziellen Auswirkungen des modernen Wirtschaftsdenkens mögen schwerwiegend sein, doch noch dramatischer sind die Folgen für die Umwelt.

Man muss kein Greenpeace-Aktivist sein, um zu erkennen, dass wir mit unserem Planeten nicht nachhaltig umgehen. Durch seine beständige Erwärmung beschwören wir potenziell katastrophale Folgen herauf, wir verschmutzen die Flüsse und die Luft, wir berauben die Weltmeere der Fische und die Wälder der Bäume und Tiere. Wenn wir nicht damit aufhören, werden wir unseren Enkeln eine Einöde hinterlassen.

Im Jahr 1968 verfasste R. Buckminster Fuller das Buch *Bedienungsanleitung für das Raumschiff Erde*[23]. Er beschrieb uns Menschen als Astronauten, die mit einer festgelegten Menge an Ressourcen auf einem Raumschiff durch das Weltall fahren. Wenn wir diese Ressourcen aufgebraucht haben, sind sie weg.

Obwohl das Buch nicht als Angriff auf die moderne Volkswirtschaftslehre verfasst wurde, liest es sich streckenweise so. Fuller zufolge werden die Ressourcen der Welt von den sogenannten »Großen Piraten« gekapert. Möglich ist dies, weil alle anderen nicht merken, was die Piraten in Wahrheit vorhaben. Sie manipulieren Informationen, öffnen Handelswege und bringen dann die Rohstoffe der Erde in ihre Gewalt.

Für die aktuelle Betrachtung der globalen Ressourcen ist eine Frage unabdingbar, die zu stellen wir vergessen haben: Wem gehören sie eigentlich? Gehören sie der Welt? Gehören sie der Menschheit? Gehören sie allen Lebewesen? Gehören sie dem, der Zugriff auf sie hat?

Ist diese Frage beantwortet, können wir die Ressourcen bewerten und wissen, wie wir sie aufteilen und verwenden sollten.

In den vergangenen 30 Jahren haben wir, dem *Laisser-faire*-Gedanken der neuen Volkswirtschaftslehre folgend, geglaubt, die Ressourcen der Welt ließen sich am besten durch den freien Markt verteilen. Damit sind wir einem großen Irrtum erlegen. Das gängige Verständnis des freien Marktes hat uns dazu verleitet, die Ressourcen völlig falsch zu bewerten, und wir haben es daher geradezu herausgefordert, dass Schindluder mit ihnen getrieben wird.

Dazu kommt, dass Mao Tse-tungs Haltung um sich greift, die der Aufklärung und Sir Francis Bacon diametral widerspricht. Während wir Bacon zufolge der Natur Rechenschaft schulden, muss nach Mao die Natur dem Willen der Menschheit unterworfen werden. Eine solche Position fördert die profitorientierte Ausbeutung der Natur und die Zerstörung von Ökosystemen, ohne dass deren Wert für uns und künftige Generationen berücksichtigt würde. Wir lassen uns zu dem Glauben verführen, der Raubbau habe keine Folgen.

Die natürlichen Ressourcen der Welt sind entweder begrenzt, aber erneuerbar wie das Wasser, oder sie gehen wie Kohle oder Öl zur Neige, wenn sie verbraucht und somit in andere Stoffe umgewandelt werden.

Auf unserem Planeten gibt es eine feste Menge Wasser, von der nur ein winziger Teil als Trinkwasser verfügbar ist. Dieses verbrauchen wir zwar, doch wenn es den Wasserkreislauf durchlaufen hat, können wir es wieder benutzen. Das Hauptproblem beim Wasser ist das Bevölkerungswachstum und die Verschmutzung des vorhandenen Wassers. In der Vergangenheit stand uns mehr als genug Wasser zur Verfügung, doch bei einer Weltbevölkerung von sieben Milliarden Menschen ist heute nicht mehr für jeden genug da.

Anders sieht es bei den fossilen Brennstoffen wie Öl und Gas und den meisten anderen natürlichen Ressourcen aus. Mit ihrem Verbrauch schrumpfen die verbliebenen Reserven. Zwar bleiben technisch betrachtet alle chemischen Elemente auch dann erhalten, wenn wir sie verwendet haben, doch lassen sie sich nicht in ihren ursprünglichen Zustand zurückversetzen. Wir können sie nur einmal verbrauchen. Das führt auch dazu, dass mit wachsendem Verbrauch der Preis steigt. Je weniger übrig ist, desto schwieriger wird es, die verbliebenen Rohstoffe zu finden und abzubauen.

Wie wir im letzten Kapitel gesehen haben, bringt der Konsum unseren modernen Wirtschaftsmotor auf Touren, doch ein höherer Verbrauch geht auch mit einem höheren Ressourcenverbrauch einher. Der gesunde Menschenverstand – und die klassische Nationalökonomie – sagt uns, dass wir sorgsam mit den Ressourcen umgehen sollten, nicht nur, weil sie wertvoll, sondern auch, weil sie endlich sind. Wir haben eine Verpflichtung gegenüber der Gesellschaft, anderen Völkern und künftigen Generationen.

Trotzdem stiftet uns die moderne Volkswirtschaftslehre geradezu zur Verschwendung von Rohstoffen an.

Zur Steigerung des Konsums werden heute immer mehr Einwegprodukte verkauft. Es werden Produkte entwickelt, die eine unnötig kurze Lebenszeit haben oder kurzfristigen Trends und Moden unterworfen sind. Zum Teil geschieht das aus Bequemlichkeit, zum Teil aber auch, weil wir so den Konsum und damit das Wachstum ankurbeln können, unsere wichtigste Maßeinheit für den Fortschritt. Es ist durchaus möglich, ein Auto und eine Waschmaschine zu entwickeln und zu bauen, die 30 Jahre alt werden.

Wir aber bevorzugen eine Lebenszeit von acht oder zehn Jahren, weil das den Absatz, die Beschäftigungszahlen und das Wachstum steigert.

Die moderne Ökonomie hat unsere Haltung zu den Ressourcen der Welt verändert und uns dazu verleitet, sie schneller zu verbrauchen und die wenigen verbliebenen Rohstoffe zu verschwenden. Auch die klassischen Wirtschaftstheorien sprechen sich dafür aus, sich für die Verteilung der Ressourcen des »Marktes« zu bedienen. Doch Smiths Theorie war geprägt durch einen starken Glauben an die Fairness und das Bestreben, für die Gesellschaft das Beste zu erreichen.

Um »effizient« zu sein, so Smith, brauchen die Märkte Regeln.

Eine Regel besagt, dass es sehr viel Konkurrenz geben muss. Smith hielt Monopole daher für schädlich, sei es in Form von übermächtigen Gewerkschaften oder von Unternehmenszusammenschlüssen, die den Markt beherrschen. Für Smith wäre es demnach schlichtweg falsch gewesen, wenn eine kleine Gruppe von Konzernen den Zugriff auf einen Großteil der natürlichen Ressourcen beherrscht, wie es heute der Fall ist. Dies führt zu Raubbau und schadet der Gesellschaft.

Einer weiteren Regel zufolge müssen Erzeuger sämtliche Kosten in ihren Verkaufspreis einarbeiten. Man bezeichnet das als Internalisierung der Kosten. Danach müssen Firmen und Einzelpersonen alle negativen externen Auswirkungen ihres Handelns wie etwa Umweltschäden bezahlen. Der klassischen Nationalökonomie zufolge müssen wir also auch für die verborgenen Schäden, die wir anrichten, aufkommen. Deshalb muss der Preis, den wir heute für eine natürliche Ressource bezahlen, auch den Verlust dieser Ressource für künftige Generationen widerspiegeln. Geschieht dies nicht, wird ein Teil der Kosten dafür, dass man sie heute verwendet, von jemand anderem bezahlt, nämlich von unseren Enkeln. Diese Kosten verschwinden nicht einfach, indem wir sie nicht bezahlen, sondern werden von denen, die heute davon profitieren, schlicht ignoriert.

Statt den wahrlich einfachen Gedanken durchzusetzen, dass der Umweltverschmutzer bezahlt, wird in unseren unterregulierten Märkten der billigste Kostenvermeider belohnt: das Unternehmen, das den günstigsten Preis auf dem Markt anbietet, indem es möglichst viele Kosten umgeht und reduziert. Wenn ein Holzfällerunternehmen Regenwald abholzt, zahlt es vielleicht für die Landnutzung und erzielt mit dem Verkauf des Holzes Gewinn. Doch weder die Firma noch ihre Kunden bezahlen den Verlust des Lebensraums für die dort heimischen Tiere, den Verlust der Artenvielfalt, die Zerstörung von Pflanzen, die noch nicht erforscht sind, oder die Vernichtung einer dort ansässigen Kultur. Der modernen Ökonomie folgend verlagern wir diese Kosten auf die Gesellschaft oder künftige Generationen. Da wir nicht wissen, wie hoch sie eigentlich sind, ignorieren wir sie und reichen sie einfach weiter.

Auch wenn der Hersteller von Kunststoffprodukten in China seine giftigen Abwässer in einen Fluss leitet, rechnet er die Kosten seines Handelns nicht in den Preis ein, den er dem Verbraucher abverlangt. Deshalb sind seine Produkte unangemessen billig. Die Menschen, die sie kaufen, werden von denen subventioniert, die weiter flussabwärts leben und einen Teil der Kosten in Form gesundheitlicher Schädigungen tragen. Fische und andere vergiftete Wasserlebewesen bezahlen mit ihrem Leben, ebenso wie das Meer, in das der Fluss mündet.

Der klassischen Nationalökonomie zufolge schlagen das Holzfällerunternehmen oder der Hersteller von Kunststoffteilen »unverdient« Profit aus ihrem Handeln. Sie erzielen einen Gewinn, der ihnen nicht zusteht. Dies, so die klassische Ökonomie, ist ineffizient und somit falsch. Darüber hinaus profitiert auch der Verbraucher des Holzes oder der Kunststoffprodukte über Gebühr, da er einen unangemessen niedrigen Preis zahlt. Dies verschafft dem Verbraucher einen unverdienten Vorteil und, da das Produkt zu billig ist, einen Anreiz, noch mehr zu verbrauchen.

Ihnen gefallen diese Prinzipien nicht? Hier sind noch mehr.

Wie sind wir eigentlich von einem rationalen Denkansatz, der die Welt schützte, zu unserem heutigen irrationalen Modell gekommen, das dies nicht mehr tut?

Wieder liegt die Antwort in unserer modernen Interpretation der Volkswirtschaftslehre. Man macht uns gern glauben, die klassische Marktwirtschaft und die freie Marktwirtschaft von heute seien dasselbe. Weit davon entfernt, anständig zu bezahlen, sind wir fest in der Hand moderner Ökonomen und neoliberaler Unternehmer, die uns seit Ronald Reagans Zeiten weismachen, Regulierung und staatliche Einmischung müssten zurückgefahren werden. Regulierung ziehe höhere Preise nach sich, heißt es. »Die können doch nicht im Interesse schwer arbeitender Menschen und großer Unternehmen sein!«, rufen populistische Politiker. Kaum jemand setzt sich für die Natur oder die noch ungeborenen Generationen ein.

Diese Denkweise hat unsere Welt verändert. Jahrelang haben wir Unternehmen belohnt, die billiger angeboten und höhere Gewinne erzielt haben. Dies bestärkte die Privatwirtschaft darin, möglichst viele Kosten zu externalisieren. Um Investoren anzulocken und Arbeitsplätze zu schaffen, wetteiferten die Länder um immer günstigere Bedingungen. Sie förderten den Niedriglohnsektor, drückten vor Umweltschäden die Augen zu und boten internationalen Konzernen Steueranreize und Subventionen. Sie subventionierten den Verbrauch von Ressourcen, sodass der Endpreis der Waren zu niedrig war. Das wiederum förderte Verbrauch und Verschwendung und heizte den Kreislauf weiter an.

Den Wert der Ressourcen erkennen wir erst, wenn sie nicht mehr da sind

Die natürliche Ressource, die am stärksten unter Wert verkauft wurde, ist das Erdöl. Jahrelang haben wir die Umweltkosten für Förderung und Verbrauch außer Acht gelassen und kaum einen Gedanken daran verschwendet, was es für künftige Generationen bedeutet, wenn wir die gesamten Reserven der Welt innerhalb von 150 Jahren aufbrauchen. In vielen Ländern kurbelt eine Subventionierung des Ölpreises die Verschwendung weiter an. Der Internationalen Energieagentur zufolge wurden im Jahr 2009 in 37 großen Entwicklungsländern 550 Milliarden Dollar für die Subventionierung von Energiepreisen ausgegeben. In China und Indien war – wie auch in den USA fast das gesamte 20. Jahrhundert hindurch – die Subventionierung durch Preiskontrollen besonders hoch.

Öl ist für die Menschheit lebenswichtig, und das wird wahrscheinlich auch in der Welt unserer Enkel noch so sein. Ein Großteil unserer Land-, See- und Lufttransportmittel ist völlig davon abhängig. Wir produzieren damit Strom. Ohne Öl fehlten in Krankenhäusern alle möglichen Betriebsmittel, aber auch moderne Narkosemittel.

Angesichts dieser Abhängigkeit dürfte es sich als gefährlich kurzsichtig erweisen, dass wir das Erdöl nicht angemessen bewerten. Wie verwöhnte Kinder können wir nicht wertschätzen, was wir haben. Gegen die Auswirkungen dieser Denkweise sehen die Finanzprobleme der Welt harmlos aus.

Natürlich wird das Öl auf der Erde in nächster Zeit nicht ausgehen. Aber das verbliebene Öl wird immer schwieriger zu fördern sein. Auch die Nachfrage steigt, da die Volkswirtschaften der Entwicklungsländer rapide wachsen. Infolge dieser Faktoren wird das Erdöl in den kommenden Jahren ständig teurer werden. Dass zudem auf vielen der weltweit größten Ölfelder die Fördermenge sinkt, wird den Preis weiter nach oben treiben. Dem US-Militär zufolge könnte es mit der Überkapazität schon im Jahr 2012[24] vorbei sein und bis zum Jahr 2015 ein Mangel von bis zu zehn Millionen Barrel pro Tag herrschen. Das heißt, eins von acht Barrels, die 2010 verbraucht wurden, wird fehlen.

Die globale Wirtschaft ist in den letzten 30 Jahren vor allem aufgrund zu niedriger Ölpreise gewachsen. Der rapide Fortschritt resultiert teilweise aus dieser Fehlleistung des Marktes. Während wir die letzten Reste verbrauchen, wird sich dieser Fehler selbst korrigieren.

Wie wir in Kapitel 10 sehen werden, wird diese Korrektur unser Leben verändern.

Unsere seltenen Erden

Mit vielen anderen Rohstoffen ist es ähnlich. Wenn die Industrialisierung in China und Indien weiter in diesem Tempo voranschreitet und die Menschen dort auf denselben Lebensstandard zusteuern, den die Bevölkerung in den USA oder Europa heute genießt, werden einige der wichtigsten Rohstoffe der Erde bald erschöpft sein.

Indium, das in Flüssigkristallbildschirmen zum Einsatz kommt, wird wahrscheinlich selbst bei unverändertem Verbrauch innerhalb eines Jahrzehnts aufgebraucht sein.[25] Steigt die Nachfrage weiter an, werden auch die Nickel-, Antimon- und Zinnvorräte bald knapp werden. Um das verbliebene Tantalum, das in elektronischen Geräten, in der Luftfahrt und der Stromerzeugung zum Einsatz kommt, und um das Hafnium, das von der Atomindustrie gebraucht wird, muss man sich ebenfalls Sorgen machen. China, das über die größten Vorräte vieler seltener Erden verfügt, hat mittlerweile den Export zahlreicher Rohstoffe eingeschränkt, darunter Europium- und Yttriumoxid. Indische Politiker diskutieren bereits ein Verbot von Eisenerzexporten, um die Vorräte für künftige Generationen zu sichern. Viele Länder haben den Export von Sand für die Bauindustrie untersagt, unter anderem das Wüstenreich Saudi-Arabien.

Mit dem Rückgang dieser und anderer Ressourcen wird ihr Preis steigen. Auch die Güte vieler verbliebener Metalle wird nachlassen, wenn die Reserven erschöpft sind. Länder und Unternehmen werden Vorräte horten, da sie wissen, dass sie damit Gewinn erzielen können. Die Engpässe werden Diebstähle nach sich ziehen, wie sie beim Kupfer bereits vorkommen. Sind die Rohstoffe einmal weg, wird unsere industrielle Entwicklung ausgebremst.

Ähnlich wie auf der Osterinsel, wo die Menschen so lange Bäume fällten, bis keine mehr übrig waren und das menschliche Leben zum Erliegen kam, verbrauchen wir die schrumpfenden Ressourcen der Erde, ohne weiter an die Zukunft zu denken und sie für künftige Generationen zu bewerten. Statt den Verbrauch der Rohstoffe einzudämmen, lässt die Gesellschaft es zu, dass Profit daraus geschlagen wird. Im Geiste des modernen Wirtschaftsdenkens werden Unternehmen dafür belohnt, wenn sie sich auf kurzfristige Gewinne und steigende Quartalsergebnisse konzentrieren. Sie haben daher ein Interesse daran, die Kosten auszulagern und die gesellschaftlichen Auswirkungen ihres Handelns auszublenden.

Doch eine Verlangsamung des Rohstoffverbrauchs zu erreichen, wird nicht leicht sein. Wie sollen wir den bevölkerungsreichsten Ländern der Welt erklären, dass sie nicht denselben Lebensstandard erreichen können wie der Westen oder Japan, weil im Vorratsschrank einige der Rohstoffe schon knapp geworden sind? China und Indien werden es wohl kaum mit einem Achselzucken hinnehmen, dass einige der Schlüsselressourcen, die sie für ihre Entwicklung benötigen, bereits aufgebraucht wurden, und zwar überwiegend von den Ländern des Westens.

Fair und zum Wohle der Menschheit ließen sich die Ressourcen beispielsweise durch eine übernationale Weltorganisation verwalten. Doch das ist eine völlig unrealistische Vorstellung. Selbst wenn so eine Organisation entstünde, wäre sie infolge interner Machtkämpfe zerstritten und instabil. Aber was ist die Alternative? Solange die Verteilung der Ressourcen dem freien Markt überlassen ist, bleibt das Problem der Unterbewertung von Rohstoffen und deren immer schnellerem Verbrauch bestehen. Solange Unternehmen daraus Profit schlagen dürfen, vergrößert sich das Ungleichgewicht. Auch die Ressourcen in Staatshand zu geben, wäre wohl keine Lösung, da die Staaten Handelsbarrieren aufbauen und den Wettbewerb verstärken würden.

Auch wenn es keine einfachen Antworten gibt, werden wir uns in den letzten Kapiteln einige Möglichkeiten ansehen.

Wasser für sieben Milliarden Menschen

Das Problem, das die Menschheit mit dem Wasser hat, ist anders gelagert. Wie alle natürlichen Ressourcen wird es unterbewertet. Beim Wasser jedoch ist es keine sonderlich gute Idee, den Preis anzuheben, um externalisierte Kosten zu berücksichtigen. Da Wasser überlebenswichtig ist und viele arme Menschen es nicht bezahlen können, wäre das unsinnig. Stattdessen muss die Verteilung von Wasser sorgfältiger reguliert und von den durch die freie Marktwirtschaft herbeigeführten Anomalien befreit werden. Dasselbe gilt für viele Nahrungsmittel.

Der zweite große Unterschied zu anderen Ressourcen liegt darin, dass es für das Wasserangebot bereits zu viele Menschen auf der Erde gibt. Es besteht bereits ein Mangel.

Das Wasser auf unserem Planeten ist begrenzt und befindet sich überwiegend in den Meeren. Dieses Wasser ist jedoch nicht trinkbar. Als Trinkwasser oder für die Bewässerung lässt es sich nur einsetzen, wenn man es zunächst einer energieintensiven, teuren und umweltschädlichen Entsalzung unterzieht. Auch das übrige Wasser kann überwiegend nicht genutzt werden, da es in Gletschern oder Eiskappen gebunden ist. Weniger als ein Prozent des Wassers auf unserem Planeten ist trinkbar und leicht zugänglich. Dieses jedoch muss unter sieben Milliarden Menschen und allen anderen Landlebewesen aufgeteilt werden.

Bereits jetzt haben 1,3 Milliarden Menschen nicht genügend Wasser. Es reicht ihnen nicht zum Trinken und für den Anbau von Lebensmitteln. Ein Großteil des Wassers, das ihnen und Millionen weiteren Menschen zur Verfügung steht, ist darüber hinaus verschmutzt und verursacht Krankheiten. Mit der wachsenden Bevölkerung wird in den kommenden Jahrzehnten die Anzahl der Menschen, die mit Wasserknappheit zu kämpfen haben, weiter steigen. Im Jahr 2050 werden Schätzungen der Vereinten Nationen zufolge mehr als vier von zehn Menschen nicht genügend Wasser haben. Die UNO betrachtet daher das Wasser, oder besser gesagt den Wassermangel, als eine der größten Bedrohungen für Gesundheit, Sicherheit, wirtschaftliches Wachstum, Menschenrechte und nationale Sicherheit.

Mehr als zwei Drittel des Wassers, das wir verwenden, wird für die Nahrungsmittelproduktion eingesetzt. Deshalb folgt aus einer Wasserknappheit, sofern nichts dagegen unternommen wird, auch eine Nahrungsmittelknappheit. In einigen Ländern müssen die Landwirte für das Wasser bezahlen, in vielen aber nicht. Und fast nirgends spiegelt der Preis die Knappheit des Wassers wider.

Da wir das Wasser, das wir haben, gedankenlos verschwenden und Grundwasser, Flüsse und Quellen verunreinigen, spitzen wir die Lage weiter zu. Die Hälfte der Feuchtgebiete auf der Erde ist in den vergangenen 100 Jahren verschwunden. Seen trocknen aus und Flüsse gelangen nicht mehr zum Meer, weil sie für die Bewässerung von Äckern umgeleitet werden. Weder die Bauern noch die Verbraucher bezahlen dafür. Wieder werden die Kosten externalisiert. Während es einigen Landwirten erlaubt wird, ihre Produktion zu steigern, um anschließend Baumwolle und Pfirsiche unterpreisig zu verkaufen, werden andere stromabwärts in den Bankrott getrieben und Stadtbewohner gezwungen, ihr Brauchwasser zu rationieren. Während sich die einen die Taschen füllen, indem sie auf trockenem Land Nutzpflanzen anbauen, die einen hohen Wasserbedarf haben, sterben im Mündungsgebiet die Ökosysteme.

Laisser-faire – nein danke

Diese Probleme lassen sich wohl kaum lösen, wenn man den Vorstellungen der modernen Volkswirtschaftslehre folgt. Angesichts seiner Bedeutung und seiner Einzigartigkeit fällt es schwer, dem Wasser einen Preis zuzuteilen. Trotzdem muss es bewertet und sein Verbrauch gelenkt werden. Außerdem muss es einen Handel mit Wasser geben, weil es an manchen Orten jede Menge gibt und an anderen keins. Doch der freie Markt liefert dafür keine geeigneten Lösungen.

Wasser ist wie Luft eine einzigartige Ressource, auf die wir alle angewiesen sind. Unser Umgang mit dem Wasser wirkt sich weltweit auf die Verfügbarkeit von Nahrungsmitteln aus. Moralisch lässt sich nicht rechtfertigen, dass Wasser in der Hand privatwirtschaftlicher Unternehmen ist, die von seinem Verbrauch profitieren. Dank den Verfechtern der freien Marktwirtschaft trifft dies auf einen beunruhigend großen Anteil des weltweit verfügbaren Wassers zu.

Die einzige einleuchtende Lösung wäre, dass die Staaten stärker in die Wasserverteilung eingreifen. Wenn es fair zugehen soll, müssen die Regulierungsbehörden zudem die Nahrungsmittelversorgung überwachen. Der freien Marktwirtschaft und der Macht der Landwirtschaftslobby ist es mit zu verdanken, dass in vielen Ländern die Landfläche, auf der Nahrungsmittel angebaut werden können, immer knapper wird. Das liegt daran, dass wir einen Teil der Flächen für die Produktion von Biokraftstoffen nutzen und damit mehr Wert auf die Mobilität der Reichen legen als auf das Überleben der Armen. Auch die Klimaveränderung wirkt sich negativ aus, sodass das

Wachstum der Ernteerträge schrumpft. Dazu kommen steigende Energiekosten, die sich wiederum auf die Preise für Dünger und Transport auswirken, insbesondere in den Entwicklungsländern, in denen die Ernte häufig verrottet, weil es an Lastwagen mangelt.

Den Vereinten Nationen zufolge wird die Welt in den kommenden 40 Jahren 70 Prozent mehr Nahrungsmittel brauchen.

Das ist erreichbar, wenn auch nicht leicht zu bewerkstelligen. In Afrika, rund um das Schwarze Meer und in Lateinamerika muss mehr Land genutzt werden. Wir können auch genetisch verändertes Saatgut einsetzen, sofern Gesundheitsrisiken ausgeschlossen werden können. Doch um das UNO-Ziel zu erreichen, müssen viele Entwicklungsländer nach und nach ihre Nahrungsmittelsubventionen einstellen, weil diese einen unnötig großen Verbrauch nach sich ziehen.

Wenn wir Fairness zum Prinzip erheben, wird manch einer von uns auch den Anteil des Fleisches in der Ernährung senken müssen. Die Fleischproduktion geht mit einem hohen Wasserverbrauch einher und reduziert die Menge des Getreides, das für den menschlichen Verzehr zur Verfügung steht. Um den Nahrungsmittelbedarf der Welt zu decken, müssen wir in den Industrieländern zudem die Billigprodukte aus Supermärkten und Restaurants verbannen, da deren Erzeuger oder Verarbeiter ihre Kosten externalisiert haben. Auch dürfen Landwirte in trockenen Landstrichen nicht übermäßig Wasser verbrauchen. Die Wasserversorger werden darüber hinaus mehr gegen Leckagen unternehmen müssen.

Verbessern lässt sich die Situation auch durch größere Spezialisierung. Wir sollten die Produktion wasserintensiver Erzeugnisse in feuchten Klimaten unterstützen und sie von dort in trockene Länder exportieren. Es ist klüger, Rindfleisch im regnerischen Großbritannien zu produzieren als im trockenen Murray Darling Basin in Australien. Denkbar ist sogar die Einführung von Strafsteuern auf Erzeugnisse, die bei einem hohen Wasserverbrauch wenig oder keinen Nährwert aufweisen, wie zum Beispiel kohlensäurehaltige Getränke. Würde jede Dose Cola mit fünf Dollar besteuert, so ließen sich der Wasserverbrauch senken, Fettleibigkeit verringern, Gesundheitskosten reduzieren und gleichzeitig Einkünfte generieren.

Will man Waren in einem Land produzieren und in ein anderes exportieren, so spielen natürlich auch die Transportkosten hinein, die heutzutage zu niedrig angesetzt sind. Rindfleisch, das aus Großbritannien nach Australien exportiert wird, verteuert sich, wenn der Kraftstoff angemessen berücksichtigt wird. Das liefe den möglichen Vorteilen der Spezialisierung entgegen. Wichtig ist, dass das Rindfleisch, sei es nun in Australien mit knappen Wasserressourcen produziert oder aus Großbritannien eingeführt, einen angemessenen Preis erhält. Wäre das Wasser in Australien und der Kraftstoff für den Transport richtig bewertet, so läge der Rindfleischpreis für die australischen Verbraucher erheblich höher als heute üblich. Und so sollte es auch sein, denn ein höherer Preis würde die wahren Kosten widerspiegeln. Das mag den australischen Fleischessern nicht besonders gefallen, aber es wäre nach den Regeln der klassischen Ökonomie effizienter und würde die Ressourcen der Erde schonen.

Zweifelhaft ist allerdings, dass sich solche Veränderungen auf der Basis der modernen marktliberalen Denkweise bewerkstelligen lassen, wie man es uns gern weismachen will. Um die Ängste bezüglich der Nahrungsmittelsicherheit abzubauen, setzen Lösungen für diese Problematik dauerhaft Kooperationsbereitschaft und Vertrauen zwischen den Staaten voraus. Vieles wird davon abhängen, ob wir bereit sind, uns die Moralprinzipien der Aufklärung anzueignen. So kann man beispielsweise nicht behaupten, es sei fair, wenn die Armen für Dinge des täglichen Bedarfs mehr zahlen müssen, nur damit in den Industriestaaten jemand einen Mercedes fahren kann. Das ist sozial nicht verantwortlich.

Sollten Nahrung und Wasser weiter unreguliert bleiben, wird auf der Welt größere Ungleichheit herrschen.

Allerorten leidet die Natur unter unangemessenen Preisen und den Auswirkungen der modernen Ökonomie. Wenn in weiten Teilen der Welt ein Fangschiff aufs Meer hinausfährt und mit dem Bauch voller Fisch wieder zurückkehrt, so sind die Fische offenbar umsonst zu haben. Das Schiff und die Mannschaft kosten Geld, aber was sie fangen, können sie sich frei nehmen, den Meeren stehlen.

Alle Versuche, dies zu ändern, hatten bislang nur begrenzten Erfolg. Heute brauchen in einigen Teilen der Welt die Fischer eine Lizenz. Die Staaten bemühen sich, die Fischbestände zu überwachen. Sie haben die Fangmengen und die Zahl der Tage, an denen die Fangschiffe hinausfahren dürfen, beschränkt. Doch diese Maßnahmen zeitigen kaum Erfolge, und weite Meeresgebiete sind nach wie vor völlig unreguliert. Außerdem können die Fischer geltende Regeln häufig umgehen. Fast überall gehen die Fischbestände weiter zurück.

Auch die Luftverschmutzung nimmt rund um den Erdball zu, ohne dass jemand die Kosten dafür übernähme. Mit dem Bevölkerungswachstum insbesondere in China und Indien gelangen mehr ungeklärte Abwässer und Abfälle in die Flüsse und Ozeane als je zuvor. So entstehen Totwasserzonen ohne jeden Sauerstoff, in denen es kein Leben mehr gibt. Wir zerstören die Korallenriffe der Erde und vernichten pro Sekunde 0,4 Hektar Regenwald. In vielen Fällen kostet das Holz die Baumfäller nichts. Und auch wenn sie eine Lizenz erwerben müssen, fließt der Erlös daraus nicht in den Umweltschutz, sondern in die Taschen der Kommunalverwaltung. Die Folge ist, dass gemeinsam mit den Tieren, die dort leben, viel Nutzholz einfach verbrannt wird.

Wir erwärmen unseren Planeten, indem wir Gase in die Atmosphäre freisetzen. Diese wirken sich auf das Klima und die Nahrungsmittelproduktion aus und zwingen Menschen, bislang bewohnbare Gebiete zu verlassen. Für all das gibt es keine Kostenberechnung.

Viele dieser Probleme werden durch den Aufstieg Chinas, Indiens und anderer Entwicklungsländer noch verschärft. Das dortige Wirtschaftswachstum beschleunigt das Tempo der Ressourcenvergeudung und der Umweltzerstörung. Zum Teil liegt das daran, dass sich diese Nationen nicht für die Angst der reichen Welt vor Umweltverschmutzung und Langzeitfolgen interessieren. Sie brauchen Fortschritt, Wachstum und Konsum, Nahrung und Wasser – und zwar jetzt.

Die Schuld daran tragen auch ausländische Investoren. Amerikanische, europäische und asiatische Unternehmen haben die Kosten für Umweltverschmutzung, Energieerzeugung und Abfall externalisiert, indem sie ihre Fabriken nach China und anderswo umgesiedelt haben. Die moderne Ökonomie hat es versäumt, die Kosten dafür in den Preis für die Endprodukte, die wir kaufen, einzukalkulieren. Stattdessen lassen wir es zu, dass man in China Kohlekraftwerke baut, Seen mit giftigen Algenblüten abtötet und die Lebenserwartung der Bürger senkt. Der Westen konsumiert, während China und der Planet Erde den Preis dafür bezahlen.

Das moderne Wirtschaftsdenken hat dafür gesorgt, dass wir die Augen verschließen vor den Kosten für die Schäden, die auf unserem Planeten angerichtet werden. Doch wir haben eine Verantwortung für unsere Welt und für sämtliche Lebewesen, die in ihr zu Hause sind. Zum einen ist das unsere moralische Verantwortung als intelligenteste Lebensform der Evolutionsgeschichte. Doch auch naturwissenschaftliche Gründe sprechen dafür, mehr Verantwortung zu zeigen. Wir töten Hunderte von Pflanzen- und Tierarten, ohne den Wert ihrer Ökosysteme erfasst zu haben. Mögliche Heilverfahren für Krankheiten gehen buchstäblich in Rauch auf, und das für einen einmaligen Profit, mit dem sich der Holzfäller oder der korrupte Beamte eine Rolex kauft.

Wir messen Fortschritt am Wachstum, das vom Konsum abhängig ist. Dafür müssen wir wiederum mehr Ressourcen verbrauchen, was dazu führt, dass Kosten externalisiert werden, um den Preis zu senken. Trotzdem schämt sich kaum jemand dafür, dies zugelassen zu haben, erkennt kaum jemand an, dass wir für die daraus entstandenen Ungerechtigkeiten verantwortlich sind. Wir müssen einsehen, dass wir mit jedem Stück Seife aus Palmöl, das wir kaufen, das Problem verschärfen.

Im Jahr 1972 thematisierte der Club of Rome das Nachhaltigkeitsdilemma, vor dem die Menschheit stand. In einem Bericht unter dem Titel *Die Grenzen des Wachstums* erklärten die Autoren, die Entwicklung der Bevölkerung, der Nahrungsmittelerzeugung, der industriellen Produktion, der Verschmutzung und des Konsums nicht erneuerbarer natürlicher Ressourcen werde in eine Katastrophe führen, sofern keine bessere Lenkung stattfinde. Die Aktualisierungen des Berichts in den vergangenen 30 Jahren zeigen, dass die düsteren Voraussagen des Originals noch immer Gültigkeit haben. Das »Ende des globalen Systems« wird darin für die Mitte dieses Jahrhunderts vorausgesagt.[26]

Es muss nicht so kommen. Für diese Probleme, oder zumindest einen Teil von ihnen, können wir Lösungen finden. In vielen Fällen werden wir einsehen müssen, dass wir gegen die Gesetze der Chemie kämpfen. Ein Großteil dessen, was wir verbraucht und verschwendet haben, ist bereits endgültig verloren.

Dennoch steht außer Frage, dass wir ein besseres Gleichgewicht erreichen können. Viel wird von den Staaten und einer angemessenen Regulierung abhängen. Auch die Volkswirtschaftslehre kann eine wichtige Rolle spielen, sofern sie so angewendet wird, wie sie ursprünglich intendiert war.

Wenn wir verantwortlich handeln und an künftige Generationen denken wollen, können wir allerdings nicht fortfahren, das derzeitige Modell des freien Marktes für die Verteilung der Ressourcen heranzuziehen. Das führt nicht nur zu mangelhaften Ergebnissen, sondern verschlimmert vielmehr die Situation, indem sich das Tempo der Zerstörung und Verschwendung weiter beschleunigt.

5 Die zerstörerische Kraft des Ich

Die Welt hat genug für jedermanns Bedürfnisse, aber nicht für jedermanns Gier.

Mahatma Gandhi

Ich, Ich, Ich

Es mag seltsam klingen, doch eine der wichtigsten Hürden, die wir nehmen müssen, ehe wir die Finanz- und Umweltprobleme der Menschheit angehen können, ist das moderne Verständnis von Freiheit.

Die individuelle Freiheit bildet das Herz des westlichen Denkens und Handelns. Sie ist eines der wichtigsten Konzepte der entwickelten Welt, die Kernvorstellung der westlichen Gesellschaften. Amerika nennt sich »the land of the free«, und im Jahr 2001 verstieg sich der damalige US-Präsident George W. Bush sogar zu der Aussage, die Al-Qaida habe den Anschlag auf die Zwillingstürme des World Trade Center aus Hass auf »unsere Freiheiten« begangen. Genau diesen Freiheitsbegriff halten die USA hoch, wenn sie auf ihre ausländischen »Abenteuer« gehen.

Aber was ist eigentlich Freiheit?

Wenn wir heute von Freiheit sprechen, haben wir in erster Linie das Individuum im Blick. Es ist die Freiheit, nach eigenem Gusto zu handeln, ohne von Autoritäten eingeschränkt zu werden. Dem *Webster's Dictionary* zufolge geht es bei der Freiheit um den Schutz vor Verpflichtungen. Es geht um das Fehlen von Zwang, das Befreitsein. Es geht darum, freimütig und offen zu sein. Der Freiheitsbegriff bezieht sich in Amerika und in einem Großteil Europas ebenso sehr auf den Lebensstil und den Konsum wie auf gesellschaftliche Rechte. Man hat die Freiheit, sich zu kleiden, wie man will. Man kann sein Geld ausgeben, wie man will. Man kann reisen, wohin man will. Man kann den gewünschten Beruf ergreifen. Den Freiheitsbegriff umgibt eine kuschelige Hülle aus Chancen und Gleichheit.

Die Aufklärung hatte einen anderen Freiheitsbegriff. Freiheit bedeutete, ohne Angst frei zu denken, zu reden und zu handeln, jedenfalls für einen der wichtigsten Vertreter der Aufklärung, John Stuart Mill. Mill zufolge muss es uns gestattet sein, ohne Einschränkungen über die Welt um uns herum nachzudenken. Wir müssen in einem angemessenen Rahmen sagen und tun dürfen, was wir wollen. Mill zufolge muss der Staat alles tun, um Barrieren zu diesen Freiheiten zu beseitigen; dazu gehört auch, dass er restriktive Gesetze aufhebt. Dies bezeichnete er als *liberty*. Doch für Mill setzt Freiheit Verantwortlichkeit voraus. Ein grundlegendes Prinzip besagt, dass andere durch ein frei handelndes Individuum nicht zu Schaden kommen dürfen.

Heute haben wir einen anderen Freiheitsbegriff, und das ist ein wichtiger Punkt. Mills Konzept der Freiheit geht wie Smiths Eigeninteresse mit einem sozialen Verantwortungsbewusstsein einher. Freiheit bedeutet nicht, dass der Bankvertreter seinen Kunden Hausdarlehen andreht, die sie in den finanziellen Ruin treiben. Freiheit bedeutet nicht, dass wir die Erde ihrer Ressourcen berauben dürfen. Freiheit bedeutet nicht, dass Landwirte im Regenwald Brandrodung betreiben und Fischer die Meere leer fischen dürfen, um kurzfristig Gewinne zu erzielen. Das ist nicht im Interesse der Gesellschaft und widerspricht dem Prinzip der Verantwortlichkeit. Das Verhalten einiger weniger schadet vielen. Der Freiheitsbegriff der Aufklärung enthielt den entscheidenden Aspekt der Verpflichtung, wohingegen heute Freiheit das Freisein von Verpflichtungen bedeutet.

Diese Schwerpunktverlagerung wirkt sich auf unser Verhalten aus – und auf unsere Motive. Weil wir zum Individualismus erzogen werden, denken wir zuerst an uns und unsere Familien. Kaum jemand interessiert sich für die Gesellschaft oder dafür, diese zu verbessern. Selten wägen wir die sozialen Folgen unseres Handelns ab.

Der moderne Freiheitsbegriff verstärkt die Ungleichheit und vergrößert die soziale Ungerechtigkeit. Wirtschaftlicher Wohlstand kommt nicht den Klügsten zu, denen, die am schwersten arbeiten, denen, die den meisten Menschen den größten Nutzen bringen, oder denen, die besonders mildtätig sind. Belohnt werden die Individuen und Unternehmen, die den größten Gewinn erzielen, indem sie ihre Kosten anderen aufbürden.

Dies steht in direktem Gegensatz zu den Vorstellungen Mills, für den die Gesellschaft die Pflicht hat, einzelne zu bestrafen oder in die Schranken zu weisen, sobald sie dem Interesse der Gesellschaft schaden. Das bedeutet auch, dass ein Unternehmen mit seinen Konkurrenten im fairen Wettbewerb stehen sollte. Es sollte daher nicht die schwache Regulierung im einen Land ausnutzen, um sich in einem anderen einen Vorteil über die Konkurrenz zu verschaffen. Denn das ist nicht im Interesse der Gesellschaft.

Der Konservatismus unterwegs in die falsche Richtung

Der Aufstieg des Neoliberalismus und des Konservatismus, insbesondere in den USA, führt uns noch weiter in diese Richtung. Viele Neoliberale und Konservative glauben fest an das Überleben des Stärkeren. Sie propagieren einen Individualitätsbegriff, der noch extremer ist als der, den wir in den letzten 30 Jahren erlebt haben. Weil es angeblich der Natur entspricht, setzen sie sich für einen minimalen Staat und eine minimale Verantwortung gegenüber anderen ein. Statt Kooperation solle es Wettbewerb zwischen den Individuen geben. Dadurch gibt es Gewinner und Verlierer, doch genau darum gehe es ja bei der Evolution. Einige Konservative sind aus Prinzip gegen so gut wie jede Form von Staat und gegen jegliche Beschränkung des freien Marktes. Für sie übertrumpft das Überleben des Stärkeren grundsätzlich den Freiheitsbegriff und das Gleichheitsprinzip.

Das ist gefährlich, und zwar nicht nur aus der Perspektive der Aufklärung. Solches Denken führt zu einer bipolaren Schwarz-Weiß-Welt, in der sachkundige Entscheidungen überflüssig sind. Danach können wir tun und lassen, was wir wollen, wann immer wir es wollen. Das ist nicht die Freiheit, wie Mill sie verstand. Der Konservatismus nach US-Vorbild macht uns vor, Kooperation sei überflüssig, Wirtschaft und Finanzwesen benötigten nur eine minimale Aufsicht, und der blinde Wettbewerb um Ressourcen und Profit sei nicht nur der beste, sondern der einzige, weil natürliche Weg. Die Gier muss nach dieser Logik nicht eingedämmt werden. Schöpferische Zerstörung, selbst wenn am Ende nur Zerstörung übrig bleibt, wäre demnach ein Bestandteil von Wachstum und Entwicklung. Den Vertretern des Neoliberalismus und des Konservatismus zufolge bringt es nichts, die Welt zu einen und sich gemeinsam den Herausforderungen zu stellen, auf ein gemeinsames Ziel hinzuarbeiten, weil das nicht dem Lauf der Dinge entspreche: Nur der Wettbewerb und der Markt können das ihrer Meinung nach regeln.

Doch dieses Denken führt letztlich zu Instabilität, weil es zulässt, dass die Reichen immer reicher werden, während für die große Mehrheit der Bevölkerung das Leben immer elender wird. Irgendwann ist die Belastungsgrenze erreicht. Wenn die Ungleichheit zu groß wird, geht die Mehrheit auf die Straße oder wendet sich links- oder rechtsextremen Parteien zu, die ihnen soziale Gerechtigkeit versprechen. Am Ende führt Konservatismus in eine Revolution, ein Umstürzen des Status quo, weil er nicht für »Fairness« sorgt. Er führt uns weiter in die falsche Richtung.

Kiasu. Gesundheit!

Die moderne Vorstellung von Freiheit und Individuum fördert Gier und Eigennutz, die sozial spalterisch wirken.

In Singapur gibt es das Wort *kiasu*, das aus dem Hokkien kommt, einem der dort gesprochenen chinesischen Dialekte. Frei übersetzt bedeutet es »muss gewinnen, darf nie verlieren«. Es ist typisch für Singapur, wo es sogar eine Fernsehserie namens *Mr Kiasu* gibt, die auf dieser Vorstellung basiert.

Kiasu bedeutet, dass man so gut wie alles tut, und sei es noch so albern, um sich auf Kosten anderer einen Vorteil zu verschaffen. Antrieb ist die Furcht, auf der Verliererseite zu stehen, und der Wunsch, anderen eins auszuwischen. Wenn es in einem Geschäft ein Werbepäckchen Taschentücher gratis gibt, bildet sich eine Schlange, egal, ob die Wartenden Taschentücher brauchen oder nicht. Viele Menschen in Singapur würden sich eine halbe Stunde anstellen, um ein Päckchen Taschentücher zu ergattern, das sie nicht brauchen. Wenn ein Singapurer einen Aufzug betritt, drückt er auf den Knopf, sobald sich jemand dem offenen Fahrstuhl nähert, nur um schneller zu sein. Autofahrern in Singapur wird geraten, auf den Autobahnen nicht zu blinken, ehe sie die Fahrspur wechseln: Andere Verkehrsteilnehmer würden sich dadurch motiviert fühlen, sich an die anvisierte Stelle zu setzen, nur damit der andere nicht so leicht überholen oder die Ausfahrt nehmen kann. *Kiasu* bedeutet, dass man sich bei einem Buffet das beste und teuerste Essen auf dem Teller schaufelt, obwohl man es gar nicht mag – nur damit niemand anders es bekommt.

Das wirkt trivial und schon fast komisch und ist es gewissermaßen auch. Aber *kiasu* ist die Antithese zum sozialen Denken der Aufklärung. Statt Kooperation und Rücksicht auf andere ist *kiasu* das Streben danach, sich auf Kosten anderer zu bereichern, und zwar in seiner reinsten Form. Ihm ist es zu verdanken, dass es so unangenehm ist, in Singapur zu leben.

Leider beschränkt sich dieses Phänomen nicht auf Singapur. Dem modernen Freiheitsbegriff ist es zu verdanken, dass es mal stärker, mal weniger stark rund um den Erdball anzutreffen ist, auch dort, wo es kein spezielles Wort dafür gibt.

Nein, Gier ist eben nicht gut, Mr Gekko!

Gier und Egoismus, die aus einem überzogenen Verständnis individueller Freiheit herrühren, befeuern auch unsere Konsum-Manie. Als Verbraucher belohnen wir niedrige Preise, ohne einen Gedanken daran zu verschwenden, was das bedeutet. Als Aktionäre belohnen wir höhere Gewinne, ungeachtet der sozialen Folgen. Wir kaufen die billigeren Nahrungsmittel, obwohl sie uns dick und krank machen, weil die Kosten für die medizinische Behandlung jemand anders bezahlt. Wir kaufen Produkte, für deren Herstellung die Ressourcen der Erde verschleudert werden, nur weil sie billig sind.

Der Mr Kiasu in uns rät uns, Politiker zu wählen, die Steuersenkungen versprechen, obwohl Millionen von Menschen damit ins Elend gestürzt werden.

In einem seiner humorigen Momente sagte Bush einmal, er sei im Amt, um eine Gruppe zu stützen und zu schützen, die er »die Habenden und die Mehrhabenden« nannte. Statt die Wohlhabendsten zu besteuern, kürzte er die Gelder für das Gesundheitswesen und für studentische Darlehen. Bushs Scherz, sein Handeln und dessen Folgen sandten ein deutliches Signal an uns alle aus.

Übermäßiges Streben nach individuellem Gewinn führt ins Unglück, weil es Neid schürt und Loyalitäten und Prinzipien pervertiert. Das ist die Haltung, die sich hinter dem Outsourcing verbirgt. Sie führt auch dazu, dass riesige Konzerne zu wenig in die Alterssicherung ihrer Belegschaft investieren oder ihr Engagement für ehemalige Mitarbeiter aufkündigen.

Vor allem aber wächst die soziale Ungleichheit, die aus diesem Denken resultiert.

Ungleichheit wird häufig mit dem Gini-Koeffizienten angegeben, der die Verteilung von Wohlstand in einer Gesellschaft misst. Liegt der Gini-Koeffizient bei 0, hat jeder den gleichen Anteil am verfügbaren Wohlstand. Liegt er bei 100, konzentriert sich das gesamte Vermögen auf eine Person, das heißt, es herrscht absolute Ungleichheit. Eine Person hat alles, hat das ganze *kiasu*.

Rund um den Erdball wächst der Gini-Koeffizient stetig, in jüngster Zeit besonders rasch. In den USA lag er Ende des Zweiten Weltkriegs bei 38 und blieb 50 Jahre etwa auf diesem Niveau. Im Jahr 2008 jedoch hatte er den Wert 47 erreicht, ein gewaltiger Sprung innerhalb kurzer Zeit.[27] Auch in Brasilien, China, Großbritannien und Indien konzentriert sich das Vermögen zunehmend in den Händen einer kleinen Gruppe. Im Jahr 2009 gab es weltweit 793 Milliardäre, deren gemeinsames Nettovermögen größer war als das der ärmsten drei Milliarden Menschen.

Nicht überall ist der Koeffizient gestiegen. In Ländern, die eine inklusive Sozialpolitik betreiben, insbesondere in Norwegen und Frankreich, ist er gesunken. Während in den meisten europäischen Ländern, in Australien und in Kanada der Koeffizient zwischen 25 und 35 liegt, tun sich die USA und Mexiko mit einem Wert von über 40 hervor. In China steht er derzeit bei 47, nachdem er in der Mao-Ära der 1970er-Jahre 16 betrug. Im *kiasu*-zentrischen Singapur war er bei der letzten Messung im Jahr 2008 mit dem Wert 48 höher als in fast jedem anderen entwickelten Land.

Diese Entwicklung ist aus mehreren Gründen schlecht. Mit einem steigenden Gini-Koeffizienten wächst die Wahrscheinlichkeit sozialer Unruhen. Er mündet in eine, wie Wirtschaftswissenschaftler es nennen, »Tragik der Allmende« und wegen des extrem hohen Maßes an Gier und Individualismus in eine unnachhaltige Entwicklung.

Die Tragik der Allmende ist eine Folge der Kurzsichtigkeit und des Egoismus. So geschieht es, dass Individuen aus Eigennutz eine gemeinsame Ressource verbrauchen, obwohl klar ist, dass es nicht im Interesse aller steht. Abgeleitet ist der Begriff vom bekanntesten Beispiel, der Allmende. Auf dieser gemeinschaftlich genutzten Fläche können alle ihre Tiere umsonst weiden lassen. Weil das nichts kostet, nutzen einige die Gelegenheit zu ihrem Vorteil, indem sie sich mehr Tiere anschaffen, um auf Kosten anderer den eigenen Wohlstand zu mehren. Wenn sich nur wenige so verhalten, werden sie im Gegensatz zu denen, die soziale Verantwortung an den Tag legen, reich. Die Unterbewertung einer Ressource und die Gier einiger weniger vergrößern somit die Ungleichheit. Das ist ungerecht und schürt Neid und soziale Spannungen. Zudem werden andere verleitet, dem Beispiel der Gierigen zu folgen. Wenn schließlich jeder sich so verhält, so geht das Gemeinwohl vor die Hunde: Die Unterbewertung der Ressource zieht ihre Verschwendung und schließlich ihren Verlust nach sich. Jeder verliert.

Ein modernes Beispiel ist der Umgang mit wild lebenden Fischbeständen. Die Fischer gehen weiter auf Fang, obwohl bald kein Fisch mehr da ist und ihre Kinder einen anderen Beruf werden ergreifen müssen. Schon heute müssen Fangschiffe im Hafen bleiben, weil die Meere überfischt sind. Die Tragik der Allmende hat die Bestände erschöpft.

Als Verbraucher verhalten wir uns nicht anders. Wir konsumieren die wilden Fischbestände der Erde, obwohl wir wissen, dass wir damit den Preis nach oben treiben und die Fische am Ende aussterben werden. Uns ist klar, dass künftige Generationen keinen Fisch mehr haben werden. Diese Gier und Selbstsucht prägt auch den Verbrauch des Süßwassers und der nicht erneuerbaren Energiequellen wie Kohle, Gas und Öl. Und auch der Hang der Menschen, sich exzessiv zu vermehren, ist ein Beispiel dafür. Wir wollen Kinder haben, obwohl wir wissen, dass es bereits zu viele Menschen auf der Erde gibt. Dank einer Politik, die in einigen Ländern den Einsatz von Verhütungsmitteln beschränkt und die Abtreibung verbietet, dank niedriger Nahrungsmittelpreise und der Aufforderung von kirchlicher Seite, sich fortzupflanzen, hat sich die Menschheit ihre eigene globale Tragik der Allmende geschaffen.

Aus der Langzeitperspektive entbehrt das natürlich jeglichen Sinns. Doch das Problem zu erkennen, ist das eine, den Trend umzukehren, wieder etwas völlig anderes. Wenn eine Kultur des Egoismus erst gewachsen und gediehen ist, lässt sich die Uhr nur schwer zurückdrehen. Besonders hinderlich ist dabei unsere Sicht der Welt. Unsere Handlungsfreiheit als Individuen sowie Neid und Gier, die durch die Tragik der Allmende entstanden sind, verhindern, dass wir an die Gesellschaft denken, weil man uns beigebracht hat, nur an uns selbst zu denken.

Aus einer solchen Haltung erwächst die Art Widerstand, auf den US-Präsident Barack Obama mit seiner Gesundheitsreform im Jahr 2010 stieß.

Viele Amerikaner wollen den Armen den Zugang zu Krankenhäusern und medizinischer Versorgung verwehren, weil sie ihn sich angeblich nicht verdient haben. Für die Reformgegner ist das Gesundheitswesen kein Recht, das allen Bürgern offen steht. Wenn die Armen eine medizinische Gratis-Behandlung erhalten, so der Gedanke, bleibt für alle anderen weniger übrig. Oder die Kosten steigen und diejenigen, die ihr Einkommen in ihre Gesundheitsversorgung investieren, werden benachteiligt. Faktisch müssten diejenigen, die ihre Krankenversicherung selber bezahlen können, die Armen subventionieren. Das aber, so Obamas Gegner, widerspreche den Prinzipien der Freiheit, des freien Marktes und des Individualismus.

Wenn man also Menschen, die krank werden, die Behandlung verweigert, so ist dies ein Ausdruck von Freiheit und Individualität. Das Überleben wird zur Belohnung.

Wenn jeder nur an sich denkt und keinerlei Verantwortung für andere übernimmt, kann kein nachhaltiger Fortschritt stattfinden, sondern die Verschwendung wächst und die anstehenden Probleme werden immer größer.

Moderne Vorstellungen von Individuum und Freiheit sitzen an der Wurzel unserer Finanzprobleme und der Verschwendung von Ressourcen.

Es geht auch anders. Das winzige Bhutan, ein Land mit nicht einmal 700 000 Einwohnern, eingeklemmt zwischen China und Indien, bietet Stoff zum Nachdenken.

Statt das Wirtschaftswachstum zu messen und die Bürger zum Egoismus anzutreiben, misst man in Bhutan das BIG, das Bruttoinlandsglück. Zu Recht geht man davon aus, dass das Streben nach Wirtschaftswachstum nur in Verbindung mit einem fest verankerten sozialen Verantwortungsbewusstsein nachhaltig sein kann. Wachstum um des Wachstums willen ist nicht im Interesse der Bürger.

Der Staatsführung von Bhutan zufolge beraubt man, wenn man zur Messung des Fortschritts das Wirtschaftswachstum heranzieht, die Kinder ihres rechtmäßigen Anteils an den natürlichen Ressourcen der Erde. Daher beobachten die Bhutaner neun Fortschrittsindikatoren, darunter Gesundheit, Staatsführung und seelisches Wohlbefinden. Die Komponenten dieses Index »spiegeln die Werte wider, die in meiner Gesellschaft hochgehalten werden, Werte, die wir schaffen wollen, echte Werte, echten Wohlstand, nicht die illusionären Werte, die über Nacht verschwinden können«, so Jigme Y. Thinley, Premierminister von Bhutan.

Mit diesen Überlegungen steht Bhutan durchaus nicht allein da. Thailand, Großbritannien und Kanada denken mittlerweile in dieselbe Richtung. Der französische Präsident Nicolas Sarkozy bat im Jahr 2009 die beiden Nobelpreisträger in den Wirtschaftswissenschaften, Joseph E. Stiglitz und Amartya Sen, eine Maßeinheit für den Fortschritt zu entwickeln, in der die Lebensqualität der Bürger, die Umwelt und die Bildung berücksichtigt sind. In ihrem Bericht forderten die beiden Wissenschaftler die Staatschefs der Welt auf, die Obsession mit dem Wirtschaftswachstum hinter sich zu lassen und breitere Maßstäbe für den Wohlstand anzulegen.

Voraussetzung dafür ist eine andere Sicht der Welt. Die Menschen müssten wieder an andere denken. Sie müssten den gängigen Freiheitsbegriff revidieren und die Bedürfnisse derer, die um sie sind, berücksichtigen.

Nur mit sozialem Verantwortungsbewusstsein können wir die Aufgaben, vor denen wir stehen, meistern.

Teil 2

Grassierende Blindheit: Für die Bewältigung der Aufgaben fehlt uns das Handwerkszeug

In Teil 1 ging es um die zahlreichen großen Herausforderungen, vor denen die Menschheit steht. Er zeigte auf, dass die moderne Ökonomie und eine unzureichende Regulierung die Finanzkrise 2007 ausgelöst haben, die noch Jahre nachwirken wird. Den Versäumnissen des neuen Wirtschaftsdenkens ist es zuzuschreiben, dass wir Ressourcen der Welt unterbewerten und verschwenden. Diesen Weg weiterzubeschreiten, wäre nicht nachhaltig. Wir haben gesehen, wie sich unser Freiheitsbegriff hin zu mehr Individualität verschoben hat. Damit wuchsen Egoismus und Gier, während das soziale Gewissen schrumpfte.

All diese Mentalitätsverschiebungen, die sich in den vergangenen Jahrzehnten vollzogen haben, sind darauf zurückzuführen, dass wir gute Prinzipien der Aufklärung aufgegeben oder revidiert haben.

Teil 2 befasst sich damit, welche Mittel wir an der Hand haben, um diese Herausforderungen zu meistern.

Kapitel 6 geht der Frage nach, wie innovativ wir sind und wie es um die Bildung in der westlichen Welt bestellt ist. Lösungen zu den anstehenden Problemen können wir nur finden, wenn wir in der Lage sind, sie intellektuell zu durchdringen.

Kapitel 7 untersucht, wie sich unsere Sichtweise von Politik und Staat verändert hat. Bei der Bewältigung der anstehenden Aufgaben müssen die Staaten eine wichtige Rolle übernehmen. Doch auch sie werden ihren Aufgaben nicht gerecht. Statt am Aufbau einer besseren Gesellschaft zu arbeiten, haben viele der Verantwortlichen Kernaufgaben privatisiert und die Macht an die Konzerne abgetreten und herrschen nun, indem sie Ängste in der Bevölkerung schüren.

Anschließend betrachten wir, wie sich der Aufstieg Asiens und insbesondere Chinas auswirken wird. Wenn so viele unserer Probleme aus der Preisgabe oder Verwässerung guter Prinzipien erwachsen, so droht der Aufstieg

Chinas die Situation noch zuzuspitzen. Wir haben es mit einer Gesellschaft zu tun, die sich durch einen großen Hunger nach schneller Belohnung auszeichnet, ohne allerdings die gesellschaftlichen Kosten zu berücksichtigen. Auch die Menschenrechte dürften unter chinesischem Einfluss wieder auf dem Rückmarsch sein.

6 Können Sie Kant lesen?

Wissen ist Macht.

Sir Francis Bacon

Ein schlechter Anfang

Der Verlauf einer Reise hängt davon ab, wo man beginnt. Und das hier ist ein schlechter Anfang.

Viele Probleme, denen sich die Menschheit gegenübersieht, ergeben sich aus unserer Sicht der Welt. In den letzten paar Jahrzehnten haben wir viele Prinzipien, die wir einst hatten, ausgehöhlt. Daraus ist nicht nur die Finanzkrise erwachsen, sondern es hat auch dazu geführt, dass wir Ressourcen verschwenden und in weiten Teilen der Welt eine Kultur entstanden ist, die von individuellen Wünschen statt von gesellschaftlichem Verantwortungsbewusstsein getrieben wird.

Wenn wir diese Probleme bewältigen wollen, müssen wir unsere Denkweise ändern, denn mit den derzeitigen Prinzipien kommen wir nicht weiter. Wir müssen andere Leitwerte definieren, um herauszuarbeiten, wohin wir wollen und warum. Wir müssen eine Route bestimmen.

Das wird allerdings nicht leicht sein. Kaum jemand befasst sich intensiv mit der Problematik, ja, die meisten von uns verschwenden keinen Gedanken daran. In weiten Teilen der entwickelten Welt lassen sich die Menschen einlullen von Promikult, einer Flut von Banalitäten und dem Irrglauben, dass

Information Wissen ist. Die Erwartung, anstrengungslos Anerkennung einzuheimsen, lässt unsere Zielstrebigkeit verkümmern.

Schlimmer noch: Immer mehr Menschen führen uns mit ihrer Denkweise weiter in die falsche Richtung: In einigen Teilen der Welt beschleunigt der zunehmende Einfluss der Religion und das Wiederaufleben eines bedingungslosen Kreationismus die Rückwärtsentwicklung der Menschheit in eine wissenschaftsfeindliche Zeit.

Und es ist unglaublich schwierig, Ansichten und Ideen zu verändern.

Die Aufklärung war insofern ungewöhnlich, als sie ohne Krieg oder Revolution Werte veränderte, wenngleich sie beides nach sich zog. Sie läutete das Zeitalter der Vernunft ein und holte den Menschen aus dem begrenzten Raum des religiösen Denkens, das jahrhundertelang die europäische Kultur beherrscht hatte. Die Bürger der westlichen Welt begannen über Wissenschaft und Logik nachzudenken. Es war eine Zeit, in der sich die Menschen ermutigt fühlten, sich über ihren mühevollen Alltag zu erheben, in Erwartung einer besseren und anständigeren Gesellschaft. Das war genau die Art von Umgestaltung, die wir heute wieder brauchen.

Die Ideen einiger weniger Menschen verbreiteten sich rasch und veränderten das Leben Tausender. Mathematiker, Naturwissenschaftler, Philosophen, Juristen, Ingenieure und viele andere stellten grundlegende Fragen über die Welt. Sie entwickelten neue Ideen zu Fragen der Gerechtigkeit, des Eigentums und der individuellen Rechte. Sie stießen Diskussionen und den ungehinderten Austausch der Gedanken an.

Diese Ideen wirkten sich auf die gesamte westliche Gesellschaft aus. Gegenüber von Smiths Heimatort, auf der anderen Seite des Firth of Forth, liegt die schottische Stadt Edinburgh, in der ich geboren wurde. Dort war Robert Louis Stevenson zu Hause, Autor von *Die Schatzinsel*, *Entführt* und *Der seltsame Fall des Dr. Jekyll und Mr. Hyde*. Weniger bekannt ist, dass Stevensons Großvater, der wenige Jahre vor Erscheinen von Adam Smiths *Der Wohlstand der Nationen* geboren wurde, und sein Vater in ihrer Zeit ebenfalls berühmte Männer waren. Sie illustrieren, wie sich die Welt infolge der Aufklärung veränderte. Die älteren Stevensons nutzten ihr Ingenieurswissen zugunsten in Seenot geratener Schiffe – wie sie es sahen, war das ihre gesellschaftliche Pflicht. Sie forschten, wie sich verhindern ließe, dass Schiffe auf Felsen auflaufen, und bauten schließlich viele der Leuchttürme, die bis heute an britischen Küsten stehen.

Natürlich gibt es auch in unserer Zeit zahlreiche vergleichbare Projekte, deren Ziel es ist, das Leben der Menschen zu verbessern. Der große Hadronen-Speicherring, der in der Schweiz von der Europäischen Organisation für Kernforschung (CERN) entwickelt wurde, führt tief in das unerforschte Gebiet der Teilchenphysik. Der Fusionsreaktor ITER in Frankreich wird eines Tages vielleicht wie die Sonne Energie mittels Kernfusion erzeugen. Man hat Satelliten in die entferntesten Gebiete unseres Sonnensystems geschickt. Die Entschlüsselung des menschlichen Genoms hat eine Enzyklopädie biologischer Informationen erschlossen, die es weiter zu erforschen gilt.

Doch auch hier hat die moderne Ökonomie ihre Hände im Spiel. Der Teilchenbeschleuniger der USA, Tevatron, wurde nach Budgetkürzungen infolge der Finanzkrise im Jahr 2011 abgeschaltet. Der Geist des freien Marktes hat auch die Haltung zur Raumfahrt verändert. Da das NASA-Budget ständig gekürzt wird, versucht man nun, Projekte zu privatisieren. In den USA konzentriert man sich bei den Technologieausgaben auf die Entwicklung von Waffen, damit dieser Wirtschaftszweig profitabel bleibt. Nachdem die Erforschung der Terra firma, des Festlandes, bereits vor 250 Jahren abgeschlossen wurde, haben wir gerade erst begonnen, den weitaus größeren Teil unseres Planeten, nämlich das Meer, genauer zu untersuchen. Noch immer wissen wir wenig über das Bewusstsein und noch weniger über das Universum. Die Neugier, die für die Aufklärung so typisch war, scheint heute kaum noch jemanden zu befeuern.

Zwar wird gern der Eindruck vermittelt, dass wir in einem Zeitalter der wissenschaftlichen Wunder leben, doch die Innovationsfreudigkeit hat in Wahrheit sogar nachgelassen. Dr. Jonathan Huebner ist Physiker am Naval Air Warfare Center des Pentagons in Kalifornien. Ihm zufolge hat die Quote technischer Innovationen vor einem Jahrhundert ihren Höhepunkt erreicht und nimmt seither beständig ab.

Huebner meint, mit der Anzahl gebildeter Menschen müsste unter vergleichbaren Bedingungen auch die Zahl der Innovationen wachsen. Doch so betrachtet ist die Geschwindigkeit des technischen Fortschritts heute kaum höher als im 17. Jahrhundert, und seit ihrem Gipfel im Jahr 1873 nimmt sie sogar ab.[28] Huebner, der daraus die künftige Entwicklung ableitet, sagt voraus, dass im Jahr 2024 die Zahl der Innovationen auf das Niveau des Mittelalters sinken wird.

Das liegt, so Huebner, auch daran, dass bereits 85 Prozent der machbaren Techniken erfunden wurden. Wenn Naturwissenschaften und Technologie ein Baum wären, so hätten wir bereits den Stamm und die meisten der Äste erschlossen. Nur wenige wichtige Punkte sind noch offen. Wie bei den »Grenzen des Wachstums«, von denen im Kapitel vier die Rede war, gelangen wir auch bei der Innovation an unsere Grenzen.

Vieles, was wir heute als Innovation betrachten, ist lediglich eine Weiterentwicklung von Produkten, die es bereits seit Jahrzehnten gibt. Die Entdeckung der DNA vor mehr als 40 Jahren zog das Humangenomprojekt nach sich. Das Düsentriebwerk, die Atombombe, der Silizium-Chip, das Telefon und die Mikrowelle sind viele Jahrzehnte alt.

Wie viele Neuerungen würden in einer Geschichte der letzten 30 Jahre als größere Fortschritte gewertet und wie viele lediglich als Fortentwicklungen, die einen oder zwei Schritte weiterführen? Keine war so kühn wie die Entdeckung der Schwerkraft, neuer Kontinente oder der aerodynamischen Prinzipien.

Das soll nicht heißen, dass es in den kommenden Jahren keine Innovationen mehr geben wird. Doch vieles deutet darauf hin, dass die glorreichen Tage der großen Fortschritte gezählt sind – leider, denn für die Bewältigung der anstehenden Aufgaben könnten wir sie gut gebrauchen. Dass wir aber nur noch in vielen kleinen Schritten vorankommen, schlägt sich auf unsere Weltsicht nieder.

Ach nee!

Verantwortlich für den Mangel an echten Fortschritten ist möglicherweise der sinkende Bildungsstandard, der sich vielerorts, insbesondere in den Industriestaaten, beobachten lässt. Obwohl in den USA und in Großbritannien die Schüler immer bessere Abschlüsse machen – und zwar so zahlreich, dass sich die Universitäten über zu viele Einserbewerber beklagen –, deutet kaum etwas darauf hin, dass die Kinder wirklich klüger werden. Vielmehr wurde in vielen Fächern das Niveau kräftig heruntergeschraubt, um sie für die Schüler interessanter zu machen.

So verglich Michael Shayer in einer Studie des King's College in London 800 Schüler der Sekundarstufe im Jahr 2008 mit ihren Vorgängern Mitte der 1970er-Jahre. Dabei stellte er fest, dass der durchschnittliche Vierzehnjährige heute besser in der Lage ist, Fragen schnell zu beantworten. Doch der Vergleich ergab auch, dass es 2008 an einer echten Durchdringung der Materie fehlte und dass eine Kultur des Lernens vorherrschte, die sich durch einen raschen, oberflächlichen Umgang mit Informationen auszeichnete. »In den vergangenen 30 Jahren hat sich alles beschleunigt. Es geht darum, schnell zu reagieren, allerdings auf einem niedrigen Niveau«, so Shayer. Eine frühere Studie, in der die Leistungen heutiger Elf- und Zwölfjähriger mit denen der 1970er-Jahre verglichen wurde, kam schlicht zu dem Ergebnis, dass das Niveau gesunken ist.

Eine Studie des Department of Educational Studies an der Oxford University und der britischen Studienzulassungsstelle Universities and Colleges Admissions Service stellte bei heutigen Schülern einen Mangel an selbstständigem Denken und eine Angst vor Zahlen fest. Die englischen Unternehmerorganisationen Confederation of British Industry und Institute of Directors beklagen ein sinkendes Niveau im Lesen, Schreiben und Rechnen. Eine Studie der Sheffield University kam zu dem Schluss, dass 17 Prozent der Sechzehn- bis Neunzehnjährigen Analphabeten sind. Sie konnten weder lesen noch auf der Landkarte eine Route finden. Unter Ablenkung verstanden sie nicht einmal einfachste Fragen. Schlussfolgerungen zu ziehen oder Stilmittel wie eine Andeutung oder Ironie zu verstehen, war ihnen nahezu bis völlig unmöglich. Die Fähigkeiten der Betroffenen, so der Schluss der Studie, reichten für einen Job oder für die Teilhabe am Familienleben und an der Bürgergesellschaft nicht aus.

In der Rangliste der internationalen Bildungsstandards fallen die USA seit Jahren ab. Eine Vergleichsstudie unter 41 Ländern im Jahr 2009 ergab schlechte Leistungen bei den Viertklässlern und noch schlechtere bei den Schülern der Mittelstufe.[29] Auf Highschool-Niveau befanden sich die USA unter den Schlusslichtern. Im Jahr 2008 belegten sie in den Naturwissenschaften Platz 21 von 30 OECD-Staaten.[30] Ein Viertel der amerikanischen 15-Jährigen wurde den Grundanforderungen nicht gerecht. In der Mathematik belegten die USA Platz 25. Hier verfügten fast 30 Prozent der Schüler nicht über die im Alltag benötigten mathematischen Fähigkeiten.

Die Verwässerung der Bildungsstandards bereitet auch nach dem Wechsel auf eine Universität Probleme. Die Kurse sind heute modulartiger, aufgebrochen in kleine Einheiten von wenigen Wochen Dauer. Weil die Themen darin nur oberflächlich gestreift werden, können auch die Studentinnen und Studenten nur oberflächlich lernen.

James Côté ist Soziologieprofessor an der University of Western Ontario und Koautor des Buches *Ivory Tower Blues: A University System in Crisis.*

Ihm zufolge mangelt es den Studierenden heute an sprachlicher Argumentationsfähigkeit, sie gehen unkritisch mit Quellen um und können sich nur schwer auf eine Sache konzentrieren. Schlimmer noch: Ihnen fehle der Ehrgeiz.

Eine Ursache für das sinkende Niveau ist der Antrieb, möglichst vielen Menschen zu Bildung zu verhelfen. Da in den USA und in Großbritannien 50 Prozent der jungen Menschen eine Universität besuchen sollen, also zehnmal so viele wie früher, ist eine Absenkung des erreichbaren Niveaus unvermeidlich.

Der britische Soziologe Frank Furedi macht diese Tendenz zur Bildungsinklusion für die Aushöhlung des intellektuellen Lebens verantwortlich. In ihrem Bemühen, niemanden auszuschließen, hätten die Universitäten Strategien entwickelt, mit denen sie den Studenten »schmeicheln«. »Universitätsdozenten stehen unter Druck, gute Noten zu geben«, sagt er. Mittlerweile müssten einige Akademiker sogar Repressalien befürchten, wenn sie »keine Schönfärberei statt eines echten Feedbacks« betreiben.

Kaum ein Drittel der amerikanischen Kinder liest außerhalb der Schule noch Gedrucktes, während es im Jahr 1982 60 Prozent waren. Stattdessen verbringen sie ihre Freizeit mit Fernsehen, Musikhören, dem Schreiben von SMS, Videospielen und Internetsurfen. Natürlich können einige dieser Aktivitäten durchaus lohnend sein. Das Internet bietet uns einfachen Zugriff auf große Mengen wertvoller Information. Die Frage ist nur: Wie steht es um die Qualität und den Wert dessen, was da konsumiert wird?

Wer zu oft in Fastfood-Restaurants isst, wird schneller dick und krank. Nicht anders steht es um den, der unkritisch Informationen konsumiert: Er neigt auch dazu, geistig schlaff zu werden. Ein Großteil der Informationen im Internet ist zweifelhafter Herkunft, und vieles, was als »Fakt« daherkommt, ist in Wahrheit Meinung. Viele Fernsehsendungen, die von Kindern konsumiert werden, sind nicht nur gehaltlos, sondern setzen sie auch einem hohen Maß an Gewalt aus. Studien in den USA belegen, dass Kinder bis zum Abschluss der Grundschule bereits durchschnittlich 8000 Morde gesehen haben.[31] Pro Lebensjahr haben sie darüber hinaus 20 000 Werbespots konsumiert.

Dieses endlose Vollstopfen mit minderwertiger Unterhaltung und der Konsum von Medien mit geringem Informationswert sind überdies dafür verantwortlich, dass fast jedes dritte amerikanische Kind keinen Sport treibt und übergewichtig oder gar fettleibig ist, das sind fast dreimal so viele wie im Jahr 1963.[32] Zu viel Fernsehen erhöht auch die Anfälligkeit für Depressionen, Schlafprobleme und Verhaltensauffälligkeiten.[33]

Dazu kommt, dass Chancen ungenutzt verstreichen. Die Zeit, die mit einem Videospiel verbracht wird, könnte mit einer nutzbringenderen Tätigkeit gefüllt werden.

In seinem Buch *The Dumbest Generation* zeigt Mark Bauerlein auf, dass die Kinder von heute die dümmsten aller Zeiten sind, obwohl sie mehr intellektuelle Quellen anzapfen können als je zuvor. Seit Mitte der Achtzigerjahre konsumieren die meisten jungen Leute in den USA eine Mischkost aus schwachen Bildungsstandards und nutzlos verbrachter Freizeit und sind daher nicht in der Lage, selbstständig und verlässlich zu arbeiten. Die meisten besuchen keinerlei kulturelle Institutionen und interessieren sich auch nicht für Politik. Sie können mit den einfachsten wissenschaftlichen Methoden nichts anfangen. Stattdessen verbringen sie ihre Zeit damit, elektronisch Geschichten, Videos, Musik und SMS auszutauschen, und »verweilen in einer Welt des infantilen Geplänkels und der vulgären Bilder. [Im Internet] suchen sie sich das aus, was sie schon vorab zu finden hofften, und das wollen sie schnell und gratis haben, mit einem Minimum an Aufwand. Online passen sie sich an die geistigen Gewohnheiten Jugendlicher an.«

Das liegt auch in der Verantwortung einer Generation von Eltern, die den Wünschen ihrer Kinder nachgeben, um nicht als kleinkariert zu gelten.

Wenn Bauerlein Recht hat, dann wurden die Folgen dieses Verhaltens noch nicht zu Ende gedacht. Eine so schlecht gebildete Generation ist leicht zu manipulieren, zu beeinflussen und zu kontrollieren, von sozialen Netzwerken, von privatwirtschaftlichen Unternehmen, die Profit aus ihnen schlagen, von Politikern, die für ihr Handeln nicht mehr zur Rechenschaft gezogen werden, oder von Agitatoren, die sie mit substanzlosen und einseitigen Informationen anstacheln.

Wenn der Unterricht in den Naturwissenschaften mangelhaft ist, wenn rasche Fortschritte wichtiger sind als echtes Wissen, dann lassen sich die Ideen der Aufklärung auch leichter durch religiöses Gefasel ersetzen. Es ist kein Zufall, dass der Aufstieg des Kreationismus und der sich ausbreitende Glaube an religiöse Heilmethoden in eine Zeit fallen, in der das Niveau der naturwissenschaftlichen Bildung sinkt.

Das Internet ist ein Problem für sich. Es bietet nicht nur faktischen Fehlern ein Zuhause und unausgegorenen Gedanken eine Plattform, sondern es lenkt auch ab. Studien belegen, dass man bei der Lektüre von mit Hyperlinks durchsetzten Texten weniger versteht, als wenn man das altmodische gedruckte Wort liest.[34] Wer ständig von E-Mails und anderen Nachrichten gestört wird, begreift weniger als jemand, der sich konzentrieren kann. Menschen, die mit vielen Aufgaben gleichzeitig jonglieren, sind oft weniger kreativ als solche, die sich auf eine Sache beschränken. Das Internet verleitet dazu, mehr Wert auf Geschwindigkeit und Gruppenakzeptanz zu legen als auf Originalität und Kreativität.

In seinem hervorragenden Buch *Wer bin ich, wenn ich online bin?* führt Nicholas Carr Belege dafür an, dass das Internet sogar die Festigung des Langzeitgedächtnisses behindert, das die Grundlage für echte Intelligenz ist. Wir halten uns durchschnittlich 56 Sekunden auf einer Website auf, und das viele Klicken, Überfliegen und Durchforsten scheint sich nachteilig auf das Gedächtnis auszuwirken.[35]

Michael Merzenich, Neurowissenschaftler an der University of California in San Francisco, geht davon aus, dass das Gehirn dadurch »massiv umgestaltet« wird. Die Langzeitfolgen der vielen Ablenkungen und Unterbrechungen im Internet machen ihm große Sorgen. Wir könnten, so fürchtet er, unsere Fähigkeit der Kontemplation, der Reflexion und der Introspektion verlieren. Weil das Internet die Gedanken zerstreut, steht zu befürchten, dass wir die Fähigkeit verlieren, uns auf wichtige Dinge zu konzentrieren – etwa darauf, wo es mit der Menschheit hingeht.

An dieser Stelle gilt es natürlich noch einen anderen Faktor zu berücksichtigen. Der heute gültige Bildungsbegriff passt nicht mehr zu der Welt, in der wir leben: Wir verwenden ein falsches Modell. Es ist wohl Ironie, dass die meisten Bildungssysteme im Westen ihre Wurzeln noch in der Aufklärung und der Zeit der industriellen Revolution haben. Lernen wird als abgestufter Prozess betrachtet, dessen Ziel es ist, Kinder in junge Erwachsene zu verwandeln, die eine Arbeit annehmen können. Jahrzehntelang schien dieses System vernünftig zu sein. Doch es steht zu bezweifeln, ob es heute noch greift. Die Welt, in der wir leben, ist eine völlig andere. Nach der Schule folgt nicht automatisch die Arbeit. Einen Beruf hat man nicht lebenslang. Und außerdem sind ja nicht unsere Kinder daran schuld, dass ihnen im Internet so vielen Ablenkungen, so viele Meinungen statt Fakten begegnen.

Das Problem besteht in Wahrheit nicht etwa darin, dass die Menschheit dümmer würde. Immerhin unterscheiden wir uns genetisch nicht von den Hunderten von Generationen vor uns. Das Problem ist vielmehr, dass wir keine Bürger hervorbringen, die in der Lage sind, die anstehenden Probleme sorgfältig zu reflektieren und abzuwägen.

Der Weg zum Glück

Sei es nun den abgesenkten Bildungsniveaus oder einem veralteten Bildungssystem zu verdanken – jedenfalls entwickeln wir uns intellektuell zurück. Da es jenseits des Individualismus, des freien Marktes und des Konsums keine klare Ethik und keine politische Philosophie gibt und da auch eine umfassende Weltsicht fehlt, die auf verlässlichen Informationsquellen basiert, bleibt uns in einer Welt, in der Fakt und Meinung zu Unterhaltung verquirlt werden, nichts anderes übrig, als aus Informationsschnipseln mit unterschiedlichem Gehalt Ideen zu formen. Wir sind in Gefahr, in ein »Zeitalter des Banausentums« einzutreten, das geleitet wird vom Streben nach Wohlstand und materiellem Besitz, in dem es jedoch kaum Interesse an ethischen Fragen gibt. Wir steuern auf eine Welt der selbstgefälligen Ignoranz und der überkommenen Strukturen zu.

Diese Entwicklung schlägt sich bereits in vielen politischen Systemen des Westens nieder. Die Tea-Party-Bewegung in den USA ist ein gutes Beispiel. Sie propagiert die Rückkehr zu konservativen Ideen, die lose auf dem Ideal des Patriotismus fußen. Der Anspruch der moralischen Überlegenheit ist eine nützliche Taktik für jemanden, der nach politischer Macht strebt, doch wenn solche Ansprüche nur auf blindem Glauben, Eigennutz oder fehlgeleitetem Idealismus fußen, führen sie ein Land in die falsche Richtung.

Im Jahr 1869 schrieb John Stuart Mill, Demokratien seien anfällig für die »Tyrannei der Mehrheit«. Eine Mehrheit, so Mill, kann ihre Macht nutzen, um die Ideen der Minderheit zu unterdrücken. Das kann dazu führen, dass gefährliche Gesetze erlassen werden und eine politische Elite entsteht, die über eine gewaltige Machtfülle verfügt, so geschehen im Russland der 1920er-Jahre und im Deutschland der 1930er-Jahre. Diese Gefahr ist umso größer, wenn die Bevölkerungsmehrheit gleichgültig zusieht oder nicht begreift, welche Folgen ihre Wahl hat.

In den USA und anderswo betreiben Konservative mit Nachdruck eine Rückkehr zu traditionellen Werten, sowohl über die Tea-Party-Bewegung als auch über die evangelikalen Kirchen. Sie meinen damit auf ein Bedürfnis nach einem größeren gesellschaftlichen Zusammenhalt zu reagieren. Doch stattdessen drohen eine größere soziale Spaltung und eine Gefährdung dessen, was in den vergangenen Jahrhunderten erreicht wurde. Mit der Rückkehr zu einer theokratischen Gesellschaft werden Jahre des wissenschaftlichen und gesellschaftlichen Fortschritts fortgeworfen und veraltete, repressive Gedanken wiederbelebt, die der gesellschaftlichen und wissenschaftlichen Entwicklung im Weg stehen. Die Feindseligkeit zwischen konkurrierenden fundamentalen Religionen könnte zunehmen, und eine bipolare Perspektive – richtig und falsch, gut und böse, eine Religion gegen die andere – würde weitere Konflikte schüren.

China ist eins der wenigen Länder, in denen sich der Staat in die intellektuelle Entwicklung von Kultur und Gesellschaft einmischt. Präsident Hu Jintao hat den chinesischen Medien vorgeworfen, sie produzierten vulgäre und kitschige Inhalte, die einen exzessiven Konsum beförderten. Kulturminister Cai Wu hat den erbärmlichen Standard heutiger Publikationen mit den Büchern aus Chinas glorreicher Geschichte verglichen und beklagt, dass unbewiesene Gerüchte verbreitet und Eitelkeit und Geldgier befördert würden. Hier mache sich die Stärkung der freien Marktwirtschaft in China und das *Laisser-faire* in der kulturellen Entwicklung negativ bemerkbar.

Da hat er vielleicht nicht unrecht.

Obwohl Schüler und Studenten heute bessere Noten erzielen, hat sich fast überall auf der Welt das intellektuelle Niveau gesenkt. Angesichts der Aufgaben, die vor uns stehen, ist das wenig hilfreich, ja, schlimmstenfalls kann es sich als großer Hemmschuh erweisen. Wenn wir eine Lösung zu unseren Problemen finden wollen, müssen wir diese Entwicklung umkehren. Wir müssen die Leute wieder zum Nachdenken ertüchtigen, damit die Menschheit von ihrem derzeitigen Weg abrückt.

Wenn das geschehen ist, wenn wir wissen, was wir wollen, können wir die Richtung ändern. Alles, was wir dann noch brauchen, ist der politische Prozess, der die notwendigen Reformen herbeiführt. Die politisch Verantwortlichen müssen die Prinzipien, nach denen wir leben wollen, umsetzen und die von uns definierten gesellschaftlichen Bedürfnisse regulieren und lenken.

Leider haben wir auch hier ein Problem.

7 Wer hat das Sagen?

Ein Staat, der nur die Wirtschaft schützt, ist ein bloßes Gerippe und wird bald an seiner eigenen Korrumpierung und Dekadenz zugrunde gehen.

Amos Bronson Alcott

Jemand muss Entscheidungen treffen

Es dürfte die dümmste Idee sein, die vom äußersten Rand der amerikanischen Tea-Party-Bewegung der US-Republikaner kommt: Die Behauptung, dass wir keinen demokratischen Staat mehr brauchen, ist, auch wenn sie wachsende Unterstützung findet, nicht nur unverantwortlich, sondern geradezu gefährlich. Es mag sein, dass wir weniger Staat brauchen, aber wir werden wohl nicht lange überleben, wenn wir überhaupt keinen Staat mehr haben.

Angesichts der Komplexität der Aufgaben, die vor uns stehen, brauchen wir wahrscheinlich sogar mehr Staat. Die Frage, wie und wo dies bewerkstelligt werden soll, ist schon schwieriger zu beantworten.

In den vergangenen 30 Jahren hat der Einfluss des Staates in vielen Ländern, insbesondere im Westen, abgenommen. Die wachsende Mobilität von Menschen, Geld und Unternehmen sowie der technologische Wandel machen die gewohnte staatliche Lenkung immer schwieriger. Die reichsten Menschen und die größten Konzerne, die eigentlich die meisten Steuern zahlen müssten, haben heute die Freiheit, da hinzugehen, wo Steuerregelungen und Gesetze ihnen am weitesten entgegenkommen. Von ihrem Finanzvolumen her sind viele Konzerne um ein Vielfaches größer als die Staaten, die sie angeblich regulieren.

Auf Gesellschaftsebenen hat sich der Umgang der Bürger miteinander verändert. Früher waren Regulierungsbehörden für sehr homogene Gemeinschaften zuständig, Menschen, die ähnliche Werte vertraten und vergleichbare Ziele hatten. Heute hat manch einer mit Menschen auf anderen Kontinenten mehr Gemeinsamkeiten und intensivere Kontakte als mit seinen unmittelbaren Nachbarn. Nationale oder gar regionale Behörden verlieren an Berechtigung.

Dazu kommt, dass die Staaten zunehmend im Wettbewerb miteinander stehen. Früher konkurrierten sie überwiegend um Macht, Handel und internationalen Einfluss. Heute herrscht auch ein Wettbewerb um die Regulierung, darum, wer mit den schwächsten Gesetzen die meisten Investoren anlockt. Das Wohlergehen der Bürger und Steuerzahler tritt häufig hinter die Bedürfnisse der großen Konzerne zurück.

Mehr als früher stehen nationale Behörden vor einem regulatorischen Dilemma. Sie müssen Gesetze zu Problemkreisen erlassen, die außerhalb ihres traditionellen Einflussbereichs liegen. Viele Branchen sind global tätig, während die gesetzlichen Möglichkeiten, die einem Staat zur Verfügung stehen, meist nur im Inland greifen. Dieses Ungleichgewicht war eines der größten Probleme, vor dem die Bankenregulierung nach der Finanzkrise 2007 stand.

Angesichts so vieler zersetzender Kräfte wird bereits die Frage laut, ob das Konzept des Nationalstaates vielleicht schon tot ist.

Das könnte sein. Aber in einer Welt, in der wir dringend Antworten auf sehr große Probleme finden müssen, könnte man auch zu einem anderen Schluss gelangen. Jemand muss das Heft in die Hand nehmen. Die Menschheit muss, wenn sie eine weitere Finanzkrise verhindern will, Entscheidungen treffen und die verbliebenen Ressourcen der Welt verantwortlich verwalten. Die Reformen erfordern Klugheit, Stärke und Diplomatie. So etwas kann niemand bewerkstelligen, der sich den Kopf von zügellosem Individualismus verdrehen lässt. Damit wäre die Katastrophe vorprogrammiert.

Wir sind also in einer unangenehmen Situation. Obwohl wir keine funktionierende Alternative zu den Nationalstaaten haben, geschweige denn eine solche auch nur ernsthaft diskutiert würde, verliert der Staat in seiner jetzigen Form zusehends an Gewicht und Sinn. Gleichzeitig ist ein Wandel, eine Richtungsänderung unumgänglich.

Das Vakuum wird derzeit von Politikern gefüllt, die sich nicht so sehr für die großen Herausforderungen der Menschheit als für ihren Machterhalt interessieren und zu diesem Zweck Ängste in der Bevölkerung schüren. Das Vakuum wird auch gefüllt von großen Konzernen, nicht gewählten Kräften, die weniger an unserem Wohlergehen als an ihrem Gewinn interessiert sind.

Es steht daher zu befürchten, dass alles nur noch schlimmer wird.

Herrschaft der Angst

Milliarden von Bürgern in aller Welt werden staatlicherseits in Angst und Schrecken versetzt. Statt sie zu ermuntern, sich umeinander zu kümmern und sich für die Gestaltung einer besseren Welt zu engagieren, schüren die Regierungen die Furcht vor einem möglichen Krieg, vor Terrorismus, Nahrungsmittelknappheit und den Folgen der Klimaveränderung.

Viele dieser Gefahren sind natürlich da. Der Menschheit droht tatsächlich das Wasser, das Öl und viele andere lebenswichtige Ressourcen auszugehen. Die Gefahr durch den Terrorismus war seit Jahrzehnten nicht so groß, was überwiegend unfähigen Politikern im Westen zu verdanken ist. Auch die Auswirkungen der Klimaveränderung sind eine ernst zu nehmende Gefahr.

Doch die Regierenden ermutigen uns Bürger nicht gerade, diese Herausforderungen anzunehmen. Vielmehr wird von uns erwartet, untätig dabei zuzusehen, wie unsere Staatschefs statt der Ursachen die Symptome behandeln. Da es ihnen an einer schlüssigen politischen Philosophie mangelt, greifen Politiker rund um den Erdball auf ein uraltes Werkzeug zurück, um ihre Bürger zu kontrollieren: Angst. Sie bauschen Gefahren auf, um ihren Job nicht zu verlieren.

Dieses Herrschaftskonzept ist so alt wie die Menschheit. Auch Niccolò Machiavelli stellte vor 500 Jahren fest, dass es für einen Herrscher sicherer ist, gefürchtet als geliebt zu werden.[36]

Vor 30 Jahren redeten die westlichen Politiker ihren Bürgern ein, sie müssten sich vor der Sowjetunion fürchten. Sie erzählten Märchen über Tausende von Raketen, die dort stationiert seien, und spielten damit die Bedrohung kräftig hoch. In jüngster Vergangenheit lauerte die Gefahr in Form fiktiver irakischer Massenvernichtungswaffen. Heute müssen wir uns vor Al-Qaida fürchten, einer Organisation, die in nicht geringem Umfang ein Konstrukt der amerikanischen CIA ist.

Die heutige Politikergeneration hat, wenn auch vielleicht nicht willentlich, die Spaltungen zwischen den Völkern dieser Welt herbeigeführt. In fast jedem Land der Erde haben die Regierenden eine nicht nachhaltige wirtschaftliche Entwicklung gefördert und die Kontrolle über viele Ressourcen an privatwirtschaftliche Unternehmen abgegeben. Darüber hinaus sehen sie tatenlos zu, wie das Niveau des Dialogs und der Debatte über die anstehenden Herausforderungen stetig sinkt.

Sie stützen ein System, das es den Reichen ermöglicht, immer reicher zu werden, und somit die soziale Ungleichheit vergrößert. Bürgerliche Freiheiten und Menschenrechte werden geschwächt, und US-Politiker haben gar Militärtribunale eingerichtet, die dem sechsten Verfassungszusatz zuwiderlaufen, und Masseninhaftierungen ohne Gerichtsverfahren vorgenommen, die den fünften Verfassungszusatz verletzen.

Der Mensch wird frei geboren, doch überall liegt er in Ketten

Die Angst, mit denen sich die Regierenden an der Macht halten, wurde langsam und heimlich aufgebaut. Dass viele Bürger im Westen »verdummen«, ist dabei natürlich eine große Hilfe. Es erleichtert die Aufgabe erheblich, wenn die Leute nicht mehr über die großen Themen nachdenken, für die sie sich eigentlich interessieren sollten. Wichtige Fakten werden vorenthalten oder manipuliert, so geschehen bei den gefälschten Beweisen für die Massenvernichtungswaffen des Irak. Westliche Politiker bedienen sich auch gern emotional aufgeladener Worte, um die Angst zu steigern: Gute Beispiele sind die »Achse des Bösen« und der »Krieg gegen den Terror«. Das Wort »Terrorist« wird großzügig, fast gedankenlos verwendet. Jeder Freiheitskämpfer ist heute ein Terrorist, und wer größere politische Veränderungen fordert, wird sofort als Bedrohung abgestempelt. Wie im Deutschland der 1930er-Jahre werden Minderheiten stigmatisiert, etwa im Westen lebende Muslime. Die Verteidigungspläne Nordkoreas, Pläne des Iran, ein Atomkraftwerk zu bauen, die Versuche der Palästinenser, ihr Land zu schützen, die Bomben der Taliban in Afghanistan, Attentäter in Irland oder Rebellen in Afrika – sie alle werden als Quelle des Terrors in einen Topf gesteckt, als hätten die Menschen, die dahinterstehen, dieselben Ziele.

Viele Politiker im Westen schränken zudem unsere Freiheit ein.

Der Begriff Freiheit müsste leicht zu verstehen sein. Ursprünglich bezog er sich auf die Freiheit vor Tyrannei. Es war Freiheit, wenn man vor den launenhaften Entscheidungen eines Landbesitzers geschützt wurde. Es war die Freiheit von Sklaverei. Mit der Weiterentwicklung der Gesellschaft erhielt das Wort zusätzliche Bedeutungen. Auf politischer Ebene bedeutete es bald, dass die Regierenden eines Landes diesem zu dienen hatten. In den meisten westlichen Gesellschaften wurden Könige und Königinnen durch demokratisch gewählte Vertreter ersetzt, die sich, zumindest theoretisch, um die Bedürfnisse des Wahlvolkes kümmern mussten. Jede Person hatte die Freiheit, wählen zu gehen, und dank dieser Freiheit konnten alle Menschen auch die von ihnen gewünschte Regierung wählen.

In den vergangenen 30 Jahren hat sich das Machtgleichgewicht vom Wahlvolk hin zu den Mächtigen verschoben. Heute haben wir es nicht mehr nur mit Mills »Tyrannei der Mehrheit« zu tun, die die Stimmen der Minderheit häufig unterdrückt, sondern auch mit der Tyrannei der Machtinhaber. Politiker zwingen denen, die sie eigentlich repräsentieren sollten, ihren Willen auf, bringen Abweichler zum Schweigen und unterdrücken die Freiheit des Einzelnen.

Jean-Jacques Rousseau kämpfte vor mehr als 200 Jahren gegen solche Tendenzen an. Rousseau zufolge sollte zwischen dem Handeln des Individuums und dem der bürgerlichen Macht Harmonie herrschen, weil jeder dem anderen moralisch verpflichtet sei. Die Herrschaftsgewalt gründe auf einer fairen und gerechten Übereinkunft zwischen den Mitgliedern einer Gesellschaft. Eine Regierung müsse die Rechte, die Freiheit und die Gleichheit ihrer Bürger schützen, sonst verstieße sie gegen das gesellschaftliche Abkommen, das der Herrschaftsgewalt zugrunde liege.

In Amerika und in weiten Teilen Europas und Asiens wurde das gesellschaftliche Abkommen aber bereits gebrochen. Privatgespräche und die Bewegungen der Menschen werden überwacht, während die Regierungen bei ihrem eigenen Tun auf Geheimhaltung pochen und mit neuen Gesetzen und Verfahren die Freiheiten der Bürger einschränken.

John Locke sagte einmal, wenn ein Staat die Rechte der Bürger verletze, sei es völlig legitim, wenn das Volk aufbegehrte. Solche Gedanken haben die Ideale der Französischen und der Amerikanischen Revolution beflügelt. Locke beeinflusste Thomas Paines Gedanken zur Revolution ebenso wie Benjamin Franklin, Thomas Jefferson und viele andere Gründerväter des modernen Amerika.

Als am 11. September 2001 die schweren Attentate die USA erschütterten, erklärte der damalige Präsident George W. Bush, die Terroristen aus dem Nahen Osten seien von einem schlichten Gedanken getrieben worden. Sie hätten die Verbrechen begangen, so Bush, »weil wir die Freiheit lieben und sie die Freiheit hassen«.

Das war eine merkwürdige Aussage, und zwar nicht nur, weil sie offenkundiger Unsinn war.

Die Terroristen haben die Freiheit nicht gehasst. Wie alle haben sie Unterdrückung und Ungerechtigkeit gehasst. Sie erlebten, dass den Ländern des Nahen Ostens ein Wirtschaftsmodell aufgedrängt wurde, das sie nicht haben wollten. Sie erlebten, dass ihre Ölreserven geplündert wurden, um im Westen Autos und Lastwagen am Laufen zu halten. Sie erlebten, dass sie für das Öl schlechte Preise erzielten, und mussten fürchten, dass ihre Landsleute schwindende Ölmengen und eine ungewisse wirtschaftliche Zukunft zu erwarten hatten. Sie erlebten, dass der Westen im Irak einmarschierte und sich in die Angelegenheiten anderer souveräner Staaten der Region einmischte, etwa in Saudi-Arabien, im Iran, in Ägypten, Afghanistan und Pakistan. Sie fanden, dass der Islam und die Rechte der Muslime mit Füßen getreten wurden.

In allem hatten sie Recht. Egal, was die Terroristen erreichen wollten – sie handelten nicht gegen den Freiheitsgedanken.

Die Freiheiten, auf die Bush so stolz war, wurden darüber hinaus in der Folge eingeschränkt. Der USA Patriot Act (übersetzt etwa »Gesetz zur Stärkung und Einigung Amerikas durch Bereitstellung geeigneter Instrumente, mit denen sich der Terrorismus aufhalten und verhindern lässt«) aus dem Jahr 2001, mehrere Antiterrorgesetze in Großbritannien und ähnliche Gesetze in anderen europäischen Ländern und Australien höhlten die Freiheit aus. Der Patriot Act erlaubt es dem US-Staat, jeden Menschen direkt oder elektronisch zu überwachen, sofern nachzuweisen ist, dass die gesammelten Informationen für eine laufende Ermittlung relevant sind.[37] Der Staat kann sich Informationen über die Quelle und den Adressaten zu jedem Telefongespräch, jeder Online-Kommunikation sowie zu ungeöffneten E-Mails beschaffen. Internetdienstanbieter und Banken müssen dem FBI ihre Aufzeichnungen auf Anfrage zur Verfügung stellen. In Großbritannien wurde die Unschuldsvermutung faktisch abgeschafft.[38] Sowohl in den USA als auch in Großbritannien kann der Staat DNA-Proben sammeln, auch von Menschen, die noch keines Verbrechens für schuldig befunden wurden.

In der Aufklärung wäre so etwas undenkbar gewesen. Es wäre unvorstellbar gewesen, dass private Briefe zwischen einzelnen Bürgern geöffnet und vom Staat gelesen werden. Doch heute werden in den meisten Ländern E-Mails und Texte gefiltert und überwacht. Dies geschieht im Namen der Sicherheit, um uns vor Bedrohungen zu schützen, die Politiker zu ihrem eigenen Nutzen künstlich aufbauschen. Noch vor 30 Jahren wäre es unvorstellbar gewesen, dass westliche Staaten unbeschränkten Zugriff auf Daten im Gesundheitswesen, im Finanzwesen, in Unternehmen und in Bildungseinrichtungen fordern könnten. Ohne ein umfangreiches rechtliches Verfahren durften sie auch keine geheimen Durchsuchungen von Privatwohnungen und Büros anordnen. In Amerika ist das erlaubt.[39]

Die heutigen Gesetze mögen dazu geeignet sein, Terroristen aufzuspüren und dingfest zu machen oder auf Gräueltaten wie den 11. September zu reagieren. Doch die Behörden schränken auch die Freiheit und Privatsphäre aller unbescholtenen Bürger ein und schüren damit Misstrauen und ein Empfinden der Ungerechtigkeit. Wegen der möglichen Taten einiger weniger Hundert Menschen werden 330 Millionen Amerikaner und ebenso viele Europäer ausspioniert. Sie haben noch die Redefreiheit. Aber der Staat beobachtet, liest und hört, was sie sagen.

Im Zusammenwirken mit den Entwicklungen in den sozialen Internetnetzwerken ergibt sich ein seltsames Bild. Einerseits agiert in vielen Ländern der Staat immer repressiver, schränkt die Freiheit seiner Bürger ein und beschneidet Grundrechte. Sofern US-Sicherheitsbehörden Menschen für gefährlich halten, können sie sie im Ausland entführen und in Amerika oder Drittländern ohne Verfahren inhaftieren. Das Grundrecht des Habeas Corpus wird paradoxerweise im Namen der Freiheit eingeschränkt. Einige derer, die seit dem Jahr 2002 in Guantanamo einsitzen, werden ohne Verfahren lebenslänglich inhaftiert, obwohl sie möglicherweise gar keine Tat begangen haben, die »vor einem Bundesgericht oder vor einer Militärkommission als strafbare Handlung gelten« würde.[40]

Kann man sich einen eindeutigeren Indikator für eine Tyrannei vorstellen als einen Staat, der einen Menschen auf die Laune eines Beamten hin, ohne jegliche unparteiische Prüfung, lebenslang ins Gefängnis wirft? Wohl kaum.

Gleichzeitig tragen immer mehr Menschen ihre Meinungen und ihr Privatleben an die Öffentlichkeit, stellen private Fotos ins Netz, die sie beim Drogenkonsum zeigen, oder kehren ihre innersten Gefühle online nach außen. Vorbehalte scheinen nur wenige zu haben.

Sollten sie aber, denn vieles von dem, was in den sozialen Netzwerken preisgegeben wird, ist mit Risiken verbunden, vielleicht nicht heute, dafür aber in der Zukunft.

In Europa, in den USA und in Asien werden die technischen Kanäle, die diese persönliche Zurschaustellung transportieren, von einer Handvoll privatwirtschaftlicher Unternehmen beherrscht. Betriebssysteme, Motherboards, Chat-Software, Social-Network-Programme und Suchmaschinen befinden sich in den Händen weniger. Intel, Skype, Apple, Google, Amazon, Microsoft, Facebook und Twitter haben alle Eingang ins Lexikon gefunden, weil sie als Anbieter quasi ein Monopol haben – weltweit.

Adam Smith vertrat in Sachen Monopolmacht eine klare Meinung – für ihn war sie ein großes Übel. Monopole, so Smith, seien schlecht für die Märkte und schlecht für die Gesellschaft. Er sprach sich dafür aus, regulatorisch einzugreifen, um Monopole in Schach zu halten.

Der Grund dafür ist offensichtlich.

Der Umgang dieser Unternehmen mit den Informationen, die sie über uns haben, ist weitgehend unreguliert, und das obwohl viele von ihnen bereits einen fragwürdigen ethischen Maßstab an den Tag legen. Mit Skype lassen sich die Telefonate der Anwender ausspionieren. Facebook rennt Sturm gegen Datenschützer und will nach eigener Aussage »die Weltherrschaft« übernehmen. Die Chips in den meisten Handys können mithören, was gesprochen wird. Microsoft und Apple wissen, welche Software wir installieren. Wie Intel erhielt Microsoft bereits eine Geldbuße wegen wettbewerbswidrigen Verhaltens, Apple wird es vorgeworfen. Google folgt uns durchs Internet und scannt die Bibliotheken der Welt in eine Datenbank ein. Das mag lobenswert klingen, denn wir werden in der Lage sein, seltene oder schwer zu findende Bücher zu lesen. Allerdings hat Google nie behauptet, dies aus Barmherzigkeit zu tun. Bald wird ein privates Monopol den Zugang zu den meisten digitalisierten Büchern der Welt beherrschen.

Da zudem die in Privatbesitz befindlichen Suchmaschinen ihre Ergebnisse filtern, wie sollen sich China, Russland und die arabischen Staaten da Gehör verschaffen? Viele Nachrichten, die uns heute erreichen, fließen durch Pipelines, die von privatwirtschaftlichen US-Unternehmen kontrolliert werden. Wer entscheidet, was am anderen Ende herauskommt? Wer wird es morgen kontrollieren? Wenn Google chinesisch, russisch oder iranisch wäre, würden sich die Bürger im Westen empören und fordern, dass sich etwas ändert. So jedoch hoffen sie darauf, dass ihre westlichen Technologieunternehmen ihre Interessen schon wahren werden, und ziehen daher keinerlei Regulierungsmechanismen in Erwägung.

Der schlichte Glaube daran, dass »die schon nichts Böses tun werden«, reicht allerdings nicht aus. Wer in Herbert Hoovers Amerika der 1950er-

Jahre gelebt hat, in der Sowjetunion der 1960er, der DDR der 1980er oder im China Ende der 1960er-Jahre, den beunruhigt solche Offenheit, denn in vielen Ländern ist es immer noch gefährlich, politische Ideen, sexuelle Vorlieben oder Drogenkonsum nach außen zu tragen.

Denken denn Blogger und Nutzer sozialer Netzwerke nie darüber nach, welche Macht sie anderen in die Hand geben? Wissen sie nicht, wie leicht sie aufzuspüren sind? Glauben sie, dass die Manager der Unternehmen, die ihre Auslassungen hosten, ihren Einfluss nie geltend machen werden? Glauben sie wirklich, dass die Welt, die George Orwell in *1984* beschrieb, dass der Totalitarismus nur eine alte Idee aus der Vergangenheit ist? Wer hat sie für tot erklärt?

Wer hat denn nun das Sagen?

Grundlegend für diese Problematik ist die Frage, wer das Sagen hat – und wer das Sagen haben sollte. Sind das die Politiker mit ihrer Angstmacherei? Sind es die großen Konzerne mit ihrer globalen Ausbreitung, ihrer Finanzmacht und ihrem Geschick, nationale Regelungen zu umgehen? Oder brauchen wir etwas anderes, etwas Neues?

In vielen westlichen Gesellschaften wird die Problematik dadurch verschärft, dass man den Staat gewissermaßen privatisiert hat. Wer in den USA und vielen anderen Ländern gewählt werden will, muss für den Wahlkampf Millionen von Dollar ausgeben. Die US-Präsidentschaftswahl des Jahres 2012 soll Voraussagen nach die erste sein, die mehr als eine Milliarde Dollar verschlingt.

Bei solch happigen Beträgen gelangen Reiche leichter in öffentliche Ämter als Arme. Sind sie erst im Amt, haben diese Politiker die Gelegenheit und manchmal auch die Verpflichtung, die Ausgaben ihren Sponsoren zufließen zu lassen, ohne die Bedürfnisse der breiten Gesellschaft zu berücksichtigen. Selbst ehrliche Politiker, die sämtliche Gelegenheiten, sich durch ihr Amt persönlich zu bereichern, verstreichen lassen, können später noch Kasse machen, indem sie nach ihrem Ausscheiden aus dem Amt Aufsichtsratsposten übernehmen und mit bestens vergüteten Vorträgen durch die Lande reisen. Für viele Politiker dient die Wahl ihren eigenen Bedürfnissen, nicht denen der Gesellschaft.

Smith verabscheute Lobbyisten, weil sie das Urteilsvermögen auch der puristischsten Sozialphilosophen zu vernebeln drohen. Doch im heutigen Amerika beeinflussen die Waffenlobby und diverse Industrielobbys Politiker unglaublich erfolgreich in ihrem Sinne, und zwar auch dann noch, wenn es klare Beweise dafür gibt, dass die so entstandenen Entscheidungen und Gesetze nicht im Interesse der Mehrheitsgesellschaft sind. In den USA gibt es sogar eine Verbraucherlobby namens Center for Consumer Freedom, die, von der Nahrungsmittelindustrie finanziert, die »freie Wahl« von Lebensmitteln propagiert. Sie animiert die Leute, im Namen der Freiheit zuckerreiche, fetthaltige und salzige Nahrung zu sich zu nehmen, ungeachtet der Gesundheitsrisiken und der Folgekosten für die Gesellschaft.

Diese Lobbys und die Politiker, die auf sie reagieren, profitieren von diesem beharrlichen Festhalten an diesem System und verhindern damit eine verantwortungsvolle Staatsführung. Sie verfolgen eine Politik, die wenigen nützt und vielen schadet. Die Unternehmen betreiben Lobbyarbeit, um Gewinn zu erzielen. Die daraus resultierende Politik erweist der Gesellschaft einen Bärendienst, denn sie begünstigt Krankheiten und steigert die Gesundheitskosten, die Umweltverschmutzung und die Kriminalität.

Die Konzernchefs und Politiker rechtfertigen ihr Tun mit dem Hinweis auf Demokratie und Freiheit. Die Menschen, so heißt es, könnten sich frei entscheiden, also auch falsche Entscheidungen treffen oder solche, die Profiteure begünstigen.

Das war nicht immer so. Politiker (wenn auch nicht alle) hatten früher eine größere Motivation, sich in den Dienst des Volkes zu stellen und seinen Bedürfnissen gerecht zu werden. Die Politiker der französischen Aufklärung strebten einen Staat an, der sich auf Vernunft, Toleranz und sozialen Fortschritt stützte. Die Politik führte damals natürlich nicht immer zu den angestrebten Zielen – manchmal gingen auch Kriege und Revolutionen daraus hervor. Aber zumindest ließen sich die Politiker jener Zeit von den Prinzipien Gerechtigkeit und Fairness, Gleichheit und Natur leiten statt vom Profit oder vom Druck privatwirtschaftlicher Unternehmen.

Jahrzehntelang herrschte weltweit ein Wettkampf zwischen den Parteien der Linken und der Rechten, zwischen Sozialismus und freiem Markt. Aus dem Fall der Berliner Mauer haben in der westlichen Welt wohl viele geschlossen, dass der Kampf vorüber sei. Der freie Markt hat gewonnen. Deshalb fällt es heute in weiten Teilen Europas und Amerikas so schwer, zwischen linken und rechten Politikern zu unterscheiden. Ihre Ideen gründen nicht mehr wie früher auf dem Begriff des Kapitals oder der Arbeit, sondern unterscheiden sich nur geringfügig in der Methode, den Status quo zu bewahren. Sogar in angeblich kommunistischen Ländern wie China und Russland ist die Gleichheit der Gier des Einzelnen gewichen, obwohl immer dieselbe Partei an der Macht ist. Die Einkommensverteilung in diesen Ländern hat sich wieder polarisiert.

Thomas Jefferson forderte in der Unabhängigkeitserklärung von 1776, die »Achtung für die Meinungen des menschlichen Geschlechtes« ein.

Doch solche Vorstellungen sind in Vergessenheit geraten. In weiten Teilen der Welt haben sich die Politiker von der Gesellschaft, die sie repräsentieren, gelöst. Sie konzentrieren sich auf den Machterhalt und haben mehr die Gegenwart als die Zukunft im Blick. Sie konzentrieren sich auf die Schwachstellen ihrer Bürger und betrachten jeden radikalen Widerspruch zu ihrer Politik als ein Problem, gegen das sie angehen müssen. Doch so sollten Politik und Staat nicht funktionieren.

Was wir brauchen, ist eine gute Staatsführung. Dafür müssen wir die Flut der politischen anti-aufklärerischen »Verdunklung« rückgängig machen.

8 Die Krux mit dem wachsenden Einfluss Chinas

Ich hätte nichts dagegen, mir China anzusehen,
wenn ich noch am selben Tag zurückkehren könnte.

Philip Larkin, englischer Dichter

Es kann noch schlimmer kommen

Die Wirtschaftsordnung und das politische Wertesystem des Westens, die den Kern vieler globaler Probleme bilden, sehen sich einer weiteren Herausforderung gegenüber, die die verbliebenen Ideen der Aufklärung wohl noch weiter aushöhlen wird.

Die Ideen und Werte der chinesischen Gesellschaft werden, sofern nicht eine verheerende wirtschaftliche, klimatische oder politische Veränderung eintritt, in den nächsten 20 Jahren an Einfluss gewinnen. China wird politisch seine Schwingen ausbreiten und bei wichtigen globalen Entscheidungen eine größere Mitsprache einfordern. Der Tourismus wird Hunderte Millionen von Chinesen und ihre Bräuche in ferne Länder führen. Chinesische Unternehmen, die ins Ausland expandieren, werden ihre Werte und Geschäftspraktiken mitbringen.

Doch die chinesische Haltung zu Menschenrechten, Datenschutz, Leistungsgesellschaft, Recht und Ordnung, Arbeit, Demokratie, Geldverdienen und Umwelt laufen häufig denen westlicher Gesellschaften völlig zuwider.

Mit dem sinkendem Anteil des Westens am Volumen der Weltwirtschaft und dem Schwinden seiner ökonomischen Macht wird seine Jahrhunderte alte moralische Vormachtstellung mit Prinzipien konfrontiert werden, die nicht nur fremd anmuten, sondern langgehegten Überzeugungen diametral widersprechen.

In einer Zeit, in der der Westen schwerlich noch behaupten kann, dass sein demokratisches Modell eines liberalisierten Marktes das Beste sei, werden Werte aufeinanderprallen.

Die chinesischen Gesellschaftsideale werden an Einfluss zunehmen und die Menschen im Westen in einem Umfang beeinflussen, den sich bislang kaum jemand vorstellen kann.

Der Drache ist wach

Wenn China seinen derzeitigen Weg weiter verfolgt, wird es in etwa 15 Jahren die größte Volkswirtschaft der Welt sein. Aus einer landwirtschaftlich geprägten, fast feudalen Gesellschaft in den 1980er-Jahren hat sich in den letzten 20 Jahren die am schnellsten wachsende Wirtschaftsmacht der Welt entwickelt. In kaum mehr als einem evolutionären Wimpernschlag hat China den Übergang von einer vorindustriellen zu einer postindustriellen Gesellschaft gemeistert. Obwohl es im Jahr 2010 weniger als zehn Prozent des Welt-Bruttoinlandsproduktes erwirtschaftet hat, ist es bereits heute einer der größten Rohstoffkonsumenten und der größte Energiekonsument der Welt. In der Heimat einiger der größten Banken der Welt haben sich Konsumerismus und Materialismus unglaublich rasant entwickelt.

Dennoch wird der Weg zu einer Entwicklung nach US-Vorbild für China steiniger. Infolge der globalen Ressourcenknappheit wird das Land mit der entwickelten Welt um die verbliebenen Rohstoffe kämpfen müssen. Wie das Land und seine Bürger diese Aufgabe angehen, wird sich auf uns alle auswirken.

Die in China gängige Philosophie unterscheidet sich fundamental von der der nachaufklärerischen Gesellschaften. Gesellschaften nach chinesischem Vorbild fußen auf Ideen, die sich aus dem Konfuzianismus ableiten:[41] Respekt gegenüber Eltern und Vorfahren, Respekt gegenüber Autoritäten, eine starke Arbeitsethik, Streben nach Bildung, Sparsamkeit.

Aus den konfuzianischen Prinzipien ergibt sich eine andere gesellschaftliche Hierarchie. Die Loyalität eines Chinesen gilt zuerst den Eltern, dann dem Clan und dann dem Staat. So widerspricht die Beförderung von Mitarbeitern in einem Unternehmen entsprechend ihrer Verdienste der Vorstellung, dass die Interessen der Familie oder einer fest etablierten gesellschaftlichen Gruppe vorgehen. Auch Recht und Ordnung bedeutet nicht dasselbe wie im Westen, denn der Staat behält sich die absolute Kontrolle vor. Tierschutz- und Umweltgesichtspunkte werden ebenfalls durch eine andere philosophische Brille betrachtet. Statt der Verantwortung gegenüber dem Planeten stehen für chinesische Gesellschaften die Chancen im Vordergrund, die sich ihnen durch die Welt und andere Geschöpfe, die in der Hierarchie des Lebens weiter unten stehen, bieten. Die jüngsten Umweltgesetze in China wurden nicht verabschiedet, weil Peking die Erde schützen will, sondern sie ergaben sich aus der wachsenden Umweltverschmutzung und steigenden Krebsraten, die eine Bedrohung für die gesellschaftliche Stabilität sind. Positiv wird am Umweltschutz gesehen, dass er wirtschaftliche Chancen eröffnet.

Chinesische Gesellschaften haben ein anderes Verständnis von »Rechten« als der Westen. Sie streben nicht den Schutz der Menschenrechte oder der Rechte des Individuums an. Es gibt keinen Datenschutz, und das Eigentumsrecht ist tendenziell schwächer als bei uns. In chinesisch dominierten asiatischen Ländern misstraut man dem Begriff der individuellen Freiheit und dem politischen Liberalismus und betont stattdessen Ordnung und Disziplin. Vom Einzelnen wird erwartet, dass er westliche Vorstellungen von Freiheit, einschließlich der Redefreiheit und der Versammlungsfreiheit, zugunsten der Gesellschaft opfert. Mit den chinesischen Idealen werden bisweilen autoritäre oder patriarchalische politische Systeme gerechtfertigt, und sie spiegeln sich in den Arbeitsbedingungen, im Arbeitsrecht und in der Arbeitszeit wider. Staaten der Region verteidigen den Mangel an individueller Freiheit mit dem Hinweis darauf, dass ihr System funktioniert – es ist die Grundlage ihres schnellen Wirtschaftswachstums. Daher gibt es wenig Interesse an westlichen Demokratievorstellungen, die nicht zu den konfuzianischen Idealen von Stabilität, Harmonie und Kontrolle passen.

In der Allgemeinen Erklärung der Menschenrechte der Vereinten Nationen, nach der alle Menschen frei und gleich geboren sind, hat sich der Freiheits- und Demokratiebegriff der Aufklärung niedergeschlagen. In der Erklärung heißt es, dass Menschen ein Recht darauf haben, nicht auf Grundlage von Rasse, Hautfarbe, Geschlecht, Sprache, Religion, politischer oder sonstiger Anschauung, nationaler oder sozialer Herkunft, Vermögen, Geburt oder sonstigem Stand diskriminiert zu werden. Sie haben ein Anrecht auf Leben und Freiheit. Sie dürfen nicht gefoltert oder grausam behandelt werden. Jeder Mensch ist vor dem Gesetz gleich. Er hat ein Recht auf Arbeit, auf Freizeit, auf Kleidung und Unterkunft, auf Bildung und auf medizinische Behandlung.

Zwar sind sie damit nicht allein, doch vor allem die ostasiatischen Staaten und ihre Bürger betrachten solche Vorstellungen als Schwachsinn – das Produkt kranker postimperialistischer Gehirne.

In chinesisch basierten Gesellschaften entbehrt die Vorstellung, dass Menschen ein »Recht« auf Arbeit haben, ein »Recht« auf Freizeit und ein »Recht« darauf, nicht willkürlich ihres Eigentums beraubt zu werden, jeglichen Sinns. In diesen Ländern sind Individuen nicht frei im westlichen Sinne. Sie sind Teil einer festen Hierarchie.

Wenn er seine Angestellten sieben Tage die Woche 16 Stunden am Tag ohne Urlaubsanspruch arbeiten lässt, so bereitet das einem chinesischen Chef keine schlaflosen Nächte. Steht ein Haus einer neuen Straße oder dem Neubau des Bürgermeisters im Weg, so hat der Hausbesitzer ein Problem, und nicht der Staat. Wenn der Staat im Bedarfsfall nicht einmal das Haus eines Bürgers abreißen kann, wie soll die Gesellschaft dann vorankommen? Wie können die Bedürfnisse der Mehrheit angemessen berücksichtigt werden, wenn die Stimme eines Einzelnen überwiegt?

Von Privilegien und Prinzipien

Trotz dieser Unterschiede scheinen die chinesischen und die westlichen Gesellschaften, oberflächlich betrachtet, in den letzten 20 Jahren demselben Weg gefolgt zu sein. Der Konsum und auch die Freiheit des Individuums, nach eigenem Wunsch zu handeln, haben in China ebenso wie im Westen stetig an Bedeutung gewonnen.

Doch in Wahrheit unterscheidet sich nicht nur der Weg, sondern auch der Ausgangspunkt. Im Westen ist der Konsum auf Kosten vieler traditioneller Werte gewachsen. Die Vorstellung von Gleichheit und gesellschaftlicher Verantwortung sind dabei in den Hintergrund getreten.

In China und vielen anderen asiatischen Ländern steht der Konsum in Wahrheit mit wichtigen traditionellen Werten im Einklang. Die jahrhundertealten Prinzipien harter Arbeit und Sparsamkeit sind heute enger mit dem Materialismus verbunden. Sichtbarer Konsum ist zum Ausdruck von Leistung geworden, zum augenfälligen Beweis für harte Arbeit und Sparsamkeit. Ja, in China steigert der Materialismus das Wohlbefinden und das Selbstwertgefühl. Anders als im Westen, in dem die Jahre wachsenden Konsums keinen Nettozuwachs an Glück mit sich gebracht haben, verleiht der Materialismus in chinesischen Gesellschaften den Menschen ein »Gesicht«. Die Reputation ist eine Quelle großen Glücks, zumindest für diejenigen, die reicher geworden sind.

Aus diesem Grund sind Firmen, die Markenkleidung, Luxusautos, schicke Uhren, teuren Weinbrand und französische Handtaschen verkaufen, in Asien so erfolgreich. Sichtbarer Konsum erlaubt es den Menschen zu zeigen, was sie erreicht haben. Sogar den Toten gibt man Rolex-Uhren, Goldbarren, die Schlüssel eines Mercedes und teure Designerkleidung mit ins Grab, zumindest in Form von Papierattrappen. Die Chinesen reflektieren ihr »Ich« durch materielle Besitztümer. Je üppiger und teurer das Stück, desto erfolgreicher muss der Besitzer sein. Eine 10 000 Dollar teure Flasche Château Lafite sendet Freunden und Kollegen eine aussagekräftige Botschaft. Wenn man den Wein dann noch in den Aschenbecher gießt, um die Glut der letzten kubanischen Zigarre zu löschen, wird die Botschaft noch eindrücklicher: Der Reichtum ist so unermesslich, dass diese Art von Verschwendung eine Lappalie ist. Mit so einer Geste erwirbt man sich großen Respekt.

Was Chinesen kaufen, muss neu und echt sein. Dinge aus zweiter Hand, die mit dem fragwürdigen Schicksal des Vorbesitzers belastet sind, oder gar Fälschungen werden den Ansprüchen nicht gerecht, ungeachtet der in Asien weit verbreiteten Produktpiraterie.

Im Westen reduzieren die Menschen, sobald sie ein Wohlstandsniveau erreicht haben, das ihnen ein besseres Leben ermöglicht, gern ihre Arbeitsbelastung. Sie tauschen künftige Reichtümer gegen heutige Bequemlichkeit ein und gönnen sich mehr Urlaub, um zu entspannen. Solche Vorstellungen sind in der chinesischen Kultur kaum anzutreffen. Von »Bling-Bling« kann man gar nicht genug bekommen. Es gibt immer das Potenzial, mehr zu erreichen, und wenn man es nicht versucht, so ist das ein Betrug an chinesischen Werten. Wenn jemand nicht arbeitet, obwohl er könnte, ist das ein Ausdruck von Faulheit. So etwas senkt das Selbstwertgefühl. Arthur Rosenfeld schreibt dazu:

> »Während die jüngste Rezession viele Amerikaner dazu veranlasst hat, die lebenslange Jagd nach Geld und Sachwerten auf Kosten der Gesellschaft und des Glücks zu überdenken, kennen die Chinesen solche Vorbehalte nicht. Sie befinden sich im Dauerrausch der Emsigkeit, folgen dem ungezügelten Drang, die wirtschaftliche Vor-

herrschaft in der Welt zu übernehmen ... Nachdem die Brutalität der Kulturrevolution die Chinesen ihres erhabenen kulturellen Erbes beraubt hat, jagen sie nun allem hinterher, was sie zu wollen und zu brauchen meinen – wie der materielle Exzess des Westens –, und stürmen ohne Rücksicht auf soziale Fragen oder die Lektionen der Geschichte immer voran.«[42]

In den 1980er-Jahren, als Deng Xiaoping chinesischer Staatschef war, war der Wohlstand im Lande gleichmäßig verteilt, gleichmäßiger als in jedem anderen Land der Welt. Der Gini-Koeffizient (siehe Kapitel 5) lag unter 20.

Infolge der rasanten Jagd nach Wohlstand in den letzten 20 Jahren hat sich die Verteilung zunehmend polarisiert. Im Jahr 2009 hatten die reichsten zehn Prozent der chinesischen Bevölkerung – 140 Millionen Menschen – fast die Hälfte des Besitzes in ihrer Hand, während die verbliebenen 1,3 Milliarden hin und hergerissen waren, ob sie ihnen nacheifern oder gegen die Exzesse rebellieren sollten.

Der wachsende Wohlstand, Materialismus und Konsum in China wirkt sich auf uns alle aus. Er beeinflusst die Haltung chinesisch geprägter Kulturen zu den Ressourcen der Welt und gibt ihnen für ihre Ambitionen ein Ziel an die Hand. Wenn wir in den kommenden Jahren die Ressourcen der Erde angemessen bewerten oder den Kreislauf der Kostenexternalisierung durchbrechen wollen, wird auch China eine Rolle spielen. Ein Großteil des weltweiten Wachstums wird auf China entfallen, ebenso wie der überwiegende Teil des Konsumwachstums. Sollten sich die Chinesen gegen jegliche Versuche einer neuen Austarierung wehren und der wachsenden Einkommensungleichheit in ihrer Gesellschaft gleichgültig gegenüberstehen, wird die Aufgabe erheblich schwieriger zu bewältigen sein.

Diese unterschiedliche Denkweise macht es ausländischen Unternehmen so schwer, in China Geschäfte zu tätigen. Millionen von ihnen hat das allerdings nicht abgeschreckt, und ihre Abenteuer bieten weiterhin reichlich

Stoff für Geschichten. In den vergangenen 20 Jahren dachte manch einer, mit China seien seine Gebete erhört worden. Während in Europa und Amerika in so gut wie allen Bereichen die Nachfrage zurückging, wurde mit dem wachsenden Wohlstand und dem Hunger nach Konsumgütern der 1,4 Milliarden Chinesen ein Traum wahr.

Doch nur wenige Geschäftsleute dachten wirklich nach, ehe sie in China investierten. Kaum jemand verschwendete einen Gedanken an die chinesische Gesellschaft und ihre Werte oder an die Aufgaben, denen sie sich als Investoren würden stellen müssen. Sie investierten, weil sie annahmen, China würde eines Tages für ihre Produkte ein großer Markt werden. Sie investierten, weil ihre Konkurrenten auch nach China gingen, weil sie billige Arbeitskräfte suchten oder weil ihre Aktionäre eine Präsenz in China für unerlässlich hielten.

Die meisten Chefs in Europa und den USA mit Tochterfirmen in China besuchen das Land ein paarmal im Jahr und glauben, eine weise Entscheidung getroffen zu haben. Sie fliegen nach Schanghai, fahren mit dem schnellsten Zug der Welt ins Stadtzentrum, treffen sich mit Geschäftspartnern in einem schicken modernen Wolkenkratzer, dinieren mit Blick auf die berühmte Uferpromenade Bund und fliegen dann zufrieden mit sich selbst zurück an ihren Stammsitz. Ungeachtet des Geredes über Korruption, schlechte Qualität und Produktpiraterie sehen sie eine Wirtschaft und ein Land, die kraftvoll vorankommen. Die Aktienmärkte honorieren, dass ihr Unternehmen in China investiert. Es ist nicht einmal von Belang, ob die Niederlassung Gewinn abwirft, denn, so sagen sie sich, der wird sich langfristig schon noch einstellen.

Eine andere Sicht der Dinge würde sich ihnen bieten, wenn sie mit Menschen von der »Kohlefront« sprechen würden, mit Ausländern, die seit Jahren in China arbeiten – Leute aus dem Westen oder solche chinesischer Abstammung aus Singapur, Hongkong oder Taiwan.

Sie erzählen eine völlig andere Geschichte. Sie berichten vom »rechtlichen Treibsand«, da sich die Gesetze ständig ändern, und von systematischem Diebstahl von Informationen und Eigentum – 98 Prozent der ausländischen Firmen in China beklagen Betrug und Datenklau.[43] Sie haben Geschichten über Langzeitstrategien parat, die zwischen Kommunen und nationalen Regierungen und deren »Partnern« fein abgestimmt wurden, um Letztere auszusaugen. Sie erzählen von zügelloser Korruption, einer hohen Personalfluktuation und der Schwierigkeit, verlässliche Manager zu finden. Viele, die Berufserfahrung in anderen asiatischen Ländern haben, berichten, dass in China alles anders ist. Die Probleme, mit denen ausländische Firmen konfrontiert werden, sind erheblich schwerwiegender und umfänglicher als in anderen Ländern.

In Schanghai gibt es die Redewendung »Außer deiner Mutter können wir alles nachmachen«, weil sich so gut wie alles kopieren lässt. Es gibt gefälschte Hotels, die den Namen internationaler Ketten missbrauchen, gefälschte Cisco-Network-Router und gefälschte Autos, die, nach Entwürfen der Konkurrenz gebaut, bisweilen vor dem Original auf der Straße anzutreffen sind. In den Krankenhäusern laufen die Patienten Gefahr, gefälschtes Blutplasma zu erhalten. Wer eine Firma besitzt, erlebt, dass seine Angestellten gefälschte Quittungen einreichen und Stellenbewerber ein gefälschtes Arbeitszeugnis und ein gefälschtes Diplom vorlegen. Hoch qualifizierte Fachleute verweisen auf angesehene wissenschaftliche Abhandlungen aus ihrer Feder, deren Ergebnisse sie jedoch gefälscht oder abgeschrieben haben. Wenn Bewerber in Prüfungen gute Noten erzielen, kann es sein, dass jemand anders sie für sie abgelegt hat oder ihre Eltern die Lehrer bestochen haben, ihnen die Antworten vorab zu geben. In den angesehenen Beamtenexamina werden jeden Monat 250 Prüflinge beim Betrügen erwischt.[44] Es gibt gefälschte Banken, die Kredite an den Schwarzmarkt vergeben, und gefälschtes Obst, das mit dubiosen Flüssigkeiten versetzt wird, damit es fest und reif aussieht. Es gibt sogar gedoubelte Wettkämpfer. Im Xiamen-Marathon von 2010 wurden 30 Läufer beim Betrügen erwischt: Sie hatten Doppelgänger angeheuert, die sie einen Großteil der Strecke für sie laufen ließen, ehe sie sich selbst in der Nähe der Ziellinie absetzen ließen, um die letzten paar Hundert Meter zu laufen.

Es ist in China übliche Praxis, dass Sekretärinnen von Reisebüros eine »Kommission« erhalten, wenn sie Flüge für ihre Chefs buchen. Rezeptionistinnen werden mit einem finanziellen Anreiz dazu gebracht, Angebotsanfragen an die Konkurrenz weiterzuleiten. Angestellte tun sich zusammen, um einen Arbeitgeber auszubeuten, und teilen die erzielten Gewinne unter sich auf.

Auch Manager überweisen bereitwillig Gelder an sich selber oder an Firmen, an denen sie beteiligt sind. Sie fälschen die Bücher oder gründen Konkurrenzunternehmen. In der Hierarchie gilt ihre Loyalität nicht etwa der Firma, die sie beschäftigt, sondern zuerst ihrer Familie und engen Freunden.

Diese Praktiken mögen für Neulinge in China und alle jene, die vor ihrem Engagement den dortigen Markt nicht ausreichend studiert haben, schockierend sein, doch sie sind durchaus nicht neu, sondern prägen vielmehr schon seit Konfuzius' Zeiten die chinesische Wirtschaft. Ausländische Investoren hätten das, ehe sie ihr Geld in China anlegten, wissen müssen.

Was heute allerdings große Sorgen bereitet, ist die zunehmende Expansion chinesischer Firmen ins Ausland. Wenn westlichen Unternehmen solche Praktiken in China begegnen, so ist das die eine Sache, doch etwas völlig anderes ist es, wenn man sie auf anderen Märkten antrifft, vielleicht sogar im eigenen Land.

Vergessen wir nicht die Wut

Besonders beunruhigend für Geschäftspartner in Japan und im Westen ist es, dass bei vielen Chinesen, die in Ausland investieren, starke Emotionen mit im Spiel sind. Sie sind getrieben von einer Wut über Unrecht, das in der Vergangenheit vom Westen und von Japan an China begangen wurde, sowie dem Wunsch, dieses Unrecht zu vergelten.

China ist nicht mehr das Land der linken Maoisten, die mit dem kleinen roten Buch wedeln und die Zerstörung des kapitalistischen Systems im Westen fordern. Doch noch immer herrscht eine starke und gefährliche Feindschaft gegenüber einem großen Teil der Außenwelt. Diese müssen wir zum Cocktail chinesischer Werte hinzufügen, den westliche Gesellschaften in immer größeren Mengen konsumieren werden. Er könnte einen bitteren Nachgeschmack hinterlassen.

In der Mao-Zeit beherrschte die »Siegesversion« die chinesischen Schulbücher:[45] Den Kindern wurde beigebracht, dass die Kommunistische Partei die Partei des Sieges sei, weil sie Kriege gegen die Amerikaner, die Japaner und die Nationalisten gewonnen hatte (die sich daraufhin nach Taiwan zurückzogen).

Nach dem Massaker auf dem Platz des Himmlischen Friedens im Jahr 1989 jedoch verlagerte sich der Akzent. Eine neue »patriotische Bildungskampagne« präsentierte China nicht mehr als Sieger über seine Feinde, sondern als Opfer ausländischer Übergriffe. Seit dem Jahr 1992 spiegelt sich in den Schulbüchern diese Sicht wider, und die Geschichte der »nationalen Demütigung« Chinas wurde zum verpflichtenden Unterrichtsstoff. Heute gilt die Kommunistische Partei als die Partei der nationalen Erlösung.

Auch offizielle Dokumente, Geschichtsbücher und die Volkskultur wurden angepasst. Mitte der 1990er-Jahre betrieb der Staat eine Propagandakampagne, um der »100 Jahre der Demütigung« zu gedenken, die mit dem Ersten Opiumkrieg im Jahr 1840 begannen. Man erinnerte die Bürger an den Krieg gegen Japan, an das Massaker von Nanjing 1937–1938 und die Unterstützung, die Amerika den nationalistischen Gegenspielern der Kommunistischen Partei angedeihen ließ. Das Ministerium für Öffentlichkeitsarbeit definierte 100 nationale historische Stätten, die für die Öffentlichkeitsarbeit finanzielle Unterstützung erhielten. Darunter waren Schlachtfelder und Gedenkstätten für patriotische Märtyrer, aber auch Orte, die an die alte chinesische Kultur erinnerten. Schulklassen, Militärangehörige und Vertreter des Staates besuchten diese historischen Stätten. Man forderte Provinzen auf, ihre eigenen Gedenkstätten zu pflegen und die patriotische Bildung zu vertiefen. Von den 40 historischen Stätten, die sich ausländischen Invasionen widmen, konzentriert sich die Hälfte auf den Krieg mit Japan.

In dem Jahrzehnt nach dem Massaker auf dem Platz des Himmlischen Friedens wurde der Nation beigebracht, dass sie ein Opfer des Unrechts war, das ihnen Ausländer und insbesondere Japaner, Amerikaner und Europäer angetan hatten.

Diese patriotische Bildungskampagne ist noch im Gange. Im Jahr 2004 wurden neue Richtlinien für die »Befreiung der Gedanken« herausgegeben, insbesondere die Jugend betreffend. Die Kommunistische Partei stellte ein neues patriotisches Projekt vor, »Die drei Mal Einhundert für Patriotische Bildung«. Sieben Ministerien, darunter das Bildungsministerium und das Ministerium für Öffentlichkeitsarbeit, empfahlen 100 Filme, 100 Lieder und 100 Bücher, deren Verbreitung sie auch finanziell unterstützten. Eines der Bücher trägt den Titel *Vergiss nie unsere nationale Demütigung*, während einer der Filme eine Schlacht zwischen chinesischen und amerikanischen Truppen im Koreakrieg thematisiert. Im Jahr 2005 wurden viele der in den 1990er-Jahren festgelegten historischen Stätten im Rahmen einer Kampagne für den Inlandstourismus neu vorgestellt.

Viele Chinesen tragen noch heute den patriotischen Drang in sich, das Unrecht zu vergelten, das in der Vergangenheit vom Ausland (tatsächlich) begangen wurde. Dies wird sich in den kommenden Jahrzehnten auch auf Chinas Integration in die Welt auswirken.

Der Bestseller *Unglückliches China: Die große Zeit, die große Vision und unsere Aufgaben*, sorgt mit seinem aggressiven Nationalismus in China für Diskussionen und im Westen für Beunruhigung. Seit seinem Erscheinen sind Millionen von Websites zu diesem Thema aus dem Boden geschossen.

In dem Buch betonen fünf chinesische Intellektuelle Chinas künftige Überlegenheit und seine Weltführerrolle, sprechen sich für eine harte Linie gegen seine »Feinde« aus und erklären sich unzufrieden mit der Behandlung Chinas durch den Westen.

Die Autoren verurteilen westliche Einflüsse und verhöhnen insbesondere die USA, die »rauben und betrügen« und »unverantwortlich, faul und gierig« seien. Sie werfen den USA vor, die aktuelle globale Rezession verursacht zu haben; in ihr spiegle sich »eine allumfassende Verderbtheit der amerikanischen Gesellschaft wider«.

In dem Buch werden die Chinesen aufgefordert, ihre »Geschäfte mit dem Schwert in der Hand« zu führen. Die Autoren propagieren eine harte Linie in der Außenpolitik. »Wir sollten Vergeltung und Strafe in unsere diplomatischen Strategien aufnehmen.« Sie fordern eine Gruppe von Helden, die »unser Volk führen, auf dass es mehr Ressourcen kontrollieren und verbrauchen kann, [die Welt] von Tyrannen befreit und den guten Menschen Frieden bringt.«

Quelle: http://www.allgov.com/ViewNews/Unhappy_China_90406, April 2009 sowie ein Bericht im Shanghai Daily vom 23. März 2009. Die Autoren, Wang Xiadong, Liu Yang, Song Qiang, Huang Jisu und Song Xiaojun, arbeiten für die staatlich kontrollierte Nachrichtenagentur Xinhua. Das Buch wurde kurz vor dem Klimagipfel in Kopenhagen veröffentlicht, dessen Erfolg China Vorwürfen zufolge hintertrieb.

Einen Vorgeschmack auf mögliche Auswirkungen gibt der 2009 erschienene Bestseller *Unglückliches China* (siehe Kasten). Die Autoren skizzieren China als eine Nation mit stolzer Vergangenheit, die Übergriffen, Gier und ungerechtfertigten Attacken aus dem Ausland ausgesetzt ist.

Wie China sich verhält, wie es reagiert, wenn es international zu einer Verringerung der Umweltverschmutzung, einer Drosselung des Ölverbrauchs und einem sparsameren Umgang mit Wasser gedrängt wird, muss durch diese Linse betrachtet werden. China hat einen großen Hunger auf Waren und Rohstoffe. Wohlstand gilt als ein Mittel, Leistung nach außen zu präsentieren. Und man ist sich in China im höchsten Maße bewusst, Unrecht erfahren zu haben, und glaubt fest daran, dass man ein »nationales Anrecht« auf die verbliebenen Ressourcen hat.

Der neue chinesische Nationalismus sitzt tief. Als die USA 1999 versehentlich die chinesische Botschaft in Belgrad bombardierten, marschierten in Peking 100 000 Demonstranten, bewaffnet mit Backsteinen, faulen Tomaten und Fackeln, vor der US-Botschaft auf. Nachdem im Jahr 2005 das japanische Bildungsministerium neue Schulbücher genehmigt hatte, in denen die brutale Militärgeschichte des Landes weitgehend ausgeblendet wird, brachen in zehn chinesischen Städten Krawalle aus. Die Bürger wurden per SMS informiert, dass es ihre patriotische Pflicht sei zu demonstrieren. Im Jahr 2008 gab es in mehr als 20 Städten umfängliche antifranzösische Demonstrationen, nachdem der olympische Fackellauf in Paris wegen Protesten gegen die chinesische Tibet-Politik abgebrochen worden war.

Ein Gedicht aus dem Jahr 2009 illustriert, wie tief sich der Nationalismus und die Wut auf das Ausland in die Psyche chinesischer Schulkinder eingebrannt haben. Es geht um schwindende Werte im Westen, das »erbärmliche Europa« und die Ermutigung an die Jugend, anti-chinesische Kräfte rücksichtslos niederzutrampeln. Fans können auf YouTube mitsingen.

Los, China![46]

Schnee, im freien Fall wie die Werte des Westens.
Verzweiflung erfüllt den Himmel, Eis bedeckt die Erde.
Hat China nachgegeben?
Nein. Olympia war ein Erfolg! Wir sind siegreich!
Das heiße Blut und der eiserne Wille des chinesischen Volkes
erleuchten die dunkle Welt wie die heilige Flamme.

Die Flüsse und Berge, bunter und schöner denn je,
Erdbeben, schwankend wie die Haltung Sarkozys, der mit seinen schmutzigen Tricks das großartige China zu erschüttern versucht.
Hat China nachgegeben?
Nein. [Das Raumschiff] Shenzou-7 ist gestartet. Wir sind siegreich!
Nie wird das erbärmliche Europa die unüberwindbare Macht unserer großartigen Dynastie aufhalten.
Schon die Nachbeben des großen Bebens würden Frankreich zerstören!
Auf den Ölfeldern des Tarimbeckens blühen fröhlich die Blumen.
Die Suona [ein Holzblasinstrument] erschallt im Tawang-Distrikt des Himalaja.
Historisch gewachsene Feindschaft erfüllt den Ryukyu-Graben.
Das Lächeln im Sonne-Mond-See erblühte zu einer herrlichen Blume im Pazifischen Ozean.
Schwankt nicht, lasst nicht nach, verändert nichts.
Wechselt nicht die Flagge, kehrt nicht um.
Tretet skrupellos alle anti-chinesischen Kräfte nieder.
Das riesige Schiff, voller Abzeichen, hisst das nagelneue Segel.
In Hochstimmung pflügen wir durch die Wellen, den Wind im Rücken.
Los, China!
China, das Größte!

Wer wünscht sich solche Arbeitgeber?

Die Menschen im Westen machen es sich leicht, wenn sie fordern, dass China sich anpassen muss, sobald es auf der Weltbühne eine größere Rolle übernimmt. Es ist schnell gefordert, dass es seine Empfindlichkeiten in den Griff bekommen und das Moralsystem der aufgeklärten Gesellschaften übernehmen muss, wenn seine Unternehmen ins Ausland expandieren.

Die Chinesen dürften das anders sehen, und ihre jüngsten Aktivitäten im Ausland nähren diese Sorge.

Die meisten Auslandsinvestitionen chinesischer Unternehmen wurden bislang in Entwicklungsländern getätigt, vor allem in Afrika. In einem Bericht über chinesische Investitionen in Afrika, der die Länder Angola, Botsuana, Ghana, Kenia, Malawi, Namibia, Nigeria, Südafrika, Sambia und Simbabwe einschließt, stellten Forscher fest, dass chinesische Unternehmen »überall zu den unangenehmsten Arbeitgebern« gehören. Das Verhältnis zwischen China und Afrika entspreche der »klassischen kolonialen Beziehung«, da China Rohmaterialien ausführe und Waren einführe.[47] Der Studie zufolge unterbieten chinesische Unternehmen afrikanische Firmen und drängen sie vom Markt, sodass die regionale Wirtschaft kaum von den Investitionen profitiert. »Wenn wir uns beschweren, entlassen sie uns«, sagte ein namibischer Arbeiter auf einer Baustelle in Windhuk, der von seinem chinesischen Arbeitgeber 0,55 Dollar pro Stunde erhielt – etwa die Hälfte des gesetzlichen Mindestlohns für Bauarbeiter in ihrer ersten Anstellung.

Im Collum-Kohlebergwerk in Sambia schossen im Jahr 2010 chinesische Arbeitgeber auf elf Arbeiter, die eine bessere Bezahlung und Behandlung gefordert hatten.[48] Die Arbeiter waren bei einem mickrigen Lohn ohne Schutzkleidung unter Tage geschickt und gezwungen worden, unter arbeitsrechtswidrigen Bedingungen zu arbeiten. Auch bei einem Zwischenfall in einem Bergwerk fünf Jahre zuvor war bereits auf Arbeiter geschossen worden. Diesmal verließen die chinesischen Arbeitgeber das Land, als sie auf Kaution freikamen, und auch die Diplomaten, die die Kaution gestellt hatten, suchten das Weite.

In Nigeria wurden im Jahr 2007 chinesische Arbeitgeber festgenommen, weil sie Arbeiter einer Bäckerei neben dem Ofen ohne ausreichend Trinkwasser eingesperrt hatten. Die namibischen Arbeiter eines von Chinesen betriebenen Kohlebergwerks in Windhuk hatten 2009 die Wahl, sich ihre Sicherheitsausrüstung selbst zu kaufen oder ohne sie zu arbeiten, während anderen befohlen wurde, Zement mit den Händen zu mischen.[49]

Die Beschäftigten dieser chinesischen Unternehmen im Ausland erhalten selten einen Arbeitsvertrag. Die Sozialleistungen, die ihnen gesetzlich zustehen, werden oftmals nicht bezahlt. Wenn Frauen schwanger werden, werden sie meist entlassen. In Südafrika starb das Baby einer Frau, als man sie zwang, es in der Fabrik zur Welt zu bringen, wo man sie eingeschlossen hatte. Arbeiter erhalten keine Lohnfortzahlung bei Krankheit oder Verletzung. In Botsuana müssen die Angestellten chinesischer Geschäfte sieben Tage die Woche arbeiten, montags bis freitags zehn Stunden, am Wochenende acht. Staatliche Feiertage werden nicht anerkannt, Überstundenzuschläge nicht bezahlt. Regionale Zeitungen merkten an, dass Plantagensklaven kürzere Arbeitszeiten hatten.[50]

Mit der Ankunft chinesischer Arbeiter in Afrika hat auch das Wildern von Elefanten zugenommen.[51] Tausende einheimische Arbeiter wurden durch chinesische Immigranten ersetzt, insbesondere in Kenia, Angola und Malawi, wo die Arbeitslosigkeit in der Folge stieg.[52] China wird darüber hinaus beschuldigt, schwere Umweltschäden anzurichten, vor allem in Mosambik, im Südsudan und in Äquatorialguinea. Ein Großteil der örtlichen Textilindustrie, die früher in weiten Teilen Afrikas ansässig war, ist den billigen chinesischen Importen zum Opfer gefallen.

So also wirken sich Auslandsinvestitionen der chinesischen Wirtschaft aus. Selten passen chinesische Unternehmen, wenn sie sich im Ausland ansiedeln, ihre Gewohnheiten den Gegebenheiten an oder beachten auch nur die örtlichen Gesetze. Sie folgen zielstrebig dem Profit und behalten ihre traditionellen Geschäftspraktiken bei.

Wenn dieselben Unternehmen in großer Zahl die Küsten Amerikas und Europas erreichen, wird es zu Konflikten kommen. Viele Staaten der entwickelten Welt erleben eine ausgedehnte Periode niedrigen Wachstums und hoher Arbeitslosigkeit und sind daher auf die Investitionen angewiesen, die chinesische Unternehmen ihnen anbieten. Die Frage ist: Welche Werte werden sie dafür opfern?

Das Spiel um die Macht

Auch die geopolitischen Auswirkungen des Aufstiegs Chinas geben Anlass zur Besorgnis. Chinesische Politiker werden sich stärker an wichtigen globalen Debatten beteiligen, etwa zum Thema Klimaveränderung, Währung und Menschenrechte. Wie wird sich das auswirken?

Einen Hinweis gibt das Verhalten chinesischer Unternehmen in der Energiefrage und ihrem Versuch, sich künftig den Zugriff auf die Öl-, Gas- und Uranreserven der Welt zu sichern.

Wenn ihre Haltung zu den großen Themen der Welt von einer ähnlichen Mentalität bestimmt wird, ist es um die westlichen Auffassungen von Menschenrechten, demokratischer Freiheit und Gerechtigkeit nicht gut bestellt.

Bis vor ein paar Jahrzehnten gab es nur wenige große Akteure im globalen Spiel um die Energie. Auf der einen Seite standen die großen Verbraucher, die USA, Europa und Japan, die weltweit mehr als zwei Drittel der Energie konsumierten. Auf der anderen Seite standen die großen Öl- und Gaslieferanten Saudi-Arabien, Iran, Irak und Russland. Das Angebot im Atomkraftgeschäft wurde dominiert von den großen Uranminen in Australien, Kanada und Kasachstan.

In den letzten 20 Jahren hat sich dieses Bild geändert. Die weltweite Energienachfrage ist rasant gestiegen, doch der Anteil Nordamerikas, Europas und Japans ist geschrumpft, während der der Schwellenländer, insbesondere Chinas, rapide zugenommen hat.

Auch die Angebotsseite im Spiel um die Energie hat sich verändert. Die Ölförderung in den USA, Großbritannien und China ist stark rückläufig. Auch die Produktion auf den großen konventionellen Ölfeldern Russlands, Mexikos, Kuwaits und Saudi-Arabiens nimmt mittlerweile vier bis fünf Prozent im Jahr ab. Dagegen haben die Vorräte in Nigeria, Angola, Sudan, Libyen, Kanada und Venezuela erheblich an Bedeutung gewonnen.

Die Ölnachfrage wird in den Entwicklungsländern voraussichtlich weiterhin schneller steigen als in den Industriestaaten, während es gleichzeitig immer komplizierter und teurer wird, das Angebot bereitzustellen. Sollte die Nachfrage weiter im derzeitigen Tempo steigen, werden die Ölreserven in wenigen Jahrzehnten vollständig erschöpft sein (siehe Kapitel 10). Da der wirtschaftliche Erfolg von der Energie abhängig ist, riskiert jedes Land, das keinen sicheren Zugriff auf Öl, Gas und Uran besitzt, eine Einbuße nicht nur an Energie, sondern auch an Macht.

Nach weniger als einem Jahrhundert nähern wir uns demnach dem Endspiel um das konventionelle Öl. Angesichts der hohen Einsätze ist es unwahrscheinlich, dass sich die Staaten der Welt freundlich an einen Tisch setzen und zu einer gesitteten Einigung finden, wie die verbliebenen konventionellen Energiereserven der Welt nach einer bedarfsorientierten Formel zu verteilen seien. Da Energie für die wirtschaftliche und gesellschaftliche Entwicklung jedes Landes unerlässlich ist, steht vielmehr zu befürchten, dass die Staaten und ihre Bevollmächtigten über dem verbliebenen Energiekadaver in einen Fressrausch geraten. Wenn das Spiel schlecht gespielt wird, wenn wir die verbliebenen Reserven verschwenden und es uns nicht gelingt, einen für alle verträglichen Kompromiss herbeizuführen, riskieren wir einen Krieg.

China hat dieses Problem bereits erkannt.

Das Land hat zwei Hauptlieferanten für Öl und Erdgas. Es verfügt über einen Zugang zu den Pipelines aus Russland und Zentralasien, und es kann per Schiff Brennstoff aus dem Nahen Osten, Südostasien, Afrika oder Südamerika beziehen. Strategisch ist die Route über die Weltmeere anfälliger. Im Falle eines Krieges – der womöglich um die Ressourcen geführt wird – ist es ein Leichtes, den Schiffen aus Afrika und dem Nahen Osten den Weg abzuscheiden. Die Route führt durch die enge Straße von Malakka. Wer China oder Nordostasien in seinen Griff bekommen will, braucht nur diese Schiffsroute zu blockieren, und schon ist der Ölfluss unterbrochen.

China hat schon vor mehr als einem Jahrzehnt Notfallpläne entwickelt, um die Handelsflotte und den Nachschub wichtiger Rohstoffe vor dieser Gefahr zu schützen. Dazu gehört entlang der Schiffsroute aus Afrika und dem Nahen Osten die Einrichtung mehrerer Häfen für die Kommunikation und die Verteidigung. Diese chinesischen Häfen von Lamu in Kenia über Port Sudan bis nach Hongkong bezeichnet das US-Verteidigungsministerium als »Perlenkette«.

Die chinesische Regierung begann zudem an Land Pipelines zu bauen, um die Brennstofflieferungen aus Afrika und dem Nahen Osten von der Küste Myanmars direkt nach China zu transportieren. Damit entfällt die Notwendigkeit, Schiffe durch die Straße von Malakka fahren zu lassen.

Die Einrichtung der Häfen war alles andere als leicht und illustriert, welche Mühen China auf sich nimmt, um sich Brennstoffe und andere Ressourcen zu sichern. Wie Amerika und Europa vor ihm hat das Land seine Skrupellosigkeit schon unter Beweis gestellt. Im Bedarfsfall werden weder Menschenrechte noch demokratische Institutionen respektiert. Entlang der Route von Afrika oder dem Nahen Osten nach Hongkong gibt es kaum Länder, mit denen China freundschaftlich verkehrt. Der Aufbau einer entspannten Beziehung mit dem größten Land, Indien, war unmöglich, da Indien ein wichtiger Konkurrent um die künftigen Energieressourcen der Erde ist.

Deshalb hat China Beziehungen zu Ländern aufgebaut, die für Peking normalerweise von geringem Interesse wären. Viele haben Regierungen, die als brutal oder korrupt gelten. Unter anderem sind dies die langjährigen Rivalen und Nachbarn Indiens in Pakistan, Sri Lanka und Bangladesch sowie die Militärjunta in Myanmar.

China hat mehrere Abkommen für den Bau von Häfen getroffen: im pakistanischen Gwadar, bei Chittagong in Bangladesch und in Sittwe an der Küste von Myanmar. In Myanmar wird ein Ölterminal mit einer 770 Kilometer langen Pipeline gebaut, die quer durch das Land in die chinesische Provinz Yunnan führt. Mit dem Bau einer Erdgaspipeline von Myanmar nach Südchina wird im Jahr 2012 begonnen.

Ein zentraler Knotenpunkt ist die Insel Sri Lanka vor der Südspitze Indiens.

Mehr als 20 Jahre lang tobte auf Sri Lanka ein Bürgerkrieg. Die aufständischen Tamil Tigers im Norden wollten einen unabhängigen Staat gründen. Trotz dreier Anläufe zu Friedensverhandlungen tobten jahrelang Kämpfe, die jedoch keine Entscheidung brachten.

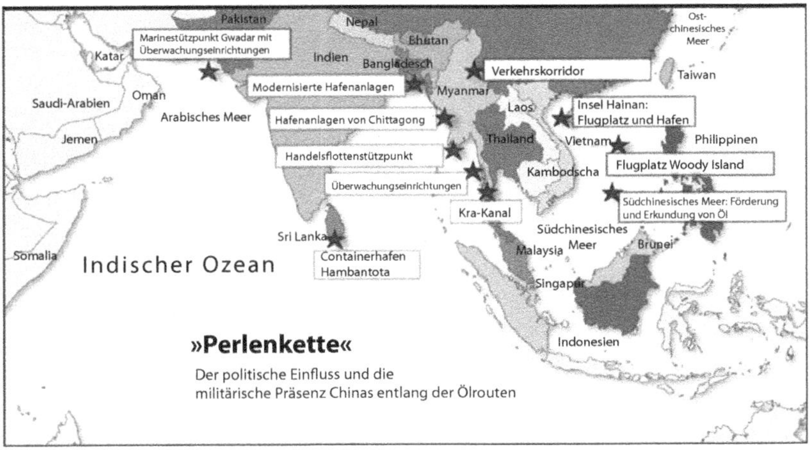

Abb. 8.1: Chinas Perlenkette.

Voraussetzung für die Gründung eines chinesischen Hafens war aber Stabilität. Deshalb stattete China die Regierung von Sri Lanka mit den nötigen Finanzmitteln aus, um den Krieg zu beenden. Internationale Geldflüsse zugunsten der Tamil Tigers wurden unterbunden. Im Jahr 2009 brachte die Regierung in Colombo innerhalb nur weniger Wochen eine übermächtige Armee auf, besiegte die Aufständischen und beendete den 26 Jahre alten Bürgerkrieg. Tausende von Menschen starben, darunter viele Zivilisten.

Schon wenige Monate später verkündete China seine Pläne, bei Hambantota einen großen Hafen zu bauen, der möglicherweise auch zum Militärstützpunkt wird. Mit Zuwendungen von 1,2 Milliarden Dollar im Jahr 2009 wurde Peking für Sri Lanka rasch zur größten ausländischen Geldquelle. China kündigte an, es wolle außer dem Hafen auch ein Kraftwerk und ein Kunstzentrum in der Hauptstadt bauen. Ein neuer Flughafen ist in Planung, und die Eisenbahn des Landes wird modernisiert.

Diese rasante Wendung im Schicksal Sri Lankas fordert allerdings auch Opfer, sowohl von den 20 Millionen Einwohnern der Insel als auch vom Rest der Welt.

So wurde das Rechtssystem bereits ausgehöhlt. Als Forderungen laut wurden, die UNO solle das Vorgehen der Armee in Sri Lanka sowie mögliche Menschenrechtsverletzungen während der letzten Kämpfe gegen die Tamil Tigers unter die Lupe nehmen, war China maßgeblich daran beteiligt, die unabhängige Untersuchung zu vereiteln.

Auch die Demokratie wird untergraben. Der Präsident von Sri Lanka, der einstige Filmschauspieler Mahinda Rajapaksa, und seine Familie haben die Regierung komplett übernommen. In Liedern lässt sich Rajapaksa als König besingen. Während der wichtigste Oppositionsführer in Haft sitzt, hat Rajapaksa die Führung mehrerer Ministerien an seine Brüder übergeben und einen von ihnen zum Parlamentspräsidenten ernannt. Es ist somit fast unmöglich, den Präsidenten seines Amtes zu entheben. Darüber hinaus hat Rajapaksa die Verfassung geändert, sodass er lebenslang regieren kann.

Auch die Finanzlage veränderte sich radikal. Stand das Land einst unter Aufsicht des Internationalen Währungsfonds, kommt es heute trotz steigender Staatsschulden ohne internationale Finanzhilfen aus.

Diese Veränderungen waren nicht das Ziel der chinesischen Investitionen, sondern ihre Folgen. Was politisch in Sri Lanka geschieht, interessiert Peking nicht sonderlich. Man wollte lediglich Stabilität und einen Hafen. Dennoch ist Sri Lanka nun eng mit China verbunden, wenn auch nicht im ideologischen Sinne. Und als Folge der chinesischen Einmischung geht es dort nun weniger demokratisch und rechtsstaatlich zu.

Der Einfluss Chinas ist in vielen Brandherden der Welt stetig gewachsen. Als die Chinesen in Simbabwe, Somalia, Sudan und Niger Finanzhilfen gewährten, über politische oder wirtschaftliche Repressalien jedoch großzügig hinwegsahen, haben sie zweifelhaften Regimes zu neuer Legitimität verholfen. Nachdem die Bürger dieser Länder lange auf eine offenere Gesellschaft gehofft haben, wird die politische und soziale Unterdrückung nun wieder ignoriert – oder sogar befördert –, sofern die Regimes China einen leichteren Zugriff auf die Ressourcen ermöglichen. Nicht anders agierte der Westen während der Kolonialzeit.

In Simbabwe sagt Präsident Robert Mugabes Konkurrent, Morgan Tsvangirai, sein Land habe sich an China verpfändet. Die heimische Wirtschaft wurde von der eigenen Regierung brutal gemaßregelt, nachdem die Chinesen gefordert hatten, es dürften keine Second-Hand-Produkte mehr verkauft werden, weil sie auf den Preis chinesischer Importe drückten.

Länder wie der Sudan, Angola, Libyen, Kongo, Somalia und Iran, deren Verhältnis zum Westen seit Jahrzehnten belastet ist, sind die besten Freunde Pekings geworden. Die China National Petroleum Corporation (CNPC) wurde zur wichtigsten Aktionärin der Greater Nile Petroleum Operating Company, die die sudanesischen Ölfelder kontrolliert. Chinesische Darlehen und Bauunternehmen waren auch am Aufbau angolanischer Dämme, Brücken und Eisenbahnlinien beteiligt, die es dem Land erlaubten, sich von seinem langjährigen Bürgerkrieg zu erholen. Finanzielle und andere Hilfe wurde zudem für den Bau von Schulen, Straßen, Krankenhäusern und einem Glasfasernetz gewährt. Die Folge war, dass Angola zum drittgrößten Rohöllieferanten Chinas wurde. Chinesische Investitionen dienten auch dazu, sich Öl im Tschad, in Gabun und in Äquatorialguinea zu sichern. Im Jahr 2009 kam mehr als ein Viertel der chinesischen Ölimporte aus Afrika, weitere 15 Prozent aus dem Iran.

In Niger tobt der Kampf um das Uran. Jahrelang waren die ehemaligen französischen Kolonialherren mit 70 Prozent der Exporte Nigers die größten Urankunden. Der französische Areva-Konzern, der weltgrößte Vertreter des Uranbergbaus, hatte de facto ein Monopol.

Das gilt heute nicht mehr. Niger schloss im Jahr 2009 seinen ersten Uran-Kooperationsvertrag mit China ab. Die Chinesen boten einen besseren Preis und Investitionen in die Infrastruktur. Darüber hinaus verpflichteten sie sich vertraglich, eine Ölraffinerie zu erstellen, ein Anliegen, das der Staat Niger den großen Ölunternehmen aus dem Westen wiederholt vorgetragen hatte, das diese jedoch stets abgelehnt hatten. Peking überschüttete seine Vertragspartner als Belohnung mit »Unterschriftenboni«. Die Hauptstadt des Landes Niamey erhielt einen neuen Zoo.

Wie in Sri Lanka zogen die chinesischen Investitionen allerdings eine Veränderung der Machtverhältnisse nach sich. Wenige Monate nach Unterzeichnung der Vereinbarung riss eine Militärjunta in einem Staatsstreich die Macht an sich. Ein Großteil des Geldes, das China als Boni ausgegeben hatte, wurde von der neuen Regierung in den Kauf von Waffen investiert, um rivalisierende Stämme zu unterdrücken. Der Preis, den Frankreich für das Uran zahlte, schnellte um 50 Prozent in die Höhe.

Seither haben sowohl Frankreich als auch China weitere Investitionen angekündigt. Frankreich will 2013 ein neues Uranbergwerk eröffnen, das Niger zum größten Uranlieferanten nach Kasachstan machen soll. China hat neue Pipelines und ein Kohlekraftwerk versprochen.

Wie in Sri Lanka und Simbabwe jedoch wird das Volk in Niger wohl nicht viel vom neuen Reichtum des Landes zu sehen bekommen. Und die Menschen werden künftig noch weniger Mitsprache bei der Entwicklung ihres Landes haben, denn die Macht hat sich in den Händen einiger weniger konzentriert, und nichts deutet darauf hin, dass die neuen Reichtümer für das öffentliche Wohl eingesetzt werden.

Solche Praktiken und ihre Folgen werden vermutlich um sich greifen. Der Kampf um die Ressourcen der Erde birgt die Gefahr, dass alle Großmächte die Rechtsstaatlichkeit weiter zurückdrängen werden. Korrupte Staatschefs in den Lieferländern werden sich auf Kosten ihres Volks und der Ressourcen ihres Landes noch hemmungsloser bereichern als bisher schon. Bildung, Fortschritt und gesellschaftliche Entwicklung werden hinter Investitionen, Rohstoffgewinnung und Macht das Nachsehen haben.

Die Methoden, mit denen sich die Chinesen Ressourcen sichern, sind seit Langem fest etabliert. Auch der Westen wendete sie in der Vergangenheit an. Amerika, Europa und Japan haben nicht weniger Schuld auf sich geladen. Sie haben mit den armen Ländern ausbeuterische Verträge abgeschlossen und im Austausch gegen Ressourcen oder Land Entwicklungshilfe geleistet. Auch der Westen hat bereitwillig grauenhafte Regimes unterstützt.

Die Chinesen sind sogar geradliniger in ihren Aktivitäten. Weder schickt China seinen Geheimdienst, um in den Ländern, in denen es investieren will, das Schicksal der Staatsführung zu beeinflussen, noch bringt es »Regimewechsel« zuwege, wie es westliche Länder gern tun. Anders als die Geheimdienste aus dem Westen zielen die Chinesen gar nicht darauf ab, in diesen Ländern demokratische Institutionen oder die Menschenrechte auszuhebeln. Oder zumindest deutet nichts auf eine solche Absicht hin. Was in den Lieferländern geschieht, ist einfach nur eine Folge ihres Vorgehens.

Doch es gibt noch zwei wichtige Unterschiede. Erstens steht heute erheblich mehr auf dem Spiel. In der Kolonialzeit gab es noch genügend Ressourcen für alle, während heute die Rohstoffe knapp werden. Zweitens lassen sich die Chinesen deutlich weniger durch die öffentliche Meinung beeindrucken. Die Machthaber in Peking müssen sich vor keiner Exekutive verantworten. Es gibt keine Opposition, die zum Maßhalten auffordert, und keine nichtstaatlichen Organisationen, die sich für eine aufgeklärtere Vorgehensweise aussprechen. Stattdessen schweigt die öffentliche Meinung. Leitartikel, in denen ein Richtungswechsel gefordert wird, sind in China Fehlanzeige.

Es ist durchaus nicht so, dass China und das chinesische Volk bei dem Versuch, sich Zugang zu Öl, Gas und Uran zu verschaffen, in den Ländern, die über diese Ressourcen verfügen, Gleichheit und Freiheit zu beschneiden versuchen. Vielmehr interessiert sich in China niemand dafür. Wenn die Führung eines Landes, in dem chinesische Unternehmen investieren wollen, korrupt ist, so ist das eben so. Peking ist es egal, wo sein Geld hingeht und was damit getan wird, ob es zum Schaden der Gesellschaft eingesetzt wird oder gar für die Ermordung von Oppositionspolitikern. China interessiert sich ausschließlich für Rohstoffe, geschäftliche Transaktionen und den Bau neuer Straßen, Krankenhäuser und Brücken durch chinesische Bauunternehmen. Es will Rohstoffe und Profit.

Mit beidem hat die Menschheit dasselbe Problem: Chinas Investitionen läuten in den betroffenen Ländern den Beginn eines neuen Wettlaufs nach unten ein: moralisch, wirtschaftlich und umweltpolitisch.

Ein Optimist könnte zu dem Schluss kommen, dass der chinesische Ansatz der bessere ist: Die Chinesen mischen sich nicht ein. Indem sie in die Infrastruktur investieren, erhöht sich die Chance, dass in Ländern wie Angola,

Kongo und Sudan die Industrialisierung voranschreitet und sie in die Lage versetzt werden, ihre Entwicklung selber in die Hand zu nehmen.

Doch für die Industrialisierung braucht es mehr als neue Straßen, Brücken und Krankenhäuser. Für die Bildung braucht es mehr als Schulen.

In vielen afrikanischen Ländern, in denen China investiert, müssen für die Industrialisierung erst einmal die Stammeskonflikte beendet werden. Eine Industrialisierung muss sich auf einen nachhaltigen und entwickelten landwirtschaftlichen Sektor stützen können, der Nahrung für den Inlandsverbrauch erzeugt. Sie erfordert eine nationale Bildungspolitik, aus der Knowhow und technische Entwicklungen erwachsen. Die Industrialisierung braucht, wie China bewiesen hat, keine Demokratie, doch sie braucht politischen Willen. Eine Industrialisierung braucht mehr als eine Wirtschaft, die auf der Ausbeutung und dem Export von Rohstoffen gründet und vom Ausland finanziert wird, mehr als eine politische Elite, die die Einnahmen für sich behält.

Industrialisierung muss Jobs schaffen, und das tun die chinesischen Infrastrukturinvestitionen nicht. Von Indien, wo China Kraftwerke baut, bis zum Hafen von Sri Lanka und der Ölraffinerie in Niger bringt China für jeden Arbeitsplatz seinen eigenen Arbeiter mit.

Da so viel auf dem Spiel steht, erhöht sich die Gefahr, dass das Gegenteil geschehen wird – dass diese Länder nicht die Chance erhalten, sich zu entwickeln, sondern dass Menschenrechtsverletzungen, politische Vetternwirtschaft und Umweltzerstörung um sich greifen. Es steht zu befürchten, dass denen, die auf den Zugriff auf Ressourcen aus sind, die Entwicklung der Länder und deren Bevölkerung egal ist. Die Investoren wollen lediglich Stabilität, damit sie leicht an die Rohstoffe kommen, und die ist unter einem Diktator wahrscheinlicher als in einer Demokratie. Viele Länder in Afrika und anderen Teilen der Welt werden womöglich zu einem Schlachtfeld um Ressourcen, und die größten Verlierer sind die Bevölkerungen dieser Länder.

Zu Beginn des 21. Jahrhunderts konnten viele Länder Afrikas, Pakistan, Bangladesch, Sri Lanka und Myanmar darauf hoffen, dass ihnen die Industrialisierung bald gelingen würde. Sie dachten, ihre Zeit sei gekommen. Ihre Bürger machten sich durchaus berechtigte Hoffnung auf eine pluralistische Gesellschaft. Sie hofften, das Wirtschaftswachstum werde ihnen eine demokratische Regierung bringen, guten Lohn für gute Leistung, eine gerechtere Verteilung des Reichtums, eine anständige Gesundheitsversorgung, ein gutes Bildungssystem und eine aufgeklärte Gesellschaft. Nach Jahrhunderten der Ausbeutung konnten die Völker dieser Länder darauf hoffen, dass sie in den kommenden Jahrzehnten einen Standard erreichen würden, der sich dem der entwickelten Welt annähert. Angesichts ihrer großen natürlichen und menschlichen Ressourcen war das durchaus nicht unrealistisch.

Trotz ihrer vielen Vorzüge und ihrer natürlichen Ressourcen jedoch ist es unwahrscheinlich, dass sich diese Hoffnungen erfüllen werden. Wahrscheinlicher ist, dass sie kleine Spielfiguren in einem viel größeren Spiel bleiben. Vielleicht bekommen sie ein paar Straßen, Eisenbahnen und Krankenhäuser, die sie vorher nicht hatten. Und hier und da einen Zoo. Aber innerhalb weniger Jahrzehnte werden sie alles verloren haben, was sie gebraucht hätten, um ihre Entwicklung voranzutreiben. Wenn sie dann für ihr eigenes Wachstum Öl, Gas oder Uran brauchen, wird keins mehr da sein. Statt in einer Demokratie werden die Menschen weiterhin unter der Fuchtel autokratischer Regimes ihr Dasein fristen. China und der Westen werden sie ausbluten. Und dann wird man sie sich selbst überlassen.

Eine Aufklärung wird dort nicht stattfinden

TEIL 3

Diese Mängel werden schlimme Folgen haben

In Teil 1 wurde untersucht, wie uns die moderne Ökonomie geschadet hat: Der Aufstieg des Individualismus und einer Philosophie der unbeschränkten Marktfreiheit hat zu einem verfehlten Finanzsystem geführt. Die Ressourcen der Welt werden unterbewertet und deshalb verschwendet. Ungleichheit und Gier greifen um sich. Außerdem wurde in Teil 1 gezeigt, dass fehlerhaftes ökonomisches Denken (auch wenn die meisten finanzwirtschaftlichen Probleme im Westen am deutlichsten zutage treten) überall auf der Welt zur Entstehung von Spekulationsblasen und zur falschen preislichen Bewertung von Produkten führt, und dass es dem Irrglauben Vorschub leistet, der Fortschritt der Menschheit müsse von wachsenden Ausgaben für den Konsum abhängig sein.

In Teil 2 wurde untersucht, wie schlecht wir dafür gerüstet sind, mit diesen Problemen fertig zu werden: Fast überall auf der Welt sinkt das Innovations- und Bildungsniveau. Viele Gesellschaften sind oberflächlich geworden und haben an sozialen Zielsetzungen verloren. Politiker, die nicht mehr durch eine soziale Philosophie motiviert und legitimiert sind, greifen zum Mittel der Einschüchterung, um uns unter Kontrolle zu halten. Sie haben die Schnüffelei privatisiert und unsere Freiheit eingeschränkt, indem sie zu viel Macht an die Privatwirtschaft übertragen, der es auf Gewinn und nicht auf gesellschaftliche Entwicklung ankommt. In Teil 2 wurde auch behandelt, wie der Aufstieg Chinas viele dieser Trends ungeplant verschärfen könnte. Die Einstellung der Chinesen zu Demokratie, Menschen- und Arbeiterrechten und zur Ausbeutung der Ressourcen der Erde wird sich in den kommenden Jahren stärker durchsetzen. Dadurch könnten sich die bestehenden globalen Probleme noch verschlimmern.

Teil 3 ist der Frage gewidmet, was als Nächstes passiert. Es wird analysiert, was die Menschheit zu erwarten hat, wenn sie den eingeschlagenen Weg nicht verlässt, welche langfristigen Auswirkungen die Finanzkrise hat, wie wir durch die Ressourcenknappheit gezwungen werden, unsere Lebensweise zu ändern, und wie sich der Mangel an Ressourcen weltweit negativ auf die Gesundheit der Menschen auswirkt und zu einer Steigerung des Konfliktpotenzials führt. Ohne radikalen Wandel wird die Zukunft des größten Teils der Menschheit rau und kalt.

Teil 4 behandelt die Frage, wie wir auf die vor uns liegenden Herausforderungen reagieren können. Wie können wir es vermeiden, die Lage weiter zu verschlimmern? Und wie können wir wenigstens bei einem Teil der Probleme verhindern, dass sie noch einmal auftreten?

9 Verknappung der Finanzmittel

Die Welt hat mehr Schulden, als sie zahlen kann.

Ralph Waldo Emerson

Wir sind mit massiven finanzwirtschaftlichen Problemen und mit unkalkulierbaren, aber bestimmt sehr schädlichen Folgen konfrontiert. Die meisten westlichen Gesellschaften sind bankrott. Die Kreditaufnahme der Verbraucher ist zu hoch, die Bankverbindlichkeiten sind zu hoch, und viele Staaten sind zu stark verschuldet. Der Westen und Japan werden ihr finanzwirtschaftliches Fundament neu errichten müssen.

Eine der offensichtlichsten Auswirkungen dieser Neustrukturierung wird eine Reduktion der Ausgaben sein. Die Verbraucherausgaben, dieser kostbare Stützpfeiler der modernen Volkswirtschaft, werden geringer werden müssen.

Um das Gleichgewicht wiederherzustellen, werden die meisten Konsumenten der entwickelten Welt zurückstecken, ihre Schulden zahlen und mit den wirklich verfügbaren Mitteln auskommen müssen. Ganz ähnlich müssen auch die Banken die Zahl ihrer Kredite begrenzen und ihre Bilanzen in Ordnung bringen. Das braucht Zeit. Auch viele Staaten müssen ihre Ausgaben reduzieren und alle Haushalte, vom Sozialen bis zu Verteidigung und Bildung, zusammenstreichen. Und sie müssen Zehntausende von Beschäftigten entlassen, was die Spirale des Niedergangs noch beschleunigen wird.

Werden die Ausgaben nicht gekürzt, sind Millionen Menschen, Hunderte von Banken und mindestens ein Dutzend der größten Staaten der Welt von

Bankrott und finanziellem Ruin bedroht.

In Zukunft werden wir einer von drei finanzwirtschaftlichen Welten angehören. Neben der entwickelten Welt und den Entwicklungsländern wird es auch die Rückentwicklungsländer geben: Länder, die wirtschaftlich und sozial abbauen, wenn die Sparmaßnahmen ihre Wirkung entfalten.

Diese Veränderungen werden tiefgreifende Folgen haben, und sie werden Jahre und vielleicht jahrzehntelang zu spüren sein. In den USA und im Großteil Europas werden die staatlichen und privaten Schulden und die in Altersversorgung und Gesundheitswesen aufgelaufenen Verbindlichkeiten Stagnation, Steuererhöhungen und Elend bedeuten. In China wird sich die Wirtschaftsentwicklung bei steigender Inflation und Gefahr der Instabilität verlangsamen. Japan droht der Staatsbankrott.

Selbst die Ausgabenkürzungen werden vielleicht nichts mehr helfen. Die Schulden sind so groß und die Folgen des Wandels so unabsehbar, dass selbst jahrelange Entbehrung letztlich nur zur finanzwirtschaftlichen Implosion führen könnte. Es gibt keine Garantie für den Erfolg.

Aber die Antworten liegen doch auf der Hand

Einige Volkswirtschaftler behaupten immer noch, dass die finsteren Voraussagen reine Panikmache seien und es für die gravierenden ökonomischen und finanzwirtschaftlichen Probleme leichte Lösungen gäbe. Sie meinem, der Schuldenberg ließe sich abtragen, ohne bittere Medizin zu schlucken.

Wie ein Mantra singen uns die Volkswirtschaftler der westlichen Finanzpresse die Schritte vor, die wir angeblich zu machen haben: Die Welt braucht dringend eine Aufwertung der chinesischen Währung; die USA müssen Exportförderung treiben; die chinesischen und deutschen Verbraucher müssen mehr Geld ausgeben, weil sie zu viel sparen; Südkorea und Japan müssen ihre Volkswirtschaften reformieren und sie mehr öffnen; und die Europäische Union (EU) muss deregulieren und Sozialausgaben kürzen.

Das alles sei die Rettung, wollen sie uns einreden.

Doch das ist Unsinn. Für die chinesische Währung ist nur China zuständig, und die billionenschwere Schuldenlast des Westens wird sich nicht durch währungspolitische Maßnahmen aus der Welt schaffen lassen. Auch können die USA nicht plötzlich Exportförderung treiben. Sie müssten ein Exportprodukt haben, das die ganze Welt in nie gekannten Mengen haben wollte, um negative Bilanzen auszugleichen. Und dieses Exportprodukt müsste auch noch von beispielloser Konkurrenzfähigkeit sein. Mit dem simplen Postulat, dass die USA mehr nach Übersee liefern sollten, lässt sich das nicht realisieren.

Auch die Idee, dass man Chinesen und Deutsche einfach nur dazu bringen müsse, mehr Geld auszugeben, ist eher dumm. In Deutschland sind heute schon mehr als 60 Prozent der Volkswirtschaft verbrauchsorientiert, kaum weniger als in den USA. Der Wachstumsspielraum auf diesem Gebiet ist nicht sonderlich groß. In China würde es zwar mehr Chancen für höhere Privatausgaben geben, aber die Chinesen sind fleißige Sparer, und das aus gutem Grund. Eine der wichtigsten Ursachen für das finanzwirtschaftliche Debakel, in dem Amerikaner, Briten, Australier, Iren und viele andere Völker stecken, besteht darin, dass ihre Länder schlicht und einfach zu viel Geld ausgegeben und zu viel Geld ausgeliehen haben. Wer Deutsche und Chinesen ermutigt, es ihnen gleichzutun, wird das Problem nur verschlimmern.

Ähnlich haben die Regierungen und Völker von Südkorea, Japan und Europa nicht deshalb darauf verzichtet, ihre Volkswirtschaften zu öffnen und ihre Sozialsysteme zu liberalisieren, weil sie nicht verstehen, was man von ihnen fordert, sondern weil sie es nicht wollen. Es ist nicht ihre Art. Es passt nicht zu ihren Wirtschafts- und Sozialsystemen. Nur weil die USA und einige andere Länder des Westens diese Maßnahmen für gut halten, müssen sie noch lange nicht gut sein. Viele Südkoreaner, Japaner und Europäer sind der Ansicht, dass diese Ideen und das marktliberale System nicht funktioniert haben. Sie haben sich bewusst für ihre restriktive Arbeitsgesetzgebung und ihre untragbaren Sozialsysteme entschieden. Sie wollen es so. Ihre Systeme sind anders als das amerikanische; sie sind nicht marktliberal, aber das heißt nicht, dass sie falsch wären.

Langwierige Folgen

Anstatt nach einfachen Lösungen zu suchen, muss der Westen der Realität ins Gesicht sehen. Er steht vor einer langen Periode des wirtschaftlichen Niedergangs. Er muss lernen, seine Schulden abzubauen und mit den verfügbaren Mitteln zu leben.

Eine Finanzblase ist nicht wie ein Luftballon, den man aufbläst, bis er mit einem Schlag platzt. Eine ökonomische Blase ist eher wie eine haushohe Badewanne. Sie füllt sich immer schneller, bis sie plötzlich überläuft. Erst dann erkennen wir, wie groß das Problem ist. Also ziehen wir den Stöpsel. Doch der Abfluss ist so klein und die Wassermenge so groß, dass es Jahre dauert, bis die Wanne wieder leer ist.

Die Auswirkungen des großen Crashs von 1929 hielten viele Jahrzehnte an. Obwohl die Blase an der Börse relativ schnell entstand und wieder zusammensackte, waren die Folgen viel langwieriger. Auch als 1989 die japanische Börsenblase platzte, waren die Folgen viele Jahre lang zu spüren.

Vor 1921 hatten die Aktienkurse in den USA mehr als 20 Jahre lang stagniert. Aber in den Jahren nach diesem Zeitpunkt stiegen sie, zuerst langsam und dann sehr schnell. Die Presse der damaligen Zeit sprach von einem neuen glorreichen Zeitalter des Fortschritts und des Wohlstands, und bald herrschte der irrationale Glaube, dass die Börsenkurse für immer steigen würden. Auf dem Höhepunkt der Hausse standen die Kurse mehr als 500 Prozent höher als auf ihrem tiefsten Punkt.

Nun verloren sie binnen sechs Tagen 30 Prozent ihres Werts. Dann jedoch setzte eine Erholungsphase ein, die mehrere Monate dauerte. Überoptimistische Aktionäre redeten sich ein, dass ihre Aktien wieder den alten Wert erreichen würden. Trotz der irrationalen Kurssteigerungen in den acht Jahren zuvor und der Warnzeichen, die es gegeben hatte, glaubten sie, genau wie die Investoren, die in den späten 1990er-Jahren in die Dotcom-Blase investierten, dass sich ein »neues Paradigma« durchsetzen würde.

Am Ende brach der Markt natürlich zusammen. Panik brach aus, und der Aktienindex, der 1929 mit 381 Punkten seinen Höchststand erreicht hatte, fiel schließlich auf einen Tiefststand von 41 Punkten.

Der Niedergang vollzog sich jedoch nicht in ein paar Wochen oder Monaten. Märkte und Volkswirtschaften können einen schnellen Niedergang erleben, aber sie fallen selten lange Zeit wie ein Stein. Es dauerte fast drei Jahre, bis der Tiefstpunkt im Juli 1932 erreicht war. Und obwohl sich der Markt danach erholte, geschah dies keineswegs schnell. Erst 1954 erreichte der Dow wieder 300 Punkte – die Gesamtfolgen des Crashs waren also mehr als ein Vierteljahrhundert zu spüren. Im Jahr 1929 hatte das BIP der USA 103 Milliarden Dollar betragen. Bis 1933 war es um fast die Hälfte auf 56 Milliarden Dollar geschrumpft, und es hatte erst 1941 das alte Niveau wieder erreicht. Preisbereinigt, also unter Berücksichtigung der Inflation, dauerte es sogar fast doppelt so lang.

Dieser Verlauf war fast identisch mit der japanischen Entwicklung in den 1980er-Jahren. Dort begannen nach vielen Jahren der Stagnation die Kurse an der Tokioter Börse zu steigen. Fünf oder sechs Jahre lang gab es nur langsames Wachstum. Dann jedoch kam es zu einer Phase rapider Expansion.

Im Jahr 1989 stand der Nikkei 500 Prozent höher aus zu Beginn des Wachstumszyklus einige Jahre zuvor.

Auch was nun folgte, ähnelt der amerikanischen Entwicklung während der Weltwirtschaftskrise. Als der Nikkei-Index seinen Höchststand erreicht hatte, fielen die Kurse ein wenig und erholten sich dann für eine Weile. Dann jedoch kam es zu einem viel schlimmeren Crash, gefolgt von mehr als 20 Jahren des Niedergangs. Börse und Volkswirtschaft haben sich bis heute nicht erholt. Der Nikkei-Index 225 stand nach einem Maximum von 38 916 Punkten im Dezember 1989 im Jahr 2009 nur noch bei 7500 Punkten – ein Rückgang um mehr als 80 Prozent. In Japan gab es mehr als 26 aufeinanderfolgende Jahre keinen Nettogewinn bei den Aktienkursen.

Große wirtschaftliche Zusammenbrüche führen also zu schweren Katerzuständen, die sehr lange dauern können. Auf den Kollaps folgt eine Periode der Stagnation, ein Bärenmarkt, der in der Regel Jahrzehnte anhält. In den USA dauerte der *kürzeste* Bärenmarkt des 20. Jahrhunderts 17 Jahre. Große Blasen verändern Leben.

Leider ist die Blase von 2007 sowohl größer als die US-amerikanische von 1929 als auch größer als die japanische von 1989. Wenn sie schließlich platzt, werden die Auswirkungen genauso langwierig sein.

Alles bricht zusammen

Dass der Wert von Aktien und Wertpapieren in den nächsten fünf bis zehn Jahren noch viel weiter fallen wird, ist eine Voraussage, die mit einiger Sicherheit in Erfüllung gehen wird. Angesichts der Größe der Blase ist klar, dass der Einbruch von 2007 noch nicht die große Korrektur, sondern nur eine frühe Warnglocke war. Der große Crash steht uns noch bevor. Selbst zu Beginn des Jahres 2011 waren die Kurse der meisten Aktien beträchtlich höher als ihr Fundamentalwert, der auf den Wirtschaftsaussichten beruht.

Nicht nur dass eine überfällige Korrektur ansteht. Das Übermaß an Schulden wird außerdem zu Sparmaßnahmen zwingen, die Verbrauch und Wirtschaftswachstum auf Jahre hinaus dämpfen. Die Maschine wird auf rückwärts schalten, und die Aktienkurse werden fallen. Dann beginnt eine lange Periode des wirtschaftlichen Niedergangs, in der die Umsätze – und damit auch die Gewinne – vieler Unternehmen einbrechen. Die Auslastung der Produktionskapazität verschlechtert sich, was bei vielen Produkten auch noch zu einem Anstieg der Durchschnittskosten führt.

Der Verbrauch wird zwangsläufig sinken, weil die Verbraucher im Westen mehr sparen müssen. Wegen der Schwäche vieler Banken bekommen sie nicht mehr so leicht Kredite wie zuvor. Staaten müssen die Steuern erhöhen, um wenigstens den Versuch zu machen, ihre Schulden abzuzahlen. Dies schwächt die Kaufkraft vieler Bürger noch zusätzlich. Viele Babyboomer müssen ihre dezimierten Altersrücklagen wieder auffrischen, also sparen sie mehr und geben weniger aus. Auch die Inflation bei den Lebensmittel- und Brennstoffpreisen, die aus der Verknappung von Wasser und anderen Engpässen in der Rohstoffversorgung entsteht, wirkt sich negativ auf die Kaufkraft der Verbraucher aus. Sie müssen mehr Geld für Seife, Karotten und Shampoo ausgeben und haben weniger für iPads, neue Waschmaschinen und Zigaretten übrig. Der Verbraucher im Westen muss mehr Kompromisse eingehen und eher kaufen, was er braucht, als was er sich wünscht.

All dies wird dazu führen, dass die Umsätze und der Wert der meisten großen Unternehmen in Europa und den USA sinken, wobei die Einbrüche unterschiedlich stark sein werden. Die Nachfrage nach diskretionären Konsumgütern, die also nicht unmittelbar zum Lebensunterhalt nötig sind, fällt unter diesen Umständen am stärksten. Die Umsätze bei elektronischen Gütern, Ferienreisen und Autos fallen weit unter ihren Höchststand und erholen sich nicht mehr. Die Nachfrage nach Basisgütern wie Lebensmitteln, Medikamenten und Energie bleibt vermutlich stabil. Selbst in diesem Bereich sinken jedoch die Unternehmensgewinne, wenn die Verbraucher im Westen ihren Gürtel enger schnallen. Auch der von den Verbrauchern gekaufte Produktmix ändert sich. Statt Fertiggerichten und Foie gras kaufen sie mehr Nudeln, Hackfleisch und Brot.

Die Veränderungen werden sich an den Börsen des Westens widerspiegeln. Die Aktienkurse der Auto- und Waschmaschinenproduzenten und der Hersteller von Fertiggerichten brechen stark ein, weil diese Firmen zu sehr vom europäischen und US-amerikanischen Markt abhängig sind. Die Kurse der Unternehmen, die eher unverzichtbare Produkte und Dienstleistungen liefern, halten sich besser, obwohl auch sie wegen der insgesamt zu erwartenden Verringerung der Wirtschaftstätigkeit an Wert verlieren.

Manche Unternehmen dürften auch im Wert steigen, vor allem, wenn sich chinesische oder indische Unternehmen für eine Übernahme interessieren. Übernahmen werden vermutlich im Maschinenbau- und Hightechbereich stattfinden, aber auch im Einzelhandel, wenn asiatische Firmen in entwickelten Märkten Vertriebsnetze aufbauen wollen.

Da es im Westen mehr Anbieter als Käufer geben wird und die Realeinkommen stagnieren oder sinken werden, dürften sich fast alle anderen traditionellen Wirtschaftsgüter, vom Haus über die Jacht bis zum Gebrauchtwagen, verbilligen. Dagegen werden Dinge wie gebrauchte Kleidung, Computer und andere Waren, die gebraucht verkauft und weiterbenutzt werden können, im kommenden »Zeitalter der Austerität«, der strengen Sparpolitik des Staates, wahrscheinlich teurer werden.

In einigen Teilen Europas werden die Preise für Häuser auf jeden Fall preisbereinigt und manchmal sogar nominell auf das Niveau der frühen 1990er-Jahre sinken. In vielen Ländern waren sie nämlich Anfang 2011 im Verhältnis zum Durchschnittseinkommen immer noch sehr stark überhöht.

Selbst danach werden die Preise in Abwesenheit irgendeines wirtschaftlichen Aufschwungs eher weiter sinken als wieder steigen. Wer ein großes Haus auf dem Land besitzt, für das er ein Auto braucht, und das am besten für eine große Familie geeignet ist, hat besonders schlechte Aussichten. In fast allen entwickelten Ländern wird es aufgrund des demografischen Wandels in den kommenden 20 Jahren weniger Käufer für diese Art von Häusern geben. Wenn außerdem noch die Ölpreise steigen, werden sich immer weniger Leute ein Haus leisten können, das hohe Heizkosten hat und nur mit teuren Fahrtkosten zu erreichen ist. Das wird sich in seinem Preis niederschlagen.

Angesichts stagnierender Realeinkommen, sinkender Ausgaben und verfallender Vermögenswerte werden die Bilanzen bei vielen westlichen Banken immer schlechter werden. Der Wert der meisten Vermögenswerte, die sie als Sicherheiten für Kredite akzeptiert haben, wird immer weiter verfallen. Für einige Banken wird das eine Katastrophe. Einige werden bankrottgehen. Doch die meisten werden vermutlich dieselbe Strategie verfolgen wie die japanischen Banken nach 1989. Sie werden für die Kredite in ihren Büchern einfach weiterhin überhöhte Werte ausweisen, weil jede realistische Bewertung sie in den Abgrund stürzen würde.

In der Folge wird es im Westen eine wachsende Zahl komatöser Banken geben – Banken, die weder tot noch lebendig sind. Sie werden zwar ihre Pforten nicht schließen, aber auch keine Kredite mehr vergeben. Dies wird die Chancen für eine nachhaltige Erholung beeinträchtigen. Wie die japanischen Banken in den 1990er-Jahren werden diese Banken des Westens jahrelang sehr vorsichtig geführt werden müssen in der Hoffnung, dass die Vermögenswerte letztlich wieder steigen und sie sich erholen können.

Radikale Sparmaßnahmen statt Konjunkturspritzen

Es ist eine verführerische Hoffnung, dass die Banken im Westen erneut vom Staat gerettet werden könnten, aber sie wird aller Wahrscheinlichkeit nach nicht in Erfüllung gehen. Weder in den USA noch in Europa kann der Staat weiterhin bankrotte Banken retten. Genau wie die japanische Regierung in den 1990er-Jahren wissen auch die Regierungen des Westens, dass ihre Staaten bankrottgehen würden, wenn sie es täten. Nur wenige können sich noch mehr Schulden leisten. Tun sie es trotzdem, müssen sie mit Herabstufung ihrer Bonität, Zahlungsverzug und Währungszusammenbruch rechnen. Doch sie können die notleidenden Banken auch nicht einfach schließen; zu viele Schicksale von Bürgern und Unternehmen hängen von ihnen ab. Millionen haben bei diesen Banken Hypotheken aufgenommen, die sie weder refinanzieren noch zurückzahlen können. Auch Tausende von Unternehmen haben Kredite aufgenommen, die sie nicht refinanzieren können. Bei einer Schließung der Banken würden diese bis dahin verdeckten Probleme offen zutage treten. Deshalb ist die japanische Strategie und die Schaffung untoter Banken in den kommenden Jahren für die meisten westlichen Länder wahrscheinlich der einzig gangbare Weg.

Dies sind natürlich düstere Voraussagen. Aber angesichts des Ausmaßes der Überschuldung sind sie wahrscheinlich noch die beste finanzwirtschaftliche Perspektive, die viele westliche Länder haben. Trotzdem werden einige Länder vermutlich nicht von Schlimmerem verschont bleiben.

Für die Vereinigten Staaten und viele Länder Europas, insbesondere jedoch für das Vereinigte Königreich, Griechenland, Portugal, Spanien, Island, Irland und möglicherweise auch in Italien besteht die Gefahr, trotz rigider Sparmaßnahmen in Zahlungsverzug zu geraten. Bis heute lässt sich nicht ausschließen, dass viele dieser Länder eine Umschuldung brauchen werden. Ihre Gläubiger werden sich mit einem in der Sprache der Banker sogenannten »Haircut« abfinden müssen, das heißt, sie werden sich mit dem Verlust von Investitionen einverstanden erklären müssen. Staatsfonds, Banken, Pensionskassen und andere Institutionen, die diesen Ländern Geld liehen, indem sie ihre Staatsanleihen kauften, weil sie diese für eine sichere Geldanlage hielten, werden einen Großteil der investierten Mittel verlieren. So schlimm das auch aussieht, es wäre nicht das erste Mal, dass so etwas passiert.

Eine solche Umschuldung, beziehungsweise ein Zahlungsverzug, wäre jedoch mit erheblichen Schwierigkeiten verbunden, auch wenn sie vielleicht mit der Zeit immer verführerischer erscheint. Staaten, die diesen Weg gingen, würden von einem rapiden Währungsverfall und stark steigenden Kreditkosten getroffen. Auch die Zinsen müssten steigen. Dies würde höhere Kosten für alle bedeuten, die ohnehin schon hohe Hypotheken und Kredite haben, die sie nicht bedienen können, und es würde den Preisverfall bei den Immobilien weiter verstärken. Außerdem würde unter anderem die Inflationsrate steigen, weil viele dieser Länder einen sehr großen Teil der von ihrer Bevölkerung verbrauchten Güter importieren.

Für die Länder innerhalb der Eurozone sind die Folgen besonders schwer abzuschätzen. Viele spekulieren, dass Spanien, Irland, Griechenland und andere die Eurozone vielleicht verlassen müssen. Dies ist jedoch sehr unwahrscheinlich, und es wäre sehr schwer durchzuführen, weil es für einen solchen Vorgang keinen Mechanismus gibt. Außerdem würden die betroffenen Länder den Bankrott riskieren, wenn sie ihre alte Währung wieder einführten, weil diese rasch an Wert verlöre, während sie ihre Staatsschulden immer noch in Euro hätten. Doch ihr Verbleib in der Eurozone wird ebenfalls immer schwieriger, nicht zuletzt, weil die Schwierigkeiten der schwachen europäischen Länder auch die stärkeren nördlichen Volkswirtschaften des Blocks, darunter insbesondere Deutschland und Frankreich, schwer belasten könnten. Wird mit solchen Spannungen nicht behutsam umgegangen, können sie unkalkulierbare Kräfte entfesseln, die den Einheitswillen der gesamten Europäischen Union auf eine harte Probe stellen. Als Lösung wäre irgendeine Art finanzpolitischer Integration der EU-Mitglieder erforderlich, damit die schwächeren Länder für ihre Verschwendung bezahlen müssen, denn sonst besteht das Risiko, dass die stärkeren Länder aus der Währungsunion ausscheiden und damit eine 60-jährige Integrationsgeschichte zunichtemachen.

In den kommenden Jahren ist außerdem eine große Verschiebung in der relativen Stärke der Währungen und damit auch der wirtschaftlichen Macht zu erwarten. Wenn sich die heutigen Trends fortsetzen, wird die ökonomische und politische Vorherrschaft, die die USA so lange genossen haben, allmählich zu Ende gehen. Der amerikanische Glaube an das marktliberale Modell und dessen technische und wissenschaftliche Überlegenheit wird heute von anderen Nationen insbesondere in Asien und einem Großteil Kontinentaleuropas nicht mehr geteilt. Die USA handelten wie eine monopolistische Macht und versuchten eine Philosophie durchzusetzen, die nicht funktionierte. Zusammen mit ihren Verbündeten sehen sie heute einer Zukunft entgegen, in der sie ihre Überlegenheit verloren haben. Vermutlich bleiben sie noch ein oder zwei Jahrzehnte die größte Militär- und Wirtschaftsmacht der Welt, aber sie verlieren an Einfluss. Diese Veränderung können sie entweder akzeptieren und sich mit ihren schwierigen Folgen auseinandersetzen, oder sie können sie zu verhindern versuchen, obwohl das womöglich der riskantere Weg wäre.

Die USA und ihre Verbündeten glauben trotz ihrer überwältigenden Schuldenlast und ihres nicht mehr funktionierenden Wirtschaftsmodells bis heute, dass sie die Geschehnisse in der Weltwirtschaft bestimmen würden. Doch die Finanzkrise von 2007 und die Überschuldung schaden dem Westen nicht nur finanziell, sondern schwächen auch seinen Einfluss. Den Entwicklungsländern war das imperialistische Verhalten der USA womöglich schon lange verhasst, aber sie wurden durch deren Macht und Reichtum eingeschüchtert. Diese Zeiten sind vorbei.

Sogar der mächtige US-Dollar ist in die Schusslinie geraten. Er ist immer noch die größte Reservewährung der Welt: etwa 70 Prozent der Weltwährungsreserven sind bis heute in Dollar angelegt. Doch der Wert des Dollar ist kein guter Indikator für die künftige Stärke der US-amerikanischen Volkswirtschaft. Er muss an Wert verlieren, damit er die schlechten Zukunftsaussichten der amerikanischen Wirtschaft und die Schuldenbelastung der USA korrekt widerspiegelt.

Diese Veränderung wird Zeit brauchen, insbesondere weil sie in den USA zu einem dramatischen Verlust an Finanz- und Wirtschaftskraft führen wird.

Sobald jedoch deutlich wird, wie gravierend die amerikanischen Probleme sind, wird der Druck immer stärker werden, eine alternative Reservewährung zu finden. Wenn der Dollar an Wert verliert, müssen die Länder, die den USA Güter liefern, und diejenigen, die über große Dollarreserven verfügen, eine verlässlichere Alternative finden. Das kann der Euro sein oder auch der chinesische Yuan, wenn dieser eines Tages frei konvertierbar wird.

Wahrscheinlicher ist vielleicht, dass sich ein Weltwährungskorb durchsetzen wird. Einige nahöstliche Länder haben bereits vorgeschlagen, den Ölpreis in einer solchen Korbwährung festzusetzen. Dies würde es sowohl freien Händlern als auch Käufern und Verkäufern ersparen, ihre Zukunft von einer verfallenden Währung abhängig zu machen. Die Schaffung einer internationalen Währung für Öl und andere Handelswaren hätte auch den Vorteil stabilerer Preise. Diese Pläne sind noch im Embryonalstadium, werden jedoch umso attraktiver, je mehr sich die wirtschaftliche Krise in Amerika verschärft und die Schulden wachsen.

Mehr Luft in der Blase ist keine Lösung

Einige Volkswirtschaftler vertreten die Ansicht, dass eine Dosis Inflation zur Bekämpfung der zahlreichen Finanzprobleme und zum Abbau der akkumulierten Schulden des Westens eine gute Sache wäre. Wenn die Preise stiegen, so die Überlegung, würden die Schulden kleiner. 10 000 Dollar Schulden bei einem Einkommen von 5000 Dollar sind eine geringere Belastung, wenn man dank der Inflation eine Gehaltserhöhung bekommt. Die Summe bleibt die gleiche, aber es wird leichter, sie zu zahlen.

In den kommenden Jahren wird die Inflation im Westen und in vielen anderen Ländern wegen viel höherer Lebensmittel- und Energiepreise auf jeden Fall steigen. In Ländern, die umschulden, wird sie sogar noch höher sein, da sie für neue Kredite höhere Zinsen zahlen müssen und ihre Währungen an Wert verlieren.

Trotzdem ist die Vorstellung, dass eine Inflation allmählich die Schulden beseitigen würde, laut dem Internationalen Währungsfonds (IWF) falsch. Durch eine Inflation würde die Währung eines Landes zusätzlich an Wert verlieren und importierte Güter dadurch teurer. Selbst wenn sich die Löhne verdoppeln, ist der Vorteil beschränkt, da auch viele Kosten steigen, die vom Lohn bezahlt werden müssen. Bei einer Inflation steigen die Zinsen und dadurch sind Schulden schwerer zu bedienen. Außerdem muss der Staat insbesondere im Bildungs- und Gesundheitswesen bei steigenden Löhnen mehr Geld für seine Bediensteten ausgeben. Wenn er dafür weitere Kredite aufnimmt, wird sein Schuldenberg sogar noch größer. Für die USA hätte es besonders wenig Sinn, absichtlich die Inflation zu schüren. Viele ihrer Staatsanleihen sind inflationsgeschützt, und mit der Inflation wächst auch ihr Schuldenberg.

Laut dem IWF würde sich das Wachstum der US-amerikanischen Schulden im Verhältnis zu ihrem BIP durch eine Inflation um weniger als ein Viertel verringern. Der weit überwiegende Teil der Schulden bliebe also bestehen. Der einzig gangbare Weg, um sich aus einer privaten Schuldenfalle zu befreien, besteht für einen normalen Menschen darin, dass er weniger ausgibt und mehr spart. Die Alternative ist der Bankrott. Bei einem Staat führt der Weg aus der Überschuldung über Steuererhöhungen und Ausgabenkürzungen. Die Alternative ist der Zahlungsverzug mit dem darauf folgenden Chaos. Das Ergebnis ist bei beiden Möglichkeiten das gleiche: jahrzehntelanges Niedrigwachstum und ökonomische Stagnation. Es gibt keinen einfachen Ausweg.

Den Gürtel noch enger schnallen

Die lange Periode der notwendigen Sparmaßnahmen wird dadurch noch viel härter, dass die Preise für Vermögenswerte immer weiter sinken, und das insbesondere in Europa, wo ein Haushaltsvorstand nicht einfach sein Haus aufgeben und die Zahlungen für die Hypothek einstellen kann, wie in den USA. Die Schulden werden effektiv steigen und die Realeinkommen sinken, was die Spirale des Niedergangs zusätzlich beschleunigen wird.

Wer sein Haus oder irgendwelche anderen Vermögenswerte wie Aktien und Wertpapiere, Autos oder Jachten verkaufen will, wird das Problem haben, dass es immer weniger potenzielle Käufer gibt. Wer keinen Käufer mit wachsendem Einkommen findet, wie zum Beispiel einen Chinesen, wird kaum noch den gewünschten Preis erzielen. Dies gilt nicht nur für private, sondern auch für staatliche Vermögenswerte. Pensionskassen und Investmentfonds werden besondere Probleme haben: Immer mehr Menschen werden ihre Ersparnisse abziehen wollen, aber immer weniger werden gewillt sein, die Kapitalanlagen der Fonds zu kaufen.

Ein weiteres Risiko der Austeritätspolitik sind ihre sozialen Auswirkungen. Im Jahr 2009, nach zwei Jahren staatlicher Konjunkturspritzen, lebte immer noch einer von sieben Amerikanern in Armut.[53] Dies war der höchste Anteil in den 51 Jahren, seit das US Census Bureau die Armutsrate misst. Es steht zu erwarten, dass der Anteil weiter wachsen wird.

Wenn der Staat und die Wirtschaft Ausgaben kürzen und der Verbrauch zurückgeht, weil statt frivoler Verschwendung nur noch das Nötige gekauft wird, ist ein kontinuierlicher Anstieg der Arbeitslosigkeit zu erwarten, und wer noch Arbeit hat, muss mit Lohnkürzungen rechnen. Diese Entwicklung wird nicht nur die finanzielle Lage von Millionen verschlechtern und viel Leid verursachen, sondern der Anstieg der Arbeitslosigkeit wird zumindest in den meisten Staaten Europas noch ein zusätzliches gesellschaftliches Problem. Sie müssen gleichzeitig Ausgaben kürzen und mehr Geld für die Bedürftigen auftreiben. Dies wird ihnen harte Entscheidungen abverlangen. Sollen sie die Sozialausgaben kürzen oder in anderen Bereichen wie Verteidigung, Bildung, Gesundheit oder Infrastruktur sparen?

Auch die Zunahme nationalistischer und protektionistischer Stimmungen, die in vielen Teilen der Welt seit 2007 deutlich spürbar und zum Teil dem wachsenden Einfluss rechtsgerichteter Gruppen zu verdanken ist, wird das Risiko sozialer Instabilität erhöhen. In harten Zeiten gibt es ein natürliches Bedürfnis zu schützen, was man als traditionell und einheimisch betrachtet. Ausländer, von denen die einheimische Bevölkerung glaubt, sie würden ihr Arbeitsplätze wegnehmen oder sich Sozialhilfe erschleichen, laufen Gefahr aus ihren Gastländern ausgewiesen zu werden, selbst wenn dies ökonomisch wenig sinnvoll ist und die nationalistische Stimmung nur noch weiter anheizt.

Auch die Macht der Gewerkschaften wird wachsen. Streiks, Betriebsschließungen, Sit-ins und Demonstrationen werden eine Renaissance erleben, obwohl durch sie vermutlich nicht viel erreicht werden kann. Eine Periode langwieriger Arbeitskämpfe trägt nichts zum Abbau von Staatsschulden bei. Sie können sich sogar noch erhöhen, weil Arbeitskämpfe das Vertrauen in den Standort und das Investitionsklima unterminieren. Solche Bedenken werden jedoch kaum jemand vom Arbeitskampf abhalten, insbesondere wenn große Empörung über vermeintliche oder reale Ungerechtigkeiten herrscht. An einigen Orten werden die Streiks bestimmt sehr hässlich werden. Es besteht sogar das Risiko, dass die Sozialordnung zusammenbricht, insbesondere in Ländern, wo Polizei und Militär durch die Sparmaßnahmen geschwächt sind.

Vermutlich werden extreme politische Parteien eine neue Blütezeit erleben und die ohnehin schon schlechte Suppe weiter versalzen. Wenn die wirtschaftliche Krise immer mehr Leid verursacht, werden Nationalisten und Kommunisten wie Unkraut aus dem schlecht genährten politischen Boden sprießen. Viele Bürger des Westens werden sich ungerecht behandelt fühlen und keineswegs zu Unrecht annehmen, dass sie ihre Not der Gier einiger weniger verdanken, und das wird sie für radikale politische Parolen sehr empfänglich machen. Die wachsende Verdummung der Gesellschaft hat zur Folge, dass man nicht viel Arbeit investieren muss, um solche Wutgefühle zu verstärken.

Angesichts der Krise des Westens wird sich der Fortschritt in Asien und anderen Entwicklungsregionen merklich verlangsamen. China, Indien und ein Großteil Südamerikas müssen unabhängiger werden, was steigende Inflation, geringere Wachstumsraten und schwelende Unzufriedenheit zur Folge haben dürfte. Ihre Bürger werden sich ungerecht behandelt und betrogen fühlen, weil der versprochene Weg zum Reichtum länger sein wird als erwartet. Und wenn sie erkennen, dass sie das ersehnte Ziel vielleicht sogar niemals erreichen werden, wird ihr Zorn noch größer werden. In Deutschland und anderen Teilen der Welt werden weitere Industriearbeitsplätze verloren gehen, weil China und andere Schwellenländer versuchen, Arbeitsplätze zu schaffen und ihr Entwicklungstempo zu halten – es sei denn, irgendeine Form von Protektionismus wird eingeführt. Aber auch dies würde wahrscheinlich die Gesamtsituation verschlimmern, weil es das internationale Handelsvolumen reduzieren und wachsende internationale Spannungen auslösen würde.

Japan, das bereits mehr als 20 Jahre Stagnation und Niedergang hinter sich hat, droht der wirtschaftliche Zusammenbruch. Keiner weiß, wann er kommt, aber durch die Wiederaufbaukosten nach dem Erdbeben und dem Tsunami im Jahr 2011 und die zusätzlichen Schulden, die für den Wiederaufbau aufgenommen wurden, ist er wahrscheinlich näher gerückt. Wie bei vielen europäischen Staaten sind auch die japanischen Schulden einfach zu groß, als dass das Land ohne irgendeine Art von Krise überleben könnte. Obwohl die japanischen Bürger immer noch vergleichsweise wohlhabend und viele japanische Konzerne sehr stark sind, hat der japanische Staat mehr Schulden gemacht, als er zurückzahlen kann. An irgendeinem Punkt kommt die Kreditklemme und der Gleichmut der Japaner wird auf eine noch härtete Probe gestellt. Der einzig gangbare Weg wird dann eine Abschreibung der Schulden und ein Neubeginn mit einer neuen Währung sein. Die hohen Ersparnisse der Japaner drohen dabei alle verloren zu gehen.

Im nächsten Kapitel wird ein Faktor untersucht, der der wachsenden Zahl von Arbeitsplatzverlusten im Westen vielleicht entgegenwirken könnte. Angesichts wachsender Energieknappheit und immer höherer Transportkosten wird es sich wahrscheinlich immer weniger lohnen, Güter in einem Teil der Welt zu produzieren und sie dann in einen anderen zu verschiffen. Eine Energiekrise könnte deshalb zu einer Wiederbelebung der lokalen Wirtschaftstätigkeit führen.

Diese Entwicklung könnte zwar für einige der globalen finanzwirtschaftlichen Probleme eine Teillösung sein, würde aber auch neue Probleme schaffen.

10 Wir werden anders leben

Es ist nicht notwendig, sich zu ändern. Überleben ist keine Pflicht.
William Edwards Deming, US-amerikanischer Statistiker

Die finanzwirtschaftlichen Probleme sind schwer, aber sie betreffen nicht jeden, und sie sind auf der Welt nicht gleich verteilt. Die am schlimmsten betroffenen Länder liegen im Westen, insbesondere die USA und ein Großteil Europas. Andere Staaten wie Australien, Südkorea und Japan sind ebenfalls überschuldet, aber auf andere Art. In Australien und Südkorea ist die Privatverschuldung das Problem, in Japan ist es die Verschuldung des Staates. Länder wie China und der Rest Asiens sind dagegen fast gar nicht betroffen. Auch sie werden unter den Folgen der Verschwendung des Westens zu leiden haben, aber sie verfügen über Ersparnisse, um die Auswirkungen zu lindern. Außerdem können die globalen finanzwirtschaftlichen Probleme gelöst werden. Es wird vielleicht Jahre dauern und für Millionen Armut und Not bedeuten, doch die Menschheit kann die Finanzkrise überleben.

Dies gilt nicht für die weltweite Ressourcenverknappung. Wir alle sind von den Ressourcenproblemen betroffen, und für einige der Schwierigkeiten, die uns erwarten, gibt es keine einfache Lösung. Wir haben nicht genug Wasser und können kein zusätzliches Wasser herstellen – wenigstens nicht in der Praxis. Auch für die weltweiten Vorräte an Erdöl, Kupfer, Uran und Kohle haben wir keinen Ersatz, wenn sie verbraucht sind. Wir können die Ozeane nicht wieder mit Fischen, Korallen und Säugetieren füllen, wenn diese ausgestorben sind. Und wir können die Regenwälder nicht regenerieren, wenn sie zu Wüsten geworden und all ihrer Nährstoffe beraubt sind.

Die Aussichten für viele unserer natürlichen und mineralischen Ressourcen einschließlich der Frischwasserreserven, der Wälder und vieler Tierarten sind düster. Es ist jedoch die Verknappung des Erdöls, die uns in der entwickelten Welt zuerst zwingen wird, unsere Lebensweise zu ändern.

Im Kampf um Energie gibt es kein Fairplay

Während von der Wasserknappheit »nur« einige Milliarden Menschen betroffen sind, werden die durch den Ölmangel verursachten Probleme fast die gesamte Menschheit treffen. Und im Gegensatz zu den Wasserverknappungen, unter denen vor allem die Armen und Machtlosen zu leiden haben, werden die Engpässe beim Öl wenigstens anfangs die reichsten Länder am härtesten treffen. Wenn wir nicht schon bald eine Alternative finden, haben wir eine Zukunft vor uns, in der der Preis für viele Gegenstände, die wir in der entwickelten Welt benutzen, stetig steigen wird. Flugzeuge, Dieselloks, Autos, Lastwagen, Containerschiffe, Antiseptika, Nagellack, Shampoos, Parfüm, Farben, künstliche Herzklappen, für all das wird Öl gebraucht; und es dürfte unmöglich sein, für die meisten dieser Dinge eine ähnlich preiswerte Alternative zu entwickeln.

Öl ist die beste bekannte Energiequelle der Menschheit, und es macht unseren modernen Lebensstil möglich. Doch wir sind süchtig nach dem Stoff geworden. Wenn er morgen ausginge, würden wir uns binnen einer Woche in einer Situation wiederfinden, die dem Mittelalter sehr ähnlich wäre. Fast alle unsere Transportsysteme zu Lande, zu Wasser und in der Luft würden zum Stillstand kommen. An vielen Orten gingen buchstäblich die Lichter aus. Den Krankenhäusern würde es an vielen lebenswichtigen Betriebsmitteln und auch an modernen Anästhetika fehlen. Öl ist ein entscheidender Stoff, es ist wesentlicher für unser Leben, als wir uns wahrscheinlich vorstellen können.

Natürlich wird das Öl nicht so plötzlich ausgehen. Wir werden nicht eines Tages aufwachen und feststellen, dass es kein Öl mehr gibt. Wir wissen, dass wir eines Tages keines mehr haben werden, aber wir nehmen an, dass dies erst in einem fernen Jahrzehnt der Fall ist, wenn die meisten von uns längst gestorben sind. Wir glauben, dass es eine Übergangsperiode geben wird, in der wir Alternativen entwickeln können. Wir können Biokraftstoffe anbauen, weitere Kernkraftwerke bauen und lernen, wie man die Energie von Sonne, Wind und Wellen effizient nutzt. Wir können Autos entwickeln, die mit Batterien oder Wasserstoff laufen. Wir haben die Antworten schon, wir müssen sie nur noch weiterentwickeln.

Nur das Timing und die Kosten sind ein Problem. Es gibt Hinweise darauf, dass wir viel früher eine Ölknappheit haben werden, als den meisten von uns klar ist. Experten des amerikanischen Militärs und der deutschen Bundeswehr sind der Ansicht, dass die ersten Anzeichen einer Ölverknappung schon in den nächsten paar Jahren und ganz gewiss im nächsten Jahrzehnt auftreten werden. Wenn sie recht haben, sind wir beängstigend schlecht vorbereitet. Der Bau von Kernkraftwerken dauert Jahrzehnte und kostet Milliarden. Außerdem haben sie ihre eigenen problematischen Aspekte. Wir haben keine unmittelbare Alternative zu Flugbenzin, Benzin oder Diesel für unsere Transportmittel, also den Bereich, in dem wir das meiste Öl verbrauchen. Bis wir in großen Mengen und zu vertretbaren Kosten Ersatzstoffe produzieren können, wird es noch mehr als ein Jahrzehnt dauern. Und selbst wenn wir die Alternativen perfektioniert haben, was tun wir dann mit den 900 Millionen Fahrzeugen, die heute auf unseren Straßen fahren? Oder mit dem größten Teil der globalen Handelsflotte und den Tausenden von Flugzeugen, die mit heutigen Erdölderivaten fahren?

Noch eine weitere, wichtigere Komponente beim Übergang von herkömmlichen zu alternativen Brennstoffen wird häufig vergessen: der Preis. Durch das chinesische und das indische Wirtschaftswachstum steigt die Nachfrage. China ist inzwischen der größte Energieverbraucher der Welt[54], und sein Bedarf wird in den kommenden Jahrzehnten weiter steigen. Selbst wenn er mit den bestehenden Vorräten gedeckt werden könnte, würden die Preise steigen.

Ein weiteres Problem ist die Art von Öl, die wir noch haben. Ein Großteil davon ist schwierig und teuer zu gewinnen, und das wird die Preise noch weiter hinauftreiben.

Öl ist nicht nur der Treibstoff für fast alles, was in unserer Welt auf Rädern fährt, sondern auch ein Fluch, der diese Welt bedroht. Der geopolitische Fluch besteht darin, dass es an nur wenigen Orten konzentriert ist. Wie eine Zutat, die nicht richtig im globalen Kuchen verteilt ist, verdirbt das den Geschmack. Es hat massive Geldtransfers der reichen Länder an ein paar größtenteils arme zur Folge, und das führt schon seit Jahren zu globalen Spannungen.

Eine Welt ohne Öl oder sogar eine Welt nur mit teurem Öl ist schwer vorstellbar. Billiges Öl gehört inzwischen zum politischen, sozialen und ökonomischen Herzblut der meisten Länder. Unsere Vorstädte sind von ihm abhängig, und dasselbe gilt auch für unsere Lebensmittelversorgung. Unsere Welt ist organisatorisch ganz auf Ölversorgung und -verbrauch abgestimmt.

Abgesehen von einem kleinen Einbruch in den späten Siebzigerjahren steigt die Nachfrage nach Öl seit Jahrzehnten ununterbrochen. Im Jahr 2010 betrug der weltweite Ölverbrauch 85 Millionen Barrel pro Tag. Ein Barrel sind etwa 160 Liter, das heißt, es werden täglich 13,6 Milliarden Liter Öl verbraucht – fast zwei Liter für jeden Mann, jede Frau und jedes Kind auf der Erde. Die USA sind mit 23 Prozent der Gesamtmenge der größte Verbraucher. China nutzte als zweitgrößter Verbraucher bis vor Kurzem zwei Drittel weniger. Während jedoch in den Vereinigten Staaten die Nachfrage sinkt, steigt sie in China und vielen anderen Entwicklungsländern rapide an.

Zum Glück ist immer noch eine Menge Öl da. Die Welt ist sehr reich an fossilen Brennstoffen. Bis jetzt haben wir erst knapp über die Hälfte der bekannten Ölreserven verbraucht. Trotzdem spricht einiges dafür, dass wir den Höhepunkt der globalen Ölproduktion bereits überschritten haben. Das bedeutet nicht, dass das Öl aus wäre. Es ist eher wie beim Bergsteigen.

Wir haben offenbar den Gipfel erreicht und steigen jetzt auf der anderen Seite wieder herunter (siehe Abb. 10.1).

Auf den ersten Blick scheint es gar nicht so wichtig zu sein, dass wir den Gipfelpunkt erreicht haben. Wenn wir mehr als ein Jahrhundert gebraucht haben, um die erste Hälfte des Öls zu verbrauchen, dann sollte es doch noch viele Jahre reichen. Das Problem wird erst deutlich, wenn wir uns anschauen, mit welcher Rate die Nachfrage wächst und mit welcher das Angebot sinkt. Der Output der wichtigsten Ölfelder nimmt um vier bis fünf Prozent pro Jahr ab. Die Rate, mit der wir neues Öl finden, reicht nicht einmal annähernd aus, um diesen Rückgang auszugleichen. Zugleich verbrauchen Länder wie China und Indien, aber auch viele Länder im Nahen Osten, jedes Jahr mehr Öl.

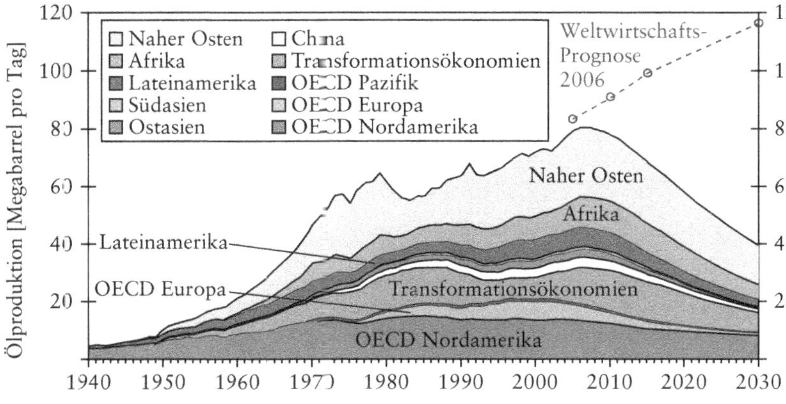

Quelle: *mit freundlicher Genehmigung der Energy Watch Group*

Abb. 10.1 Schaubild zum globalen Ölfördermaximum.

Im Jahr 2010 stammten zwei Drittel des weltweit verbrauchten Öls aus etwa 300 Feldern,[55] die fast alle ihr Fördermaximum überschritten hatten. Die meisten waren mehr als 50 Jahre alt. Die Ölproduktion in den Vereinigten Staaten, Mexiko, China, Norwegen, Nigeria, Indonesien, Oman und vielen anderen Ländern geht seit mehr als einem Jahrzehnt stark zurück. Die US-amerikanische Ölproduktion an Land erreichte in den 1970er-Jahren ihr Maximum und die in flachen Küstengewässern in den 1980er-Jahren.

Der Kern des Problems lässt sich mit ein paar einfachen Rechnungen erklären: Selbst wenn der Nettozuwachs der Ölnachfrage (Verringerung der Ölproduktion plus Zuwachs der Nachfrage) nur sieben Prozent pro Jahr beträgt, gibt es nur noch zehn Jahre lang genug Öl auf der Erde.[56] Bei einem jährlichen Wachstum von sieben Prozent würde sich die bisher weltweit verbrauchte Gesamtmenge binnen zehn Jahren verdoppeln, und die verbliebene Hälfte der globalen Erdölreserven wäre verbraucht. Wenn wir den Brennstoff sparsamer nutzen und den Zuwachs auf nur fünf Prozent jährlich beschränken, hätten wir noch genug Öl für 14 Jahre. Bei nur drei Prozent jährlichem Zuwachs wären sämtliche Erdölreserven im Jahr 2033 erschöpft. Die Ölvorräte werden also keinesfalls noch 100 Jahre reichen, wie wir vielleicht angenommen hatten.

Ein weiteres Problem besteht darin, dass der größte Teil des verbliebenen Öls schwieriger zu gewinnen ist als bisher. Zwar gibt es alle Arten von Schaubildern und Tabellen, die zeigen, dass wir noch sehr viel Öl haben, doch die meisten enthalten keinen Hinweis darauf, wie schwierig diese Restreserven zu gewinnen sind. Die Tiefseebohrinseln im Golf von Mexiko und an vielen anderen Orten, von denen einige riesige Umweltschäden angerichtet haben, gibt es deshalb, weil das Öl auf dem Land und in weniger tiefen Gewässern größtenteils erschöpft ist.

Außerdem bestehen die verbliebenen Vorräte zu einem Großteil aus schwerem Öl mit hohem Schwefelgehalt. Der Stoff, den wir eigentlich brauchen, das leichte, schwefelarme Rohöl, aus dem sich am leichtesten Kerosin für Flugzeuge und Treibstoff für andere Transportmittel gewinnen lässt, geht am schnellsten aus. Ein Großteil der verbliebenen Vorräte besteht aus nicht konventionellem Öl: Schweröl, Ölschiefer und Teersanden. Diese Öle werden vor allem für Asphalt oder als Bunkeröl für Schiffsmotoren benutzt.

Sie sind sehr viel schwerer zu raffinieren, und die meisten Raffinerien können sie nicht weiterverarbeiten. Dies bedeutet, dass sich die Produktion von Benzin, Dieselkraftstoff und Flugbenzin immer mehr verteuern wird.

Laut dem 2010 verstorbenen Matthew Simmons,[57] einem hoch angesehenen Energieexperten, wird die globale Ölförderungsrate in den nächsten zehn Jahren kontinuierlich bis auf etwa 50 Millionen Barrel pro Tag im Jahr 2020 fallen.[58] Wenn Simmons recht hat, werden wir (selbst ohne *irgendein* Wachstum der Nachfrage) einen Rückgang der Ölproduktion um 41 Prozent erleben. Weil wir außerdem Öl verwenden müssen, das schwerer zu gewinnen und für unsere Bedürfnisse weniger geeignet ist, rechnete Simmons damit, dass wir in den kommenden Jahren beträchtliche Preiserhöhungen und eine Serie kleiner Ölkrisen erleben würden. Seine Voraussagen werden von vielen anderen Fachleuten bestätigt. Laut der International Energy Agency (IEA) müssten wir das dreifache Äquivalent der saudi-arabischen Ölfelder entdecken, um die globale Nachfrage im Jahr 2030 zu decken.

Es gibt auch Probleme mit den Arbeitskräften und der Infrastruktur. Ein Großteil des bestehenden Leitungsnetzes ist alt und rostig, insbesondere in Russland. Viele Bohrinseln müssten ersetzt werden. Und die Branche leidet unter einer Überalterung des Personals, weil zu wenige Ingenieure und Geologen zur Ölindustrie gehen.

Es gibt auch ein gesellschaftliches Problem. Ein Großteil der erwarteten zusätzlichen Nachfrage entsteht im Nahen Osten, einer der wichtigsten Angebotsquellen. Um ihre eigenen Bedürfnisse zu decken, müssen die Länder dieser Region ihre Exporte bis 2020 um 25 Prozent kürzen – wenn man von der *heutigen* Produktionsrate ausgeht.

Außerdem leben von den 600 Millionen Menschen auf dem Gebiet der Organisation erdölexportierender Länder (OPEC), der viele Öl exportierende Staaten angehören, zwei Drittel unter der Armutsgrenze. Diese Staaten erhalten nicht nur zu wenig Geld für ihr Öl, sondern die Mittel, die sie erhalten, werden auch noch ungerecht verteilt. Dies birgt zwei weitere Risiken. Erstens wird die Unzufriedenheit über die Verschwendung der nationalen Ressourcen und die gerechte Verteilung der Gewinne zunehmen, wenn die Bevölkerung dieser Staaten wächst. Und zweitens werden sie wahrscheinlich immer größere Mengen des Rohstoffs selbst verwenden, nicht zuletzt *weil* er so unterbewertet ist.

Gibt es Alternativen?

Was können wir angesichts dieser Vielzahl von Problemen tun?

Eine Möglichkeit besteht darin, stärker auf nicht konventionelles Öl zurückzugreifen, auch wenn das nicht leicht sein wird. Nicht konventionelles Öl ist die Bezeichnung für nicht traditionelle fossile Energierohstoffe, mit denen man Flüssigkraftstoffe wie Benzin und Diesel herstellen kann. Sie umfassen Ölschiefer, Ölsande, sehr schweres Öl und Kohle sowie Erdgas, das zur Herstellung von Flüssigkeiten verwendet wird. Es gibt riesige Mengen dieser nicht konventionellen Brennstoffe in vielen Regionen der Welt.

Etwa 85 Prozent des besonders schweren Öls befindet sich in Venezuela. Seine Förderung verzögert sich jedoch, was vor allem an den schwer zugänglichen Lagerstätten liegt. Sie sind nur mit sehr teurer Technologie und sehr hohen und langfristigen Investitionen zu erschließen. Die staatlichen Ölgesellschaften in Venezuela haben nicht die notwendigen technischen Mittel, und die großen Ölkonzerne des Westens zögern, in einem Land zu investieren, dessen Regierung sie als unzuverlässig betrachten. Es gibt also noch viel zu tun, wenn wir diese Art von Öl gewinnen wollen.

Eine weitere potenzielle Quelle sind Teersande, die größtenteils in Kanada vorkommen. Teersande sind eigentlich Bitumen, eine feste Form von Erdöl. Auch ihr Abbau ist sehr schwierig und kostspielig, und die Umweltschäden sind extrem. Das Öl wird in riesigen Tagebauminen unter Einsatz gewaltiger

Wasser- und Energiemengen gewonnen. Wegen des Schlamms und des hohen Salzgehalts der Abfallströme ist die Rekultivierung der Landschaft nach dem Abbau sehr schwierig. Bei der Extraktion des Öls werden außerdem große Mengen von Kohlendioxid freigesetzt.

Eine weitere Alternative ist Ölschiefer, den es ebenfalls in gewaltigen Mengen gibt. Fast zwei Drittel der Reserven befinden sich in den USA, größtenteils in Utah, Wyoming und Colorado. Doch es gibt auch Lagerstätten in China, Brasilien, Estland, Marokko, Jordanien und einigen weiteren Ländern.

Ölschiefer ist ein Gestein mit eingebetteten Kohlenwasserstoffen. Doch ihre Extraktion ist noch schwieriger als bei Teersanden. Einige der großen Ölkonzerne betreiben an einer Handvoll Standorten experimentelle Anlagen; Massenproduktion findet in China und Estland und ein paar weiteren Ländern statt. In Estland ist Ölschiefer der Hauptbrennstoff für die Stromerzeugung. Das Öl aus dem Stein zu holen, ist jedoch sehr kostspielig und technisch komplex, und das Verfahren verschlingt große Energie- und Wassermengen. Außerdem hinterlässt der Abbau des Schiefers vernarbte Landschaften. Es besteht ein hohes Risiko der Grundwasservergiftung und bei der Extraktion gelangen große Mengen Schwefel und andere Schadstoffe in die Atmosphäre. Viele Ölschieferreserven sind außerdem stark arsenhaltig. In den USA ist Ölschiefer als Alternative zum konventionellen Öl noch unattraktiver als andernorts, weil die Vorkommen in einer trockenen und ökologisch empfindlichen Region liegen.

Eine ähnliche Alternative, die als günstiger gilt, weil es dafür noch große Rohstoffvorräte gibt, ist die Kohleverflüssigung: die Gewinnung von Öl und Rohbenzin aus Kohle. Kohle ist mit einigem Vorsprung die größte Kohlenwasserstoffquelle der Erde, und das Verfahren der Kohleverflüssigung ist relativ kostengünstig und gut erprobt. Dass die USA, China und Indien über große Kohlevorkommen verfügen, lässt die Idee noch attraktiver erscheinen. Außerdem ist es möglich, einige der Schadstoffe, die bei dem Verfahren entstehen, zurückzuhalten, insbesondere die großen Mengen an Kohlendioxid.

Nachteilig ist die Umweltzerstörung. Beim Abbau von Kohle entstehen gewaltige Abfallmengen, die oft schädliche Metalle wie Quecksilber, Uran und Arsen enthalten. Häufig wird das Grundwasser verschmutzt. Außerdem entstehen bei der Kohleverflüssigung mehr Treibhausgase als bei der Rohölproduktion.

Das wichtigste kurzfristige Problem ist jedoch die Produktionskapazität. Um das Öl zu ersetzen, das wir heute verbrauchen, würden wir Dutzende von Kohleverflüssigungswerken benötigen, mit deren Bau wir noch nicht einmal angefangen haben. Einige gibt es schon in Südafrika, China und mehreren anderen Ländern. Weitere werden gebaut, insbesondere in Indien. Doch der globale Bedarf übertrifft wenigstens kurzfristig bei Weitem das mögliche Angebot.

Auf längere Sicht haben wir mit der Kohle das gleiche Problem wie beim Öl. Zwar gibt es gewaltige Kohlereserven auf dem Planeten, aber auch sie sind endlich, und sie würden schneller verbraucht, wenn sie als Ölersatz verwendet würden.

Bei den *gegenwärtigen* Produktionsraten haben wir noch genug Kohle für mehr als ein Jahrhundert. Doch die Informationen über die Kohlereserven sind oft ziemlich ungenau. Im Lauf der letzten 20 Jahre sind die geschätzten Kohlereserven der Erde um 20 Prozent geschrumpft, weil bessere Verfahren zu ihrer Berechnung entwickelt wurden. Im Jahr 2004 reduzierten Deutschland, das Vereinigte Königreich und Botsuana ihre geschätzten Reserven um 99 Prozent. Polen verminderte seine um die Hälfte. China, das heute am meisten Kohle verbrennt, hat seit 1990 keine Daten mehr über seine Kohlereserven veröffentlicht. An anderen Orten wurden versehentlich die Minen geflutet, was eine künftige Ausbeutung so gut wie unmöglich macht. Es ist also nicht genau bekannt, wie viel Kohle tatsächlich noch vorhanden ist. Klar ist jedoch, dass sie schnell verbraucht wird. In Amerika, dem zweitgrößten Kohleproduzenten der Welt, erreichte der Output an Kohleenergie 1998 seinen Höhepunkt.[59] In Kanada war er schon 1997 erreicht. Das Maximum der chinesischen Kohleproduktion wird für 2015 erwartet, und die chinesischen Vorräte werden wahrscheinlich Mitte des Jahrhunderts restlos erschöpft sein.

Auch bei der Kohle beruht die Voraussage, dass die Vorräte noch 100 Jahre reichen, auf den *heutigen* Verbrauchsraten. Bei den heutigen *Wachstumsraten* des Verbrauchs – der chinesische Kohlebedarf ist zwischen 2000 und 2006 um 35 Prozent gestiegen[60] – wird die Kohle schon lange zuvor knapp werden. Laut der IEA wird die globale Kohleproduktion vor 2030 um mehr als 70 Prozent steigen müssen, um die wachsende Nachfrage zu decken. Schon ein Anstieg um 30 Prozent führt jedoch zur Kohleverknappung. Natürlich besteht angesichts dieser Voraussagen auch kein Spielraum für vermehrten Kohleabbau, um die Erschöpfung der Ölreserven auszugleichen.

Schon bevor wir überhaupt damit angefangen haben, große Mengen von Kohle in Öl umzuwandeln, sagen viele Wissenschaftler voraus, dass die Kohleproduktion schon vor 2025 ihr Maximum erreichen wird.[61] Laut der US Energy Information Administration (EIA) wird das Maximum erst 2030 erreicht sein.[62] Auch bis dahin ist nicht mehr viel Zeit. Wenn diese Voraussagen richtig sind, haben wir mit großen Problemen zu rechnen. Wahrscheinlich werden die Vorräte an konventionellem Öl bis 2025 restlos erschöpft sein und bis 2045 könnte das auch für sämtliche Kohlevorräte gelten.

Es dürfte also nicht möglich sein, genug Kohle zu finden, um den Verlust des Öls auszugleichen, das gegenwärtig unsere größte Energiequelle darstellt. Wie beim Öl haben wir auch bei der Kohle heute schon die am leichtesten zugänglichen Vorräte aufgebraucht – und auch die qualitativ beste Kohle, was den Energiegehalt betrifft.

All dies bedeutet, dass die Verwendung nicht konventioneller Ölquellen zwar eine reale, aber keine attraktive oder nachhaltige Möglichkeit ist. Diese Ressourcen sind nur eine Brücke, und das auch erst, wenn wir die Kapazitäten aufgebaut haben, um sie zu gewinnen. Gleichgültig, was wir tun, wir müssen auf jeden Fall mit sehr viel höheren Brennstoffpreisen und viel größeren Umweltschäden durch die Energiekonzerne rechnen.

Und was ist mit alternativen Antriebsenergien wie Ethanol (chemische Bezeichnung für Alkohol), Elektrizität oder Wasserstoff? Auch in diesem Bereich sind die Aussichten keineswegs gut. Die Geschichte der alternativen Kraftstoffe für Fahrzeuge ist vor allem eine Geschichte von Fehlschlägen, wenigstens bis jetzt.

Eine gangbare Alternative zu Benzin und Diesel ist verflüssigtes Erdgas. Es ist relativ einfach, die bestehenden Motoren dafür umzurüsten. Leider besteht auch die Gefahr, dass uns das Erdgas bald ausgeht, besonders, wenn wir es stark als Treibstoff für Fahrzeuge nutzen.

Genau wie beim Öl wurden auch beim Gas seit den 1960er-Jahren keine großen Lagerstätten mehr entdeckt. Unsere Verbrauchsrate überschreitet seit 1980 jedes Jahr die neu entdeckten Vorräte. In den USA ist der Höhepunkt der Gasproduktion bereits überschritten. Laut der EIA wird die globale Erdgasproduktion im Jahr 2030 ihr Maximum erreichen,[63,64]. Andere Voraussagen sind jedoch weniger optimistisch. Matthew Simmons und andere sind der Ansicht, dass die globale Gasproduktion ihren Höhepunkt heute schon überschritten hat.

Außerdem wäre es angesichts der bevorstehenden Ölverknappung sicher klug, unsere verbliebenen Gasvorräte nur für die Produktion von Strom und Wärme zu nutzen, damit sie länger halten. Und es wäre falsch, neue Wege für die Verwendung von Gas zu finden, damit wir auch diese Vorräte mit unnützen Autofahrten verschwenden können.

Erdgas ist keine gute langfristige Lösung für das Energieproblem im Transportbereich.

Aber Biokraftstoffe könnten doch ein vielversprechender Ausweg sein? Der erfolgreichste Biokraftstoff ist bis heute Ethanol. Es kann aus einer Vielfalt von stärke- oder zuckerhaltigen Quellen gewonnen werden, etwa aus Obstabfällen, Kartoffeln, Käsemolke, Mais oder Zuckerrohr. Die Franzosen stellen es sogar aus Billigwein her. Tatsächlich wird es heute schon zunehmend als Ersatz für Benzin benutzt und machte 2008 mehr als fünf Prozent des weltweit verkauften Kraftstoffs aus. Fast der gesamte Ethanolkraftstoff wird in den USA und Brasilien hergestellt. Die USA gewinnen den Alkohol aus Mais, und Brasilien hat seit den 1970er-Jahren ein Produktionsprogramm mit Zuckerrohr laufen.

Gegenwärtig besteht noch eine technische Grenze für die Verwendung von Bioethanol: Amerikanische Autos vertragen nur Benzin mit einem Anteil von maximal zehn Prozent, der allerdings gesteigert wird. In Brasilien werden Autos und Lastwagen so gebaut, dass sie mit 25 Prozent Ethanol fahren können, und das Land besitzt außerdem eine Flotte von Spezialfahrzeugen, die auch reines Ethanol vertragen.

Das Problem besteht darin, dass eine massive Verwendung von Ethanol als Treibstoff sich negativ auf die Lebensmittelpreise und auf den Anbau von Lebensmitteln auswirken würde. In einer Welt, in der die Lebensmittelversorgung ohnehin schon ein Problem ist und in der auch das Wasser knapp zu werden droht, ist eine solche Entwicklung durchaus besorgniserregend. Außerdem ist die Herstellung von Ethanol sehr energieaufwendig.

Viele betrachten Brasilien als ein Modell für das, was sich mit Bioethanol erreichen ließe, doch dieses Modell ist kaum nachzuahmen. Die brasilianischen Bedingungen sind einzigartig: Das Land verfügt schon seit Jahrzehnten über eine effiziente, kostengünstige Zuckerrohrindustrie und hat aus Erfahrung gelernt, was funktioniert. Es hat außerdem gewaltige Landflächen zur Verfügung, wobei freilich negative Folgen für den Regenwald und das Klima drohen. Trotzdem sind die Bedingungen in keinem anderen Land der Welt so günstig für die Produktion von Biokraftstoff.

Tatsächlich wäre es in keinem anderen Land sinnvoll, aus zucker- oder stärkehaltigen Feldfrüchten große Mengen Ethanol zu gewinnen – auch nicht in den USA.

Dort wäre eine Massenproduktion von Bioethanol weder kosteneffektiv noch materiell überhaupt realisierbar. Die amerikanische Ethanolproduktion wurde im Jahr 2009 mit 0,33 Dollar pro Liter subventioniert. Um den gesamten amerikanischen Benzinbedarf durch Ethanol zu ersetzen, würden 120 Prozent der US-amerikanischen Anbaufläche gebraucht. Das ist nicht möglich. Laut der EIA liegt die Grenze für die US-amerikanische Ethanolproduktion bei etwa 700 000 Barrel pro Tag. Dieses Niveau würde jedoch erst 2030 erreicht, und es würde die US-amerikanische Nachfrage nach Benzin lediglich um sechs Prozent dämpfen.[65]

Zum Glück könnten Produkte aus Bioabfall eine Teillösung sein. Aus unerwünschten Sträuchern, die auf Buschland wachsen, lässt sich zellulosisches Ethanol herstellen. Auch Rutenhirse und Abfälle von Feldfrüchten können dafür verwertet werden. Rutenhirse braucht viel weniger Dünger als essbare Feldfrüchte. Sie lässt sich billiger ernten und wächst auch auf kargem Boden, beansprucht also kein hochwertiges Ackerland. Es besteht die Hoffnung, dass sich Ethanol oder andere Kohlenwasserstoffe aus Zellulose gewinnen lassen, und zwar unter Verwendung von Mikroorganismen, die heute schon unter Laborbedingungen Bioabfälle oder Zucker verdauen. Dadurch wird es vielleicht sogar möglich, Treibstoffe zu produzieren, die Benzin, Diesel oder Flugbenzin direkt ersetzen. Allerdings ist die Methode heute noch nicht kommerziell erprobt.

Die Unsicherheit beim Ethanol aus Zellulose besteht in den Herstellungskosten (und bei den Ersatztreibstoffen in den Kosten für Zucker oder Enzyme). Da in diesen Bereichen noch relativ wenig geforscht wurde, werden die Prozesse noch unzureichend verstanden. Die EIA schätzt, dass die Produktion von Ethanol aus Zellulose fünf Mal so teuer sein könnte wie die von Ethanol aus Mais.[66] Eine Bestätigung dieser Schätzung ist jedoch schwierig, weil die Produktion noch gar nicht existiert. Allein diese Tatsache bedeutet, dass die prognostizierte Ölverknappung bestimmt nicht durch Ethanol aus Zellulose ausgeglichen kann. Ohnehin würde es niemals ausreichen, um das gesamte Öl zu ersetzen: Nach den ehrgeizigsten Plänen des US-amerikanischen Energieministeriums könnte zellulosisches Ethanol bis 2030 höchstens 30 Prozent des US-amerikanischen Erdölverbrauchs von 2004 decken. In Europa, das weniger Fläche für den Anbau von Energiepflanzen hat, sind die Möglichkeiten noch geringer.

Ein weiterer wichtiger Biokraftstoff ist Biodiesel. Etwa ein Viertel des global im Transportwesen verwendeten Treibstoffs ist Diesel, und Biodiesel ist die einzige nicht fossile Alternative. Es ist relativ leicht aus tierischen Fetten und Pflanzenöl herzustellen. Der größte Teil des heute verwendeten Biodiesels stammt aus dem Abfallöl von Fastfood-Restaurants. Weitere häufige Ausgangsstoffe sind Soja- und Fischöl. Wie Ethanol kann Biodiesel auch im Labor unter Verwendung von Algen und Pilzen hergestellt werden, aber wie beim Bioethanol ist auch von diesen Methoden noch keine kommerziell erprobt.

Biodiesel wird vor allem in Europa genutzt, wo es im Jahr 2010 einen Marktanteil von fünf Prozent am Dieselkraftstoff hatte. Wie Ethanol mit Benzin wird Biodiesel in der Regel vor der Verbrennung mit herkömmlichem Diesel gemischt. Der Anteil des Biodiesels kann höher sein, wenn er nicht als Kraftstoff für Motoren, sondern zum Beispiel als Heizöl verwendet wird.

Das Potenzial von Biodiesel ist jedoch auch recht begrenzt. Seine Abgase sind krebserregend, und seine Leistungsfähigkeit lässt bei niedrigen Temperaturen zu wünschen übrig. Außerdem ist die Menge des Abfallöls von Restaurants begrenzt, also kann daraus auch nur eine begrenzte Menge Biodiesel hergestellt werden. Werden dagegen für die Produktion Stoffe eingesetzt, die auch als Nahrungsmittel dienen können, entsteht das gleiche Dilemma wie beim Ethanol: Essen oder fahren? Auch ist das Verhältnis zwischen Aufwand und Ertrag genau wie beim Ethanol nicht besonders günstig: Es würden gewaltige Mengen Land und Frischwasser gebraucht, um genug Biodiesel zur vollständigen Ersetzung der konventionellen Dieselkraftstoffe zu erzeugen. Außerdem wäre eine Massenproduktion etwa auf Sojabasis relativ teuer.

Und was ist mit den anderen erneuerbaren Energieträgern wie Wind, Geothermie, Sonne und Wellen oder Gezeiten? Sie werden bestimmt von Nutzen sein. Sie können Privathaushalte, Fabriken und Städte mit Strom versorgen. Schwieriger wären sie als Treibstoff für Schiffe, Flugzeuge und Autos zu nutzen. Doch der Strom, der mit ihnen hergestellt wird, könnte für die Herstellung von Wasserstoff oder von Batterien verwendet werden. Auch hier liegt das Problem wieder in der Kapazität und der verfügbaren Zeit. Im Moment stammen etwa 85 Prozent der global verbrauchten Energie aus fossilen Brennstoffen. Zwar werden wir eines Tages vielleicht in der Lage sein, diese durch Windenergie oder andere erneuerbare Energien zu ersetzen, aber dieser Tag ist noch sehr weit. Im Jahr 2008 wurde nur 0,5 Prozent des Weltenergiebedarfs mit Sonnenenergie gedeckt. Bei der Windenergie war der Anteil sogar noch geringer. Wir können diese Energiequellen weiterentwickeln, aber sie können unseren Bedarf in den kommenden Jahrzehnten nicht einmal annähernd decken.

Auch der Bau riesiger Felder von Sonnenkollektoren in den Wüsten dieser Erde, von dem momentan so viel die Rede ist, wäre nur eine Teillösung und würde viele Probleme verursachen. Speicherung und Transport von Strom in den benötigten Mengen sind technische Hürden, die bis heute nicht überwunden sind. Außerdem gibt es auch politische Komplikationen. Europa zum Beispiel versucht, seine Abhängigkeit von Energieimporten insbesondere aus Russland und dem Nahen Osten zu vermindern. Wenn es stattdessen von dem politisch ebenfalls instabilen Nordafrika abhängig würde, tauschte es nur ein Problem gegen das andere. Außerdem ist Sonnenenergie nachts nicht verfügbar und von den Launen des Wetters abhängig. Schließlich dürften sowohl die Verhandlungen über die Errichtung großer Sonnenkraftwerke als auch ihr Bau beträchtliche Zeit in Anspruch nehmen.

Und wenn wir vermehrt Elektroautos benutzen, um unsere Abhängigkeit vom Öl zu vermindern? Ja, das ist möglich, und Elektroautos sind am Kommen. Das Problem ist nur, dass sie nicht schnell genug kommen, weil die Technik noch lange nicht ausgereift ist. Die heute verfügbaren Elektrofahrzeuge sind teuer, haben nur eine begrenzte Reichweite und eine lange Ladezeit. Wie es heißt, leiden ihre Besitzer unter der sogenannten »Langstreckenfurcht«: Sie haben Angst, auf längeren Fahrten liegen zu bleiben. Die heutigen Elektroautos sind noch weit davon entfernt, eine realistische Alternative zu ihren diesel- oder benzingetriebenen Vettern zu sein.

Außerdem stellt sich die Frage, wo der Strom herkommen soll, wenn wir die Zahl der Elektrofahrzeuge beträchtlich erhöhen. Wenn sich die Öl-, Erdgas- und Kohlevorräte erschöpfen, verlieren wir einen Großteil der globalen Stromerzeugungskapazität. Die Stromkosten werden stark steigen. Auch Kernkraft wird knapp sein, weil es nicht genug Kernkraftwerke geben wird, um den Verlust auszugleichen. Der Bau neuer AKWs dauert Jahrzehnte und lässt sich in vielen Ländern nur gegen starke soziale und politische Widerstände realisieren. Wasserkraft wird es nur an Orten geben, wo Staudämme gebaut werden können. Vor allem aber werden wir kaum mehr mit Strom in der Gegend herumfahren wollen, wenn er Mangelware ist. Strom wird kostbar sein.

Trotzdem werden wir Elektroautos nutzen. Aber wir können nicht 900 Millionen davon bauen – so viele Fahrzeuge rollen heute, angetrieben von Erdölderivaten, über die Straßen. Außerdem können wir unsere Flugzeuge und Schiffe nicht mit Strom antreiben.

Und was ist mit Wasserstoff, jener »Traumenergie«, die als Bestandteil in den Kohlenwasserstoffen steckt? Das Gas ist in fast unbegrenzten Mengen vorhanden. Wasserstoffgespeiste Brennstoffzellen seien stark und sauber und könnten unsere Transportprobleme lösen, sagen Optimisten. Bei der Stromherstellung könnten gewaltige Turbinen mit Wasserstoff angetrieben werden. Das Gas sei der Heilige Gral der Energie.

Nicht ganz.

Das wichtigste Problem beim Wasserstoff ist die Gewinnung. Wie jedes Schulkind weiß, ist ein möglicher Weg die Elektrolyse. Zwei Elektroden in einem Glas Wasser und ein bisschen Strom, und schon entstehen Wasserstoff und Sauerstoff. Doch das Verfahren hat einen Haken: Es verbraucht Energie. Wo soll sie herkommen?

Der Löwenanteil des Wasserstoffs wird heute mit Erdgas und Erdöl hergestellt. Er wird vor allem gebraucht, um Ammoniak für Kunstdünger zu produzieren. Theoretisch wurde 2010 genug Wasserstoff hergestellt, um etwa 40 Millionen Autos anzutreiben – vier Prozent der weltweiten Kraftfahrzeugflotte. Leider können wir nicht eine neue wasserstoffbasierte Welt schaffen, indem wir den Treibstoff genau aus den Ressourcen herstellen, die wir ersetzen wollen.

Es gibt noch andere Methoden für die Herstellung von Wasserstoff. Man könnte zum Beispiel aus Mais gewonnenes Ethanol, Kohle, Ölsand oder Holz oder Wind- und Sonnenenergie verwenden. All das sind freilich Ressourcen, die sich entweder erschöpfen oder mit dem Anbau von Lebensmitteln konkurrieren, oder deren Einsatz für die Wasserstoffproduktion noch nicht ausreichend erforscht ist.

Auch Lagerung und Vertrieb von Wasserstoff sind problematisch, weil er extrem flüchtig ist. Zudem ist seine Verwendung unter Einsatz der heute verfügbaren Technik extrem teuer. Brennstoffzellen kosten Zehntausende von Dollar und ein Großteil des Materials, das für ihre Produktion gebraucht wird, ist Mangelware, wie zum Beispiel Platin. Die Verwendung von Wasserstoff ist heute schlichtweg noch nicht wirtschaftlich. Es wird noch mindestens 30 Jahre dauern, bis wir irgendeine Art von entwickelter Wasserstoffgesellschaft haben.

Langfristig *ist* das Gas jedoch eine Antwort. Angenommen, wir könnten es effizient produzieren, vielleicht mit Kernenergie, solange noch genügend

Uran vorhanden ist, oder mit einer erneuerbaren Energiequelle wie Wind oder Sonne, dann könnte es tatsächlich ein Ausweg aus der kommenden Ölkrise sein. Keine andere Alternative hat ein so großes Potenzial wie Wasserstoff. Wenn wir nur das nötige Know-how und die nötige Produktionskapazität heute schon besäßen.

Die Folgen

Im Transportbereich, wo am meisten Öl verbraucht wird, gibt es keine einfache Alternative zu den heutigen Kraftstoffen, die schnell genug, in ausreichenden Mengen und auch nur zu annähernd vergleichbaren Kosten verfügbar wäre. Sämtliche Produzenten und Nutzer von Autos, Lastwagen, Containerschiffen und Flugzeugen, und das sind Milliarden, werden ein Problem haben.

Ohne eine klare Alternative zum Öl werden wir diverse Veränderungen an unserer Lebensweise vornehmen müssen, wenn die Ölvorräte schwinden und die Preise steigen. Mehr als die Hälfte des Öls wird als Kraftstoff von Flugzeugen, Autos, Bussen und Lastwagen verbrannt.[67] Auch der Nachfragezuwachs beim Öl wird zu mehr als 60 Prozent vom Transportbereich verursacht.[68] Weitere vier Prozent Öl – 3,2 Millionen Barrel – werden bei der Herstellung von Autos, Lastwagen und Flugzeugen verbraucht.

Wir werden lernen müssen, mit weniger Öl zu leben. Die Veränderungen brauchen anfangs nicht besonders hart zu sein, aber es wird schwer sein, sich an sie zu gewöhnen. Eine Veränderung, die schnell kommen wird, betrifft die Herstellung von Autos. Wir werden sparsamere Autos und Lastwagen produzieren. Außerdem sollten wir seltener fliegen. Der Staat wird Geschwindigkeitsbegrenzungen verschärfen und die KFZ-Steuern erhöhen. Militär- und Polizeikräfte, Rettungsdienst und Katastrophenschutz, die Landwirtschaft, Privathaushalte, die mit Öl heizen, und der für die Lieferung besonders wichtiger Güter benötigte Wagenpark werden im Vergleich zu normalen Privatfahrzeugen bevorzugt mit Kraftstoff versorgt werden. Einige Staaten werden den Treibstoff vielleicht sogar rationieren, indem sie die pro Person erhältlichen Mengen beschränken, damit die ärmeren Schichten nicht benachteiligt werden.

Den Unternehmen, die von der heutigen Niedrigpreisenergie am stärksten abhängig sind, steht eine harte Zeit bevor. Statt Hunderter Kurier- und Lieferservices wird es nur noch einige wenige geben. Lastwagen werden nicht mehr die meiste Zeit halbleer durch die Gegend fahren, sondern effizienter genutzt werden. Es wird mehr Schulbusse und mehr Lieferservices für Lebensmittel geben. Wir werden mit Elektrobussen und Elektrotaxis experimentieren. Diese Fahrzeuge können leichter mit Batterien betrieben werden, weil sie jeden Abend an ihren Standort zurückkehren, wo sie aufgeladen werden könnten. Die Mobilität in Stadtzentren wird langsam eingeschränkt werden, Park- und Mautgebühren werden steigen, und das alles, um den Verbrauch ölbasierter Kraftstoffe zu reduzieren. Die Motorisierung der Entwicklungsländer wird sich verlangsamen, wenn die Subventionierung von Treibstoffen abgeschafft wird.

Mit der Zeit jedoch werden größere Veränderungen notwendig sein. Die entwickelte Welt hat sich dank der Verfügbarkeit billigen Erdöls in den letzten 100 Jahren radikal verändert. Gebäude und ganze Städte wurden in Bezug auf das Auto geplant. Durch das Kraftfahrzeug ist es möglich geworden, in der Vorstadt zu leben. Einkaufszentren wurden an Orten errichtet, die ohne Auto gar nicht erreichbar sind. Lastwagen liefern Lebensmittel an Geschäfte, transportieren die Post und beliefern Fabriken mit Rohwaren. Schiffe transportieren Waren und Brennstoffe um den halben Erdball. Flugzeuge haben unsere Art zu reisen und sogar zu pendeln verändert, insbesondere in den letzten 20 Jahren, seit es Billigfluggesellschaften gibt.

All diese Trends werden wir allmählich umkehren müssen. Wer sein Haus mit Öl heizt und nicht auf ein anderes Heizsystem umstellt, wird entweder mehr für die Heizung ausgeben oder warme Wollsachen stricken oder frieren müssen. Wer in einem klimatisierten Büro arbeitet, das sich in einem Stahlbauwerk mit versiegelten Fenstern befindet, wird sich entweder ein neues Büro suchen oder Shorts tragen müssen. Wer ein benzinfressendes Auto besitzt, wird es verkaufen müssen, falls er einen Käufer findet. Langstreckenpendler werden neue Wege finden müssen, um in ihre Büros zu gelangen, oder sie werden den Job wechseln müssen. Besserverdienende, die es gewohnt sind, am Wochenende per Kurzstreckenflug in ihr Ferienhaus zu reisen, werden ganz in das Ferienhaus ziehen oder es aufgeben müssen. Billigfluggesellschafen werden nicht mehr billig sein. Reeder werden die Dauer der Schiffsreisen verlängern und viele ihrer Schiffe stilllegen. Staaten werden um die verbliebenen Ressourcen streiten. Immer mehr von uns werden lernen, mit Bus oder Bahn zu fahren. Der internationale Handel wird bei vielen Gütern zurückgehen. Flachbildschirme, Schuhe oder Jeans, die heute in China hergestellt werden, werden wieder in Wisconsin, Bayern oder Westaustralien produziert werden. Dies wird zwar heißersehnte Arbeitsplätze schaffen und viele Menschen in der entwickelten Welt finanziell entlasten, doch es wird sich auch auf die Preise auswirken. Angesichts geringerer Massenproduktionsvorteile, höherer Kosten und kleinerer Märkte werden die lokaler produzierten Waren ein Vielfaches teurer sein als heute.

Weil an vielen Orten mehrere ökonomische Probleme gleichzeitig auftreten, wird sich der Preisverfall bei Vermögenswerten beschleunigen, während die Preise bei fast allem anderen steigen werden. Durch hohe Transport- und Energiekosten verteuern sich zum Beispiel Güter des täglichen Bedarfs. Größere Vermögenswerte wie Häuser oder Gebrauchtwagen werden dagegen billiger, da ihre Besitzer sie oft verkaufen müssen, um ihre Lebenshaltungskosten aufzubringen.

In den Entwicklungsländern werden Regionalflughäfen noch nutzloser sein, als sie schon bei ihrem Bau waren. Viele Neureiche werden wieder auf die Motorräder und Rikschas zurückgreifen, die sie benutzten, bevor sie ein Auto kauften. Zugleich werden wir rund um den Erdball eine Blüte der Busunternehmen erleben, obwohl eine Fahrt viel mehr kosten wird als heute.

Viele Menschen werden lernen, zu Hause zu arbeiten und über das Internet mit ihrem Unternehmen zu kommunizieren

Auch beim Stromverbrauch wird es viele, zunächst fast unmerkliche, Veränderungen geben: In Einkaufszentren und Läden wird nachts das Licht abgeschaltet. Dasselbe gilt auch für die Straßenbeleuchtung in Dörfern und Städten, wo diese nicht wirklich gebraucht wird. Wir werden viel energiebewusster werden und darauf achten, die Energie, die wir noch haben, nicht zu verschwenden: Privathaushalte greifen auf Sonnen- und Windenergie zurück. Waren mit hohem Ölverbrauch werden stärker besteuert. Durch Gutscheine für Lebensmittel und andere wichtige Dinge wird der Übergang erleichtert und fairer gestaltet. Schwarzmärkte entstehen, deren Betreiber von den Verknappungen profitieren wollen.

Leider wird es nicht ausreichen, weniger Benzin und Strom zu verbrauchen. Viele andere Dinge, die wir brauchen, wie zum Beispiel Medikamente, Plastik oder Asphalt sind ebenfalls Ölderivate. Nur für wenige Produkte ist leicht und billig Ersatz zu beschaffen. Produkte, die wir heute kaum bewusst registrieren, werden plötzlich viel wichtiger werden – Dinge wie Spülmittel, CDs, Pestizide, Deodorants, Reifen oder Ammoniak. Viele Fabriken, die diese Güter (und viele andere) produzieren, arbeiten zudem mit Energie aus Ölderivaten.

Auch die Verschickung von Obst per Luftfracht wird immer unrentabler werden, besonders wenn es an Menschen verkauft werden soll, die unbedingt sparen müssen, weil sie Schulden haben und in vielen Bereichen unter Preissteigerungen leiden.

Bei vielen Menschen auf der ganzen Welt wird sich die Ernährung verschlechtern: Sie müssen billigere Lebensmittel mit weniger Nährwert essen. Früchte und Nüsse werden durch Brot und stärkehaltige Lebensmittel ersetzt. In vielen Ländern sieht der Speiseplan wieder wie in den 1940er-Jahren aus. Fettleibigkeit könnte allerdings seltener werden, weil die teuren Lebensmittel hoffentlich mit mehr Verstand konsumiert werden.

In Regionen, wo der Boden durch Umweltverschmutzung oder Überbeanspruchung schon weitgehend zerstört ist, wird die Fähigkeit, Nahrung zu produzieren, aufgrund der steigenden Kosten für Düngemittel, Brennstoffe und Transport zu einer Überlebensfrage werden. Ortsunabhängig werden die Preise für Desinfektionsmittel, für viele Anästhetika und für die meisten Arzneimittel steigen, die wir brauchen, wenn wir krank sind. Dies hat, wie wir im nächsten Kapitel sehen werden, besonders schlimme Folgen.

All diese Veränderungen werden dafür sorgen, dass unsere Energievorräte länger, und vielleicht sogar beträchtlich länger, halten. Doch sie werden auch unseren Lebensstandard und die Entwicklung unserer Gesellschaft stark beeinflussen. Der Verlust an Arbeitsplätzen, an Berufschancen und an Wohlstand, den das Ende der Ölvorräte mit sich bringt, wird die Welt nicht glücklich machen. Auch die Verteuerung und gelegentliche Verknappung von Lebensmitteln wird uns sicher keine Freude bereiten. In der entwickelten Welt werden sich die Mittelschichten fragen, wofür sie so hart gearbeitet haben.

Wir alle werden nur mühsam lernen, weniger Öl zu verbrauchen.

11 Weniger Gesundheit

Glück bedeutet vor allem Gesundheit.

George William Curtis

Die menschliche Lebenserwartung steigt seit Jahrzehnten kontinuierlich an. Wer heute auf die Welt kommt, wird im Durchschnitt etwa 67 Jahre alt, wobei die Zahlen in den verschiedenen Ländern sehr unterschiedlich sind. In einigen Teilen der entwickelten Welt ist die durchschnittliche Lebenszeit auf mehr als achtzig gestiegen, während sie in den ärmsten Regionen der Erde immer noch weniger als die Hälfte beträgt.

Heute nimmt die durchschnittliche Lebenserwartung in den meisten Ländern, wenn auch nicht in allen, immer noch zu. In den vergangenen 50 Jahren ist sie im globalen Durchschnitt um 29 Prozent gestiegen.[69] Obwohl sich der Anstieg inzwischen verlangsamt, schätzt die UNO, dass die Menschen, die 2050 geboren werden, neun Jahre länger leben werden als die 2000 geborenen und dass die Staatsbürger einiger entwickelter Länder dann im Durchschnitt fast neunzig werden.

Solche Voraussagen beruhen natürlich auf einer Extrapolierung der heutigen Daten. Sie schreiben einen schon seit Jahrzehnten gut etablierten Trend einfach in die Zukunft fort. Weil Gesundheitspflege und Ernährung besser geworden sind, weil sehr viel weniger Kinder sterben und weil wir viele Krankheiten ausgerottet haben, ist es plausibel, von einer Fortsetzung dieses Trends auszugehen.

Wir wissen jedoch, dass er nicht ewig Bestand haben wird und sich heute schon abschwächt. Wir leben zwar immer noch länger, aber es hat ganz den Anschein, als seien die großen Fortschritte schon gemacht.

Was aber, wenn sich der Trend nicht fortsetzt, sondern vielleicht sogar umkehrt?

Es spricht einiges dafür, dass dies geschehen könnte. Der Grund liegt in einem grundlegenden Mechanismus der Mikroökonomie: der Wechselwirkung zwischen Angebot und Nachfrage. Die Nachfrage nach Dingen, die uns gesund halten und ein längeres Leben ermöglichen, wie zum Beispiel anständiges Essen, Medikamente und Desinfektionsmittel, wird steigen. Das Angebot wird jedoch durch die Wasser- und Ressourcenverknappung zunehmend kleiner werden. In der Folge werden sich diese Dinge verteuern, und viele Menschen werden sie sich im Gegensatz zu heute nicht mehr leisten können. Sie werden dann weniger gesund leben und im Bedarfsfall weniger Zugang zu medizinischer Hilfe haben.

Auch durch das Bevölkerungswachstum wird die Nachfrage nach medizinischer Versorgung steigen. In China, Japan, Europa und Teilen der Vereinigten Staaten wird sich die Nachfrage nach traditionellen medizinischen Dienstleistungen – zumal wegen des zunehmenden Alters der Bevölkerung – verstärken. Klimawandel und wirtschaftliche Stagnation werden an vielen Orten zu einem vermehrten Auftreten vieler Krankheiten führen.

Aufgrund ihrer Sparmaßnahmen wegen übermäßiger Staatsverschuldung, die im Westen und auch bei einigen asiatischen Ländern notwendig sind, wird es vielen Gesellschaften schwerfallen, diese zusätzliche Nachfrage im Gesundheitswesen zu decken. Auch deshalb wird es teurer werden, gesund zu bleiben oder sich behandeln zu lassen. Auch Gesundheitsdienstleistungen und Medikamente dürften teurer werden, was die Reichen begünstigt. Wenn die Gesundheitsversorgung für einen größeren Teil der Bevölkerung schlechter wird, werden Krankheiten, die eigentlich behandelt werden könnten, bei vielen Menschen chronisch oder führen zum Tod. Bei vielen Millionen werden sich also Lebensstandard und Gesundheitszustand verschlechtern.

Schlimmer noch: Wenn wir keine Lösungen für diese Probleme finden, wird auch die Lebenserwartung schrumpfen, und zwar nicht nur bei der ärmsten Milliarde der Weltbevölkerung, sondern auch bei vielen Hundert Millionen Bürgern der entwickelten Länder.

Wirtschaftliche Probleme sind im Großen und Ganzen schlecht für die Gesundheit. In einer typischen Rezession steigt die Zahl der Selbstmorde und Depressionen. Paradoxerweise führt sie aber auch dazu, dass andere Krankheiten und Todesursachen seltener werden. So nimmt zum Beispiel in aller Regel die Zahl der Verkehrsunfälle ab – in den meisten entwickelten Ländern die häufigste Todesursache für junge Menschen. Auch die Zahl der Leber- und Atemwegserkrankungen geht meistens zurück. Aus diesem Grund ist die Sterblichkeitsrate in den OECD-Ländern in den letzten Jahrzehnten während wirtschaftlich schwieriger Zeiten tatsächlich gesunken.[70] Dies wird meistens damit erklärt, dass Sozialversicherungen und soziale Dienstleistungen in den reicheren OECD-Ländern besser sind.

Ernste und langwierige Wirtschaftsprobleme, die zu scharfen Kürzungen bei den Sozialausgaben führen oder sich langfristig negativ auf die Einkommensverteilung auswirken, sind jedoch sehr schlecht für die Gesundheit.

Die durchschnittliche Gesundheit eines Volkes ist nicht von seiner absoluten Wirtschaftskraft abhängig. Obwohl die Vereinigten Staaten die größte Volkswirtschaft der Welt sind, ist der Gesundheitszustand ihrer Bevölkerung relativ schlecht – nicht besser als in dem unter Wirtschaftssanktionen leidenden Kuba.[71] Dies liegt daran, dass ein großer Teil der US-amerikanischen Bevölkerung sehr arm ist und keinen Zugang zu medizinischer Versorgung hat.

Wichtig ist die Verteilung des Reichtums. Allgemein gilt: Je egalitärer ein Land, das heißt je geringer der Unterschied zwischen Arm und Reich ist, desto gesünder ist seine Bevölkerung. Deshalb ist die Volksgesundheit in Japan oder den nordischen Ländern relativ gut, und die Kanadier sind im Durchschnitt gesünder als die US-Amerikaner.

Längere Wirtschaftskrisen mit wachsender sozialer Ungleichheit sind besonders schädlich für den allgemeinen Gesundheitszustand. Nach dem großen Börsencrash gab es in den USA eine signifikante Verschlechterung der Volksgesundheit, und es dauerte lange, bis der Schaden wiedergutgemacht war. Die Kluft zwischen Gesunden und Kranken, die in den 1920er-Jahren zwischen armen und reichen Amerikanern aufbrach, war erst 40 Jahre später wieder geschlossen.

Ein Grund, sich über das künftige Gesundheitsniveau Sorgen zu machen, besteht darin, dass die Einkommensunterschiede in den letzten 30 Jahren gewachsen sind. Seit den 1970er-Jahren hat sich die Kluft zwischen Arm und Reich in vielen Ländern vergrößert. Eine radikal marktliberale Politik vor allem in den USA und Teilen Europas hat zu größeren Einkommensunterschieden geführt als in den 1920er-Jahren. Schon vor der Bankenkrise von 2007 schlug sich diese Entwicklung in einer Verschlechterung des allgemeinen Gesundheitszustands nieder. Die Armen in den Vereinigten Staaten essen schlechter, haben schlechteren Zugang zu medizinischer Versorgung und leben deshalb kürzer.

Angesichts der gravierenden finanzwirtschaftlichen Probleme in weiten Teilen der Welt wird sich dieser Trend wahrscheinlich beschleunigen und ausbreiten. Der schlechte Gesundheitszustand der ärmsten US-Amerikaner sowie wachsende Fettleibigkeit und staatliche Sparmaßnahmen in vielen anderen westlichen Ländern werden dazu führen, dass viele Menschen weniger gesund sind als heute. Selbst Länder, die wie die nordeuropäischen ein ausgeprägtes soziales Gewissen haben, werden vermutlich Mühe haben, ihre Sozial- und Gesundheitssysteme weiterhin so großzügig zu finanzieren wie heute.

Und welche Rolle spielt das Öl dabei?

Haushaltskürzungen und der sich stetig verbreiternde Graben zwischen Arm und Reich sind jedoch nur ein kleiner Teil des Problems. Ein weitaus größeres Problem ist die Ernährung. Der bessere Gesundheitszustand und die längere Lebenserwartung der Weltbevölkerung sind vor allem auf die Verfügbarkeit großer Energiemengen zurückzuführen. Wir verdanken es dem Erdöl, dass wir im Durchschnitt länger leben und seltener krank werden. Oder wie Al Bartlett, Professor an der University of Colorado in Boulder, es formuliert: »Moderne Landwirtschaft ist der Gebrauch von Land, um Erdöl in Essen zu verwandeln.«[72]

Ein Großteil der Düngemittel, die wir beim Anbau von Lebensmitteln verwenden, wird aus Erdöl oder Erdgas hergestellt. Aus Erdöl gewonnene Kraftstoffe treiben die Maschinen an, mit denen wir weitere Düngemittel um den halben Erdball verschiffen, damit wir noch mehr Feldfrüchte herstellen und diese wiederum über große Entfernungen in die Läden liefern können. Auch viele unserer Kühlsysteme werden mit Ölderivaten betrieben. Erdöl ist zudem ein wichtiger Bestandteil der Medikamente, die wir für die Bekämpfung von Krankheiten brauchen, und den Desinfektionsmitteln, mit denen wir unsere Häuser und Kliniken keimfreier machen.

Öl und Gas haben das Wachstum der Weltbevölkerung ermöglicht, und ihnen verdankt sie ihr gegenwärtiges Überleben. Dass wir die Fähigkeit erworben haben, diese beiden Stoffe zu fördern, hat in den letzten 100 Jahren wesentlich zur Tragfähigkeit der Erde beigetragen. Tatsächlich können wir nur dank der Kohlenwasserstoffe ein Bevölkerungswachstum von täglich 270 000 Menschen verkraften. Ohne Öl und Gas würde unser gesamtes Lebensmittelversorgungssystem zusammenbrechen, oder sich wenigstens nicht mehr im gegenwärtigen Umfang aufrechterhalten lassen. Wenn das Öl knapp wird und die Ölpreise steigen, wird das unserer Gesundheit gar nicht guttun.

Für jede Kalorie, die wir in der entwickelten Welt zu uns nehmen, werden im Durchschnitt zehn Kalorien an Kohlenwasserstoffen verbraucht. Bei manchen Nahrungsmitteln ist die Menge noch viel größer. Bei industriell hergestelltem Rindfleisch werden 35 Kalorien Energie verbraucht, damit wir eine einzige Kalorie auf der Gabel haben. Das Äquivalent von zwei Litern Erdöl wird verbraucht, damit wir ein Kilogramm Müsli fürs Frühstück haben, aus dem wir dann ein Fünftel dieser Energie beziehen. Manche Feldfrüchte sind besonders energiehungrig, vor allem die, die in den größten Mengen hergestellt werden: Weizen, Reis und Mais. Bei der Tierhaltung sind die direkten Energiekosten in der Regel geringer, doch die Tiere brauchen natürlich Futtermittel, die sich nur unter hohem Wasser- und Energieverbrauch anbauen lassen.

Die Lebensmittel, die wir heutzutage essen, brauchen also viel Energie. Wir glauben, dass sie ihre Energie von der Sonne und aus dem Boden beziehen. Aber in der modernen Landwirtschaft verbraucht eine Feldfrucht sehr viel mehr Energie. Diese wird eingesetzt, damit die Pflanzen schneller wachsen und damit sie auch an Orten gedeihen, wo dies von Natur aus nicht der Fall wäre. Auch die riesigen Maschinen, mit denen viel weniger Arbeitskräfte als früher ganze Landstriche bewirtschaften können, sind Energiefresser.

Die Energie, die in der heutigen Hightech-Landwirtschaft eingesetzt wird, kommt größtenteils aus uralten Energievorräten: den Kohlenwasserstoffen. Etwa 90 Prozent der Energie, die im Westen bei der Getreideproduktion verbraucht wird, beruht auf Öl und Erdgas. Etwa ein Drittel wird dafür genutzt, durch Verwendung von Maschinen Arbeitskräfte zu sparen. Ein weiteres Drittel wird für Dünger gebraucht, und der Rest entfällt auf die Herstellung von Pestiziden, auf die Bewässerung, auf das Trocknen von Feldfrüchten und andere Prozesse.

Natürlich ist nicht der gesamte verwendete Dünger aus Erdöl gemacht. Zusätzlich kommen Düngemittel aus Erdgas sowie Phosphate aus Lagerstätten in den USA, Marokko, China und Russland zum Einsatz, und es wird Pottasche verwendet, die hauptsächlich in Kanada, China und Russland abgebaut wird. Auch diese Düngemittel werden freilich mittels Öl aus ihren Ursprungsländern in die Länder transportiert, wo sie verbraucht werden.

Der Energieverbrauch bei Weiterverarbeitung und Transport von Lebensmitteln ist besonders intensiv. Allein in den Vereinigten Staaten wurde im Jahr 2004 im Agrarsektor ein Energieäquivalent von 1,75 Milliarden Barrel Öl verbraucht (siehe Tabelle 11.1). Ein Fünftel dieser Energiemenge wurde gebraucht, um die Lebensmittel anzubauen und der Rest um sie zu transportieren, weiterzuverarbeiten, zu verpacken, zu verkaufen und zu lagern.

Genau wie im Transportsektor waren auch die Preise für die in der Landwirtschaft verbrauchte Energie jahrzehntelang viel zu niedrig. Nur weil wir einen großen Teil der Kosten unseres Energieverbrauchs auf die Umwelt und auf künftige Generationen abgewälzt haben, waren wir in der Lage, die

	in Billiarden Btu	Gesamtenergieverbrauch
Landwirtschaftliche Produktion	2.20	21 %
Transport	1.39	14 %
Weiterverarbeitung	1.68	16 %
Verpackung	0.68	7 %
Lebensmitteleinzelhandel	0.38	4 %
Restaurants und Speiselieferanten	0.68	7 %
Kühlung und Zubereitung im Haushalt	3.25	32 %
Insgesamt	**10.25**	**100 %**

Quelle: Earth Policy Institute[73]

Tabelle 11.1 Energieverbrauch im Lebensmittelversorgungssystem der Vereinigten Staaten.

Lebensmittelproduktion auf das heutige Niveau zu steigern. Weil in unserem heutigen Wirtschaftssystem viele externe Effekte bei der Produktion unserer Nahrungsmittel nicht berücksichtigt werden, sind diese viel billiger, als sie sein sollten.

Anmerkung: *10 Billiarden British Thermal Unit (Btu) Energie entsprechen 250 Millionen Tonnen oder 1,75 Milliarden Barrel Erdöl. Das entspricht fast dem gesamten jährlichen Energieverbrauch Frankreichs.*

Dank billiger Lebensmittel haben wir mehr Kinder in die Welt gesetzt, als der Planet tragen kann. Nahrungsmittel, die durch künftige Generationen subventioniert werden, sind dafür verantwortlich, dass wir uns zu schnell vermehren. Wenn unser Wirtschaftssystem richtig funktionieren würde, lägen die Öl- und Gaspreise viel höher, damit wären auch die Lebensmittelpreise viel teurer und die Gesamtbevölkerungszahl wäre geringer. Es ist schon bizarr, doch die Fehler unseres Wirtschaftssystems sind tatsächlich verantwortlich für die Überbevölkerung.

Besorgniserregend ist auch, dass der gewaltige Zuwachs im Einsatz von Kunstdünger in den letzten 50 Jahren mit einem Rückgang der Erträge einhergeht, die durch diesen Einsatz erzielt werden, auch wenn sich diese in jüngster Zeit anscheinend wieder stabilisiert haben.

Wenn sich die Energieverknappungen verschärfen, werden die Lebensmittel auf der ganzen Welt viel teurer werden. Die fortgesetzte Nutzung von Erdgas bei der Herstellung von Kunstdünger ist mittelfristig wahrscheinlich kein Problem. Wir verwenden heute nur 5 Prozent des Erdgases für die Herstellung von Düngemitteln. Doch die Kosten für die Verwendung landwirtschaftlicher Maschinen werden steigen, und dasselbe gilt auch für die Weiterverarbeitung der Lebensmittel und den Transport der Düngemittel und der geernteten Lebensmittel. Wenn die Nachfrage nach Öl abnimmt und die nach Erdgas zunimmt, werden auch die Gaspreise steigen. Die Energiekosten, die in der US-amerikanischen Landwirtschaft heute noch

15 Prozent der Gesamtkosten betragen, werden bald einen viel größeren Anteil ausmachen.

All dies wird zur Folge haben, dass sich die Lebensmittel verteuern. Für die ärmsten Teile der Weltbevölkerung ist dieser Preisanstieg lebensbedrohlich. Viele andere Menschen müssen auf billigeres, weniger nahrhaftes Essen zurückgreifen, was sich negativ auf ihre Gesundheit auswirken wird. Natürlich wird es auch Vorteile geben. Übergewichtige werden es viel billiger und leichter finden, weniger zu essen. Lebensmittel werden weniger weit transportiert werden, und wir werden wieder mehr lokale Produkte essen und an saisonalem Obst und Gemüse unsere Freude haben.

Natürlich gibt es Dinge, die wir gegen die steigenden Energiekosten unternehmen können. Wir können wieder sehr viel mehr vom Fruchtwechsel Gebrauch machen, damit sich der Boden wieder mit natürlichen Nährstoffen anreichert; wir können mehr natürlichen Dünger und mehr natürliche Schädlingsbekämpfungsmittel einsetzen; wir können Verfahren entwickeln, um mit erneuerbarer Energie Wasserstoff für die Herstellung von Dünger zu produzieren; und wir können zu einem System mit größerer Vielfalt zurückkehren, statt unsere Lebensmittel in riesigen Monokulturen anzubauen, die den Boden in der Regel schneller auslaugen.

Angesichts der steigenden Energiekosten werden sich die Bauern allmählich auf Feldfrüchte konzentrieren, die weniger Energie brauchen. Wir werden dann dazu aufgefordert, mehr Soja und weniger Weizen zu essen. Die Bauern wenden bessere Methoden zur Erhaltung des Bodens an. Gentechniker entwickeln Saatgut, das mit weniger Wasser- und Energieaufwand angebaut werden kann. Vor allem in der entwickelten Welt kann in vielen Bereichen die Lagerung verbessert werden. Demgegenüber wird es vor allem in den Entwicklungsländern weniger Lebensmittelabfälle und effizientere Anbau-, Ernte- und Weiterverarbeitungsmethoden geben. In der Landwirtschaft werden wieder mehr Arbeitsplätze entstehen.

Auch der Fleischkonsum muss reduziert werden. Mehr als drei Viertel des in modernen Farmen angebauten Getreides werden heute für die Fütterung von Tieren verwendet. Wenn wir einen Apfel essen, verwertet unser Körper die darin enthaltene Energie, aber wenn wir den Apfel an ein Tier verfüttern und dann das Tier essen, nehmen wir nur noch ein Zehntel der Energie des Apfels auf, denn das Tier hat den größten Teil selbst verwertet. Diese Rechnung gilt für alle Ebenen der Nahrungskette. Landtiere oder Fische verbrauchen sehr viel Energie, bevor sie auf unserem Teller landen. Im Extremfall kann es mehrere Hundert Mal energieeffizienter sein, eine Pflanze zu essen als ein Tier. In einer Welt, in der sich die Ressourcen verknappen, werden solche Relationen immer wichtiger.

Zum Glück für die Fleischfresser unter uns ist die Energiebilanz von Fleisch nicht immer zehn zu eins. Ein Lamm oder eine Kuh, die mit Gras oder einem anderen Futter ernährt wurden, das nicht gedüngt wurde und das wir nicht essen können, nehmen uns keine Energie weg. Ja, sie wandeln Energie so um, dass wir sie verwerten können. Der Verzehr lokal gefütterter Tiere ist deshalb, wenigstens in Bezug auf die Energieeffizienz, sehr viel weniger problematisch.

Die hier beschriebenen Veränderungen vollziehen sich schrittweise und sind vielleicht viele Jahre lang kaum zu spüren: Die Lebensmittelpreise steigen, die Geschäfte bieten zunehmend einheimische Produkte und immer weniger Waren an, die um den halben Erdball verschickt werden. Wir geben wieder mehr von unserem Einkommen für Lebensmittel aus. Auch unser Speiseplan ändert sich langsam, zum Beispiel werden wir mehr stärkehaltige Lebensmittel und weniger Fleisch und Eier konsumieren. Bei manchen Menschen dürfte sich das positiv auf die Gesundheit auswirken.

Für die ärmsten 2,7 Milliarden Menschen der Weltbevölkerung, die von weniger als zwei Dollar pro Tag leben, kann jedoch schon die geringste Verteuerung der Lebensmittel eine Katastrophe bedeuten. Dutzenden Millionen droht der Hungertod. Viele sind mehrfach bedroht, weil sie in Weltregionen leben, wo die schlimmsten Wasserverknappungen und Dürren zu erwarten sind. Ein Anstieg des Meeresspiegels und der Temperaturen wird die Not dieser Menschen weiter verschlimmern, vermehrt Krankheiten auslösen und viele zur Emigration zwingen. In vielen der ärmsten Länder sind die Böden schon stark ausgelaugt, ein Problem, das in weiten Teilen Afrikas besonders gravierend ist. Erschwerend kommt hinzu, dass in vielen betroffenen Regionen die medizinische Versorgung heute schon immer schwieriger wird, weil ausgebildete Ärzte und Krankenschwestern in Länder auswandern, wo sie sich bessere Chancen versprechen.

Für alle, die zurückbleiben müssen, sind die gesundheitlichen und sozialen Aussichten schlecht. Viele werden hungern müssen.

Dann wisch' ich das Skalpell halt bloß noch ab

Die höheren Energiepreise werden sich sowohl auf die Qualität und die Kosten der Gesundheitspflege als auch auf die Sauberkeit unserer Wohnungen und Krankenhäuser auswirken. Öl wird verwendet, um Detergenzien, Kunstharze, Fasern sowie bestimmte Schmiermittel und Gele herzustellen. Petrochemikalien finden auch in radiologischen Farbstoffen und Röntgenfilmen und bei der Herstellung von Spritzen Verwendung. Zumindest in manchen Ländern ist Öl auch die Energiequelle für einen Großteil der Apparate in den Krankenhäusern, und Ölderivate sind der einzige Treibstoff für Rettungshubschrauber und Krankenwagen auf der ganzen Welt. Auch die Schiffe und Lastwagen, die Medikamente um den halben Erdball transportieren, fahren mit Öl.

Für die Herstellung von Analgetika, Antihistaminen, Antibiotika, Beruhigungsmitteln, Bakteriziden, Zäpfchen, Hustensirup, Cremes und Salben werden ebenfalls Petrochemikalien verwendet. Kunststoffe aus Öl werden für künstliche Herzklappen, Infusionsschläuche und Sauerstoffmasken gebraucht. Auch die Umhüllung von Pillen, die Bindemittel in Tabletten, alkoholische Lösungsmittel, Abdecktücher, medizinische Schienen, Blutbeutel, Wegwerfspritzen und Katheter könnten ohne Erdöl nicht hergestellt werden.

Das Leben ohne Öl wird also für fast alle von uns kürzer werden, falls keine Alternativen gefunden werden. In der Zwischenzeit wird der Preis all der genannten Dinge steigen. Dies birgt das Risiko, dass die medizinische Versorgung in Zukunft mehr und mehr auf Reiche und Krankenversicherte beschränkt bleibt und wir in einer Welt leben werden, in der die Krankenhäuser verschlossen und bewacht sind, um die Armen fernzuhalten.

Natürlich gibt es auch andere Möglichkeiten, und vielleicht hat die Entwicklung sogar einige Vorteile: Die Ärzte lernen, weniger unnötige Medikamente zu verschreiben. Eine Reduktion der Weltbevölkerung wirkt sich positiv auf den Ressourcenverbrauch aus. Wir könnten Naturheilmittel entwickeln und mehr biologische Öle verwenden; schließlich besteht ein Viertel unserer Medikamente ohnehin schon aus Pflanzen.[74] Mehrere neuentdeckte Medikamente – wie zum Beispiel Mittel zur Behandlung von Leukämie bei Kindern, von anderen Krebsarten, von Gewichtsverlust und von Aids, – stammen aus bisher unbekannten Pflanzenarten, die in Regenwäldern entdeckt wurden. Bestimmt werden noch weitere gefunden.

Das heißt, sie könnten entdeckt werden, wenn wir damit aufhörten, Regenwälder niederzubrennen und Ökosysteme zu zerstören. Wir haben jetzt schon 20 Prozent der Pflanzenarten an den Rand der Ausrottung gebracht. Wenn wir ganzheitlich dächten und uns bewusst machten, dass wir für die aus Öl hergestellten Medikamente, die wir heute verwenden, schon bald Ersatz brauchen, würden wir erkennen, dass diese Zerstörung aufhören muss.

Natürlich muss sie auch noch aus vielen anderen Gründen aufhören, nicht nur weil die Pflanzen bei vielen realen und metaphorischen Krankheiten dieser Welt Heilung bringen könnten.

Hast du etwa gehustet?

Ein weiterer Grund zur Beunruhigung besteht darin, dass die Häufigkeit von Krankheiten vermutlich steigen wird – zum Teil wegen der höheren Lebensmittelpreise, durch die sich mindestens für einige Milliarden Menschen die Ernährungsqualität verschlechtert. In einigen Ländern, wie zum Beispiel in China und vielen anderen Schwellenländern, wird auch die jahrelange gigantische Umweltverschmutzung gesundheitliche Folgen haben.

In China sind die Krebsraten in den letzten 30 Jahren um 80 Prozent gestiegen, was vor allem auf die Luft- und Wasserverschmutzung und auf verunreinigtes Essen zurückzuführen ist. Ein Großteil des auf dem Land konsumierten Gemüses wird auf Böden angebaut, die mit Schwermetallen und anderen Giftstoffen verseucht sind. Auch Pestizide kommen oft in gefährlichen Mengen zum Einsatz. Im Jahr 2007 atmete nur ein Prozent der 560 Millionen chinesischen Stadtbewohner Luft, die nach den Bestimmungen der Europäischen Union als unbedenklich gegolten hätte. Von den 20 meistverschmutzten Städten der Welt liegen 16 in China. Auch Flüsse und andere Gewässer sind in einem schlimmen Zustand, weil 90 Prozent der chinesischen Abwässer ungeklärt eingeleitet werden. Deshalb enthält das Trinkwasser dort häufig gefährliche Mengen von Arsen, Fluor und Sulfaten, und mehr als 600 Millionen Menschen müssen Wasser trinken, das mit menschlichen oder tierischen Abfällen verschmutzt ist. Außerdem nutzen schätzungsweise 20 Millionen Menschen radioaktiv verseuchtes Brunnenwasser.

Andere Schwellenländer leiden unter ähnlichen Problemen, aber in China sind sie am schlimmsten, weil seine Bevölkerung am größten ist und seine Industrialisierung am schnellsten verlief. Es steht zu befürchten, dass die Folgen dieser Entwicklung in den kommenden Jahren noch deutlicher zutage treten. Im Jahr 2009 war die Sterberate in China mit sieben von 1000 Personen etwas niedriger als die der USA mit acht von 1000. (Zum Vergleich: Im größten Teil Europas betrug sie zehn von 1000, während Länder mit einer jüngeren Bevölkerung, etwa im Nahen Osten, Sterberaten von fünf oder sechs pro 1000 aufweisen. In Russland wiederum beträgt sie beklagenswerte 16 von 1000.) Zwar verkleinerte sich die chinesische Sterberate in den 1990er-Jahren wegen des wachsenden Wohlstands, aber heute wird sie wieder größer. Dies ist auf zunehmende medizinische Probleme, eine im Weltvergleich sehr hohe Zahl von Verkehrstoten und eine alternde Bevölkerung zurückzuführen. Zwischen 2003 und 2009 *stieg* die chinesische Sterberate um fünf Prozent, während die globale Sterberate im Weltmaßstab um mehr als sieben Prozent *sank*.

Verkehrsunfälle sind in China ein besonders ernstes Problem: Mehr als 700 Menschen sterben dort jeden Tag auf den Straßen und Tausende werden verletzt. Da die Zahl der Autos auf Chinas Straßen weiter zunimmt, wird sich das Problem noch verschärfen – wenigstens so lange, bis wegen wachsender Kosten wieder weniger Motorfahrzeuge benutzt werden.[75]

Ein weiteres Gesundheitsproblem in vielen Entwicklungsländern ist die zunehmende Ausbreitung von Aids, eine Krankheit, die sich in einem großem Teil Asiens durch Mangel an Bildung und konservative Einstellungen zur Sexualität noch zusätzlich verschärft. Die Krankheit ist laut Weltgesundheitsorganisation heute schon eine der wichtigsten Todesursachen in Niedriglohnländern. Ein weiteres Problem ist die Zunahme der Fettleibigkeit, weil diese vermehrt zu Diabetes und Herzkrankheiten führt. Heute schon ist fast jeder zehnte Chinese zuckerkrank.

Auch aufgrund des Klimawandels wird die Zahl der Krankheiten bestimmt zunehmen, auch wenn sich nicht voraussagen lässt, wie stark. In allen Ländern ist die Bedrohung durch Pandemien wie die Vogelgrippe weiterhin Grund zur Besorgnis. In den Entwicklungsländern werden bei steigenden Temperaturen und wachsender Feuchtigkeit vermehrt Infektionskrankheiten wie Malaria, Denguefieber und Enzephalitis ausbrechen.[76] Krankheiten, die durch Viren, Bakterien und Parasiten verursacht werden, gehören immer noch zu den wichtigsten Todesursachen der Welt. Sie verursachen fast zehn Millionen der weltweit fast sechzig Millionen Todesfälle pro Jahr[77] und sind in Afrika jedes Jahr sogar für die Hälfte aller Toten verantwortlich.

Durch die Zunahme von Überschwemmungen und Dürren und die Desertifikation immer größerer Landstriche werden sich diese Probleme noch verschlimmern. Krankheiten wie Tuberkulose oder Cholera und andere tödliche Darmkrankheiten werden zu der ohnehin schon ungesunden Mischung von Infektionskrankheiten noch hinzukommen. Durchfallerkrankungen sind heute schon in den Entwicklungsländern eine der häufigsten Todesursachen bei Kindern. Die durch die Krankheiten verursachten höheren Sterberaten werden außerdem die Wirtschaftstätigkeit beeinträchtigen und den Druck auf die ohnehin schon überlasteten medizinischen Systeme verschärfen. Vermutlich werden sich durch diese Leiden auch die geopolitischen Spannungen verschärfen – ein Problem, das im nächsten Kapitel behandelt wird.

In den Industrieländern wird die zunehmende Luftverschmutzung Menschen, die an Asthma, Bronchitis und Herzkrankheiten leiden, das Leben schwer machen.[78] Auch Allergiker werden betroffen sein, weil durch den Klimawandel mehr Pollen in die Luft gelangen und die Zahl der Waldbrände wächst. Heute schon sterben in Europa und in Nord- und Südamerika jährlich etwa 1,5 Millionen Menschen an Atemwegserkrankungen. Auch Hitzewellen führen zu einer dramatischen Steigerung der Todesraten, wie sich in den letzten Jahren bei den ungewöhnlich heißen Sommern in Frankreich und Russland zeigte, als sich die tägliche Sterberate in diesen Ländern fast verdoppelte.

Die Zahl der mit Malaria, Gelbfieber und Denguefieber Infizierten wird wahrscheinlich in fast allen Weltregionen steigen. Höhere Temperaturen, mehr Regen und mehr Feuchtigkeit sind gute Bedingungen für die Vermehrung von Stechmücken.

Malaria ist ein großes Problem: Heute schon sind etwa 40 Prozent der Weltbevölkerung gefährdet, und es werden jedes Jahr fast 200 Millionen neue Fälle registriert. Der Anteil der Malariagefährdeten wird sich Schätzungen zufolge bis 2080 auf 80 Prozent der Weltbevölkerung erhöhen.[79] Im Jahr

2009 starben fast eine Million Menschen an Krankheiten, die von Stechmücken übertragen werden. Ihre Zahl wird wahrscheinlich stetig steigen.

Bei steigenden Temperaturen vermehren sich Stechmücken stärker, und ihre Speichelsekrete werden schneller mit Krankheitserregern infiziert. Dies bedeutet, dass die Malariamücke Anopheles aller Wahrscheinlichkeit nach wieder in Länder vordringen wird, wo sie mehrere Generationen lang kaum noch vorkam.

Obwohl die Malaria seit Mitte des 20. Jahrhunderts in den meisten europäischen Ländern nicht mehr häufig vorkommt, hat sie in Europa durchaus eine lange Geschichte, die den Menschen viel Leid brachte. Sie war eine der häufigsten Todesursachen zur Zeit des Römischen Reichs und im Mittelalter. Augustinus, der erste Erzbischof von Canterbury, starb nach einer Romreise an Malaria. Auch der berühmte englische Tagebuchautor Samuel Pepys, der 1703 starb, litt an Malaria. Er hatte sich wahrscheinlich in einer Serie ungewöhnlich warmer Sommer in England infiziert. Oliver Cromwell starb 1658 in England an Malaria, obwohl er in einer Zeit lebte, die als Kleine Eiszeit bezeichnet wird. Die Winter dieser Periode waren ungewöhnlich kalt, doch die Sommer waren oft außerordentlich warm.

Im 19. und 20. Jahrhundert war die Malaria in einem Großteil Nordeuropas ein ernstes Problem, und in Dänemark war sie sogar endemisch.[80] In der zweiten Hälfte des 19. Jahrhunderts wurden Malariainfektionen im größten Teil Nordeuropas seltener, obwohl Dänemark noch bis in die 1860er-Jahre unter verheerenden Epidemien litt. Danach wurde die Krankheit mit Ausnahme einer kurzen Periode nach dem Zweiten Weltkrieg relativ selten.

Der Rückgang der Malaria war der besseren Entwässerung und der Einführung moderner landwirtschaftlicher Methoden zu verdanken. Auch Veränderungen der Demografie und der Lebensbedingungen spielten eine wichtige Rolle, dasselbe galt für eine bessere medizinische Versorgung, nachdem die Ursache der Krankheit eindeutig identifiziert worden war. Die planvolle Bekämpfung der Anopheles spielte beim Rückgang der Malaria dagegen keine wirklich große Rolle, und in einem Großteil der Sowjetunion und einem fast ebenso großen Teil der Vereinigten Staaten blieb die Krankheit bis in die späten 1940er-Jahre ein Problem. Auch das Denguefieber war in den USA noch bis in die 1940er-Jahre virulent.

Auch die Zunahme infektiöser, parasitärer und respiratorischer Krankheiten durch den Klimawandel wird arme, alte, schwache und sehr junge Menschen zuerst treffen.

Das Summen hört auf

Anders als bei den Stechmücken wird sich der Klimawandel bei vielen anderen Insekten wahrscheinlich negativ auswirken. Dies gilt auch für zahlreiche Bestäuber. Mit einem ökonomischen Wert, der global nur auf ein paar Hundert Milliarden Dollar pro Jahr geschätzt wird, sind Tiere, die Pflanzen bestäuben, scheinbar ein relativ unwichtiger Wirtschaftsfaktor. Jedenfalls sind Bienen, Schmetterlinge und Fledermäuse bedroht, und wir stehen laut dem amerikanischen Landwirtschaftsministerium vor einer Bestäubungskrise.[81]

Laut einer Schätzung der Welternährungsorganisation werden von knapp über 100 Feldfruchtarten, die für 146 Länder 90 Prozent der Nahrungsmittel liefern, 71 Prozent von Bienen und ein weiterer Anteil von verschiedenen anderen Insekten oder anderen Tieren bestäubt.

In den letzten Jahren begannen die Populationen vieler Insekten, Fledermäuse und anderer Bestäuber, die schon seit einiger Zeit abnehmen, plötzlich viel schneller zu schrumpfen. Seit Ende 2006 werden die Bienen in vielen Teilen der Welt durch die Krankheit Colony Collapse Disorder (CCD) oder Völkerkollaps dezimiert. Einige Länder mussten schon Bienen importieren, um ihre Feldfrüchte zu bestäuben. In Teilen von China werden manche Feldfrüchte inzwischen sogar von Hand bestäubt. Im Jahr 2008 erklärte der britische Landwirtschaftsminister vor dem Parlament, dass die Bienenpopulation seines Landes »in zehn Jahren ausgelöscht sein«[82] könne, wenn nichts unternommen werde.

Etwas Ähnliches passiert auch mit den Fledermäusen, die ebenfalls wichtige Bestäuber sind und außerdem viele zahlreiche eher schädliche Insekten fressen, deren Bestände wir gern dezimiert sehen. Rund um den Erdball sind inzwischen ein Viertel aller Fledermausarten als bedroht registriert.[83] In den letzten fünf Jahren etwa wurden Fledermauskolonien im Norden und Osten der USA außerdem von einer bisher unbekannten Krankheit befallen. Dieses sogenannte White Nose Syndrom oder Weißnasensyndrom wurde interessanterweise genau wie der Völkerkollaps erstmals im Jahr 2006 festgestellt, was natürlich auch reiner Zufall sein kann. Laut dem US-amerikanischen Fish and Wildlife Service wurden Hunderttausende Fledermäuse ausgezehrt und dehydriert aufgefunden; die Todesraten bei befallenen Kolonien betragen mehr als 90 Prozent. Im Gegensatz zu Bienen haben Fledermäuse eine sehr niedrige Fortpflanzungsrate, deshalb wird es Jahrzehnte dauern, bis sich die Kolonien wieder erholt haben. Seit seiner Entdeckung hat sich das Weißnasensyndrom weiter nach Westen und nach Kanada ausgebreitet.

Über andere Bestäuber gibt es zwar viel weniger Informationen, aber die Hinweise mehren sich, dass auch sie gefährdet sind. Die Zahl der Schmetterlinge in Europa ist seit 1990 um 60 Prozent gesunken,[84] während in den USA 58 Schmetterlings- und Mottenarten, von denen man weiß, dass sie Pflanzen bestäuben, inzwischen als gefährdet registriert sind.[85] Von diesen gelten 25 als »vom Aussterben bedroht«. Auch bei vielen kleinen Vögeln sind die Zahlen stark rückläufig; mehr als zehn Prozent der Kolibris, die ebenfalls Blüten bestäuben, gelten inzwischen ebenfalls offiziell als bedroht.

Bestäuber gelten als »Schlüsselarten«. Sie sind Fundamente für ein Ökosystem, das zusammenbricht, wenn sie nicht mehr da sind. Mehr als 75 Prozent[86] der 250 000 Blütenpflanzenarten auf der Erde brauchen die mobilen Partner zum Überleben. Ohne Bestäuber würden Kaffee, Preiselbeeren, Blaubeeren, Baumwolle und Hunderte anderer Güter, die wir täglich konsumieren, aus unserer Welt verschwinden. Ein Drittel unseres Speiseplans stützt sich auf tierisch bestäubte Pflanzen, darunter der größte Teil seiner gesündesten Elemente. Bei anderen Produkten wie Kaugummi, Tequila und Sisal, der zur Herstellung von Seilen benutzt wird, werden die Pflanzen durch Fledermäuse entweder bestäubt, oder sie verbreiten ihre Samen. Ohne Klee, Luzerne oder Soja wäre die Aufzucht von Rindern und Schafen viel schwieriger und unsere Versorgung mit Rindfleisch, Milch und Leder gefährdet. Außerdem ist unsere Abhängigkeit von bestäubten Pflanzen in letzter Zeit stärker geworden.

Wir würden in einer Welt ohne Bestäuber nicht verhungern, weil andere Nahrungsmittel, und insbesondere Getreide, auch ohne Bestäubung durch Tiere gedeihen, vorausgesetzt, wir haben noch genug Treibstoff für Traktoren und Kunstdünger für den Boden, um genug davon zu produzieren. Dennoch würde sich unser Speiseplan ohne Bestäuber radikal verändern – und zwar keineswegs positiv. Außerdem würde ein Verschwinden der Bestäuber die Handelsbilanz der betroffenen Länder belasten, weil sie zu höheren Kosten mehr Nahrungsmittel importieren müssten.

Noch sind die Kosten durch den Verlust von Bestäubern anscheinend gering. Die landwirtschaftlichen Erträge sind offenbar nicht gesunken, obwohl es kürzlich in Indien besorgniserregende Warnzeichen gab. In dem Land, das weltweit 14 Prozent des Gemüses produziert,[87] müssen die Landwirte jedes Jahr mehr Geld für das Anmieten von Bienen ausgeben, denn die Bienen brauchen immer mehr Antibiotika und es müssen immer mehr verlorene Völker ersetzt werden, was die Kosten in die Höhe treibt. Der Verlust anderer Insekten und zahlreicher Fledermäuse hat außerdem dazu geführt, dass sich pflanzenfressende Schädlinge vermehren. Dies bedeutet, dass mehr Geld für Pestizide ausgegeben werden muss, obwohl diese eine der möglichen Ursachen des Bienensterbens sind. Auch werden immer mehr Bienen um die halbe Welt transportiert, wodurch sich das Risiko der

Verbreitung von Krankheitserregern noch weiter erhöht. Auch Bienendiebstahl wird immer häufiger.

Laut der Ernährungs- und Landwirtschaftsorganisation der Vereinten Nationen[88] wurde der Wert der Bestäubung durch Insekten, Vögel und andere Tiere auf 217 Milliarden Dollar geschätzt. Das sind nur 9,5 Prozent des Gesamtwerts der Weltagrarproduktion menschlicher Lebensmittel im Jahr 2005, und dies, obwohl Ölsaaten, Obst und Gemüse, die auf tierische Bestäubung angewiesen sind, einen viel höheren Wert pro Tonne haben als Pflanzen, die nicht von Tieren bestäubt werden.[89]

Bei der Schätzung der Welternährungsorganisation ist freilich der Einfluss der biotischen Bestäubung auf andere Tiere nicht berücksichtigt, das heißt, sie stellt nur einen kleinen Bruchteil der Kosten dar, die durch ein gänzliches Verschwinden der Bestäuber entstehen würden. Viele Pflanzen, die biotisch bestäubt werden, sind wichtig für die Produktion von Getränken, Farbstoffen, Treibstoffen, Fasern und Holz. Sie werden, insbesondere in den Entwicklungsländern, auch medizinisch genutzt. Fledermäuse sind in Bezug auf die Arten die zweitgrößte Säugetiergruppe der Welt. Sie fressen massenweise Stechmücken und schützen dadurch, wenigstens heute noch, sehr viele Menschen vor einer ganzen Menge übler Krankheiten, die von der Malaria bis zum West-Nil-Virus reichen. Auch bieten biotisch bestäubte Pflanzen vielen Tieren Schutz, während ihre Früchte und Samen für ein Viertel aller Vögel und Säugetiere ein wichtiger Nahrungsbestandteil sind.

Der Rückgang der Bestäuber ist ein schwieriges Problem, dessen Ursachen wissenschaftlich noch nicht wirklich geklärt sind. Die Zunahme intensiver Landwirtschaft, die Rodung von Wäldern und der Verlust an Lebensräumen sind sicher ein Teil des Problems. Einiges deutet darauf hin, dass außer Pestiziden auch bestimmte Milben und Krankheiten für die Verluste verantwortlich sind. Durch den Klimawandel ändern sich die Blütezeiten vieler Pflanzen, die Migrationsmuster von Vögeln und die Überwinterungsgewohnheiten anderer Tiere. Auch diese Faktoren könnten eine Rolle spielen. An manchen Orten wird die Luftverschmutzung für die Verluste verantwortlich gemacht, und angeblich soll die Mobilfunkstrahlung die Navigationsfähigkeit vieler Insekten und Vögel behindern. Windparks sind offenbar schädlich für Fledermäuse, insbesondere wenn diese sich auf Wanderschaft befinden.[90] Wie vielleicht zu erwarten, besteht auch der Verdacht, dass gentechnisch veränderte Feldfrüchte mit den Verlusten etwas zu tun haben könnten.

Das vielleicht größte Problem jedoch besteht darin, dass wir gar nicht genau wissen, was wirklich passiert. In einer Erklärung vor dem US-Kongress sagte die Professorin May Berenbaum in ihrer Eigenschaft als Leiterin eines Forschungsteams der US-amerikanischen National Academies, das die Bestäuberverluste untersuchen sollte: »[...] es fällt einem kaum eine andere multimilliardendollarschwere landwirtschaftliche Unternehmung ein, die so schlecht überwacht würde. Es ist erstaunlich, wie wenig wir über etwas wissen, das für unsere Existenz so wichtig ist.«[91]

Das muss sich unbedingt ändern.

Es ist vielleicht eine gewagte Prognose, dass die in diesem Kapitel behandelten Probleme auf der ganzen Welt zu einem Absinken der Lebenserwartung führen könnten. Doch die Vorzeichen sind nicht gut. Die Gesundheitspflege wird fast überall teurer werden; auch die Ernährungskosten werden steigen; Krankheiten werden häufiger auftreten; und gleichzeitig werden die Anforderungen an die Gesundheitssysteme in Europa, Japan und China steigen, weil ihre Bevölkerung im Durchschnitt immer älter wird.

Außerdem werden viele Länder in Zeiten finanzieller Knappheit und von Kürzungen bedrohter Gesundheitshaushalte von den Auswirkungen dieser Veränderungen getroffen werden. Viele Staaten werden eine schwere Entscheidung treffen müssen: Geben sie mehr für Krankenhäuser und medizinische Versorgung aus oder nehmen sie in Kauf, dass sich der Gesundheitszustand ihrer Bevölkerung verschlechtert und ihre Lebenserwartung sinkt.

Zudem werden die staatlichen Ausgaben im Gesundheitsbereich mit vielen anderen Forderungen konkurrieren müssen.

Wie wir im nächsten Kapitel sehen werden, wird eine davon der Ruf nach mehr Ausgaben für Sicherheit und Verteidigung sein.

12 Konfliktursachen entschärfen

Der Krieg entscheidet nicht darüber, wer recht hat – nur darüber, wer übrig bleibt.

Bertrand Russell

Es wäre schön, wenn Waffen nur zur Friedenssicherung da wären, aber sie werden leider auch gebraucht, um Schlachten zu schlagen, die Zornigen zu unterdrücken und die Verzweifelten einzuschüchtern.

Wir alle hoffen natürlich, dass es in den kommenden Jahren weniger Gründe für Konflikte geben wird aber leider spricht vieles dafür, dass es eher mehr als weniger Kämpfe zwischen den Völkern dieser Welt geben wird. Und während die Politiker im Westen die Notwendigkeit der jüngsten Kriege häufig übertrieben haben werden die Konflikte der Zukunft vermutlich mehr Berechtigung haben. Natürlich können die Probleme, mit denen die Menschheit konfrontiert ist, nicht durch militärisches Handeln, Aufstände oder Chaos gelöst werden. Doch das wird die Menschen wahrscheinlich nicht daran hindern, es trotzdem zu versuchen.

Es gibt viele mögliche Gründe, warum in den kommenden Jahren Kriege ausbrechen könnten, und sie sind fast alle historisch, weil sie schon einmal angeführt wurden, um frühere Konflikte zu rechtfertigen. Die Ausnahme ist der Klimawandel. Um den Zugang zu fruchtbarem Ackerland, Rohstoffen und Wasser wurden in der Vergangenheit schon viele Kriege geführt, aber keiner erreichte das Ausmaß, das uns jetzt droht. Wenn der Meeresspiegel steigt, werden Millionen Menschen ihre Heimat und ihre Lebensgrundlagen verlieren. Sie werden gezwungen sein, in Regionen abzuwandern, wo sie eigentlich gar nicht hinwollen und in denen sie vermutlich nicht willkommen sind.

Die Spannungen wegen der Rohstoffverknappung werden eine nie gekannte Intensität annehmen, weil die Zahl der Menschen, die um ihren Anteil kämpfen, noch nie so groß war. Wenn bei den Weltvorräten an Öl, Wasser, Kupfer und Dutzenden anderer Ressourcen die Nachfrage das Angebot übersteigt und die Preise steigen, wird es unvermeidlich Kämpfe um die noch verbliebenen Schätze geben. Länder werden den Export ihrer schwindenden Vorräte beschränken, was zu Handelskriegen führen wird. Außerdem werden Millionen um ihr Überleben kämpfen, wenn die Lebensmittelpreise steigen. In der entwickelten Welt werden weitere Millionen gegen den Verlust von Arbeitsplätzen, die Kürzung von Sozialleistungen, schlechtere medizinische Versorgung und den Verlust versprochener Renten demonstrieren.

Die Menschheit wird in den kommenden Jahrzehnten einige oder all diese Kämpfe ausfechten, wenn wir nicht etwas Kluges und Kreatives tun, um die Konflikte zu verhindern, wenn wir es nicht schaffen, die genannten Bedrohungen zu entschärfen, und wenn wir den verhängnisvollen Weg nicht verlassen, den wir eingeschlagen haben. Die Kämpfe werden zwischen Besitzenden und Habenichtsen stattfinden oder zwischen Besitzenden und Mehrbesitzenden wie George W. Bush vielleicht gesagt hätte. Auch zwischen dem öffentlichen und dem privaten Sektor wird es erhebliche Spannungen geben, die zu wachsender politischer Unsicherheit führen werden.

Wir haben es hier nicht mit leichten Problemen zu tun, sondern mit Veränderungen, die entscheidend für unser Überleben und das Wohl unserer Söhne und Töchter sind. Die Schwierigkeit dieses Kampfes kommt vielleicht an besten in den Worten von George Kennan zum Ausdruck. Er schrieb 1948 als Vorsitzender des Planungsausschusses im US-Außenministerium über die neue amerikanische Rolle als stärkste Macht auf der Erde:

»Wir besitzen etwa 50 Prozent des Reichtums der Welt, aber nur 6,3 Prozent ihrer Bevölkerung[...] In dieser Lage werden wir ganz bestimmt Neid und Groll auf uns ziehen. Unsere wirkliche Aufgabe besteht darin [...] diese Position der Ungleichheit ohne konkreten Schaden für unsere nationale Sicherheit aufrechtzuerhalten. Um dies zu erreichen, müssen wir auf sämtliche Tagträume und jede Art von Gefühlsduselei verzichten und unsere Aufmerksamkeit überall auf unsere unmittelbaren nationalen Ziele konzentrieren. Wir dürfen uns nicht einreden, dass wir uns heutzutage den Luxus des Altruismus leisten und den Wohltäter der Welt spielen könnten [...] Der Tag ist nicht mehr fern, an dem wir uns mit klaren Machtkonzepten werden auseinandersetzen müssen.« *George Kennan*

Wir machen es anders, seht ihr das nicht?

Eine der ersten Ursachen neuer internationaler Spannungen wird die Finanzkrise sein. Sie ist es heute schon. Wie ein Pendel, das zurückschwingt, wird der Welthandel in den kommenden Jahren weniger offen werden. Nachdem jahrzehntelang versucht wurde, eine globalisierte Welt aufzubauen, und internationale Verträge zum Abbau von Handelsschranken geschlossen wurden, wird sich der Trend nun wie schon so oft wieder umkehren. Kapitalverkehrskontrollen, die jetzt schon wieder in Mode kommen, werden sich noch viel stärker durchsetzen, und am Ende wird es auch wieder Handelssanktionen geben. Die Währungen werden ein bevorzugtes Schlachtfeld sein, und dasselbe gilt für die Seewege, auf denen die meisten Waren verschifft werden. Länder werden einander vorwerfen, dass sie ihren Handel subventionieren, ihre Währung manipulieren und unlauteren Wettbewerb treiben. Politiker werden um Wählerstimmen buhlen, indem sie versprechen, Arbeitsplätze und Investitionen zu schützen und den Feind zu besiegen.

All dies ist, wie schon Adam Smith erkannte, schlecht für die Welt. Es ist in der Regel besser für Länder und Regionen, wenn sie sich auf die Produkte spezialisieren, die sie am leichtesten herstellen können, und wenn sie miteinander Handel treiben. Auf diese Weise entstehen mehr Wohlstand und Lebensqualität für alle Beteiligten.

Leider ist es auch logisch und ganz natürlich, in schlechten Zeiten Barrieren gegen Handel und Investitionen aufzurichten. Sowohl der US-Präsident als auch alle anderen politischen Führer des Westens geraten unter großen Druck, Beschränkungen für Importe aus China und anderen Ländern einzuführen, wenn diese, und sei es nur kurzfristig, in ihren Ländern eine höhere Arbeitslosigkeit und höhere Sozialausgaben zur Folge haben. Es ist sehr schwer, sich als Politiker für den Freihandel einzusetzen, wenn man zum Beispiel mit populistischem Protektionismus viel leichter Stimmen gewinnen kann.

Wir haben also etwas Ähnliches zu erwarten wie nach dem Großen Crash in den 1930er-Jahren, als der Welthandel zumindest teilweise zum Erliegen kam. Parallel dazu werden Rassismus und Nationalismus stark an Macht gewinnen. Auch dieses Phänomen scheint irgendwie ganz natürlich zu sein.

Doch es wird auch einen neuen, ganz anderen Kampf um die Wirtschaftsphilosophie geben. Amerikanische und europäische Großunternehmen konkurrieren auf eine andere Art als chinesische Großunternehmen. Dies ist nicht nur eine Frage der Kosten, sondern auch der Geschäftsmodelle. Beide Seiten halten ihr eigenes Modell für fair. Und beide halten das Modell der anderen Seite für falsch.

Im Westen wird erwartet, dass ein Unternehmen selbstständig überlebt. Es wird erwartet, dass es sich selbst finanziert, um Ressourcen und Personal konkurriert, sich einen Kundenstamm aufbaut und dadurch einen Ertrag, einen Gewinn, erzielt, mit dem es seine Aktionäre zufriedenstellen und den es in künftige Geschäfte investieren kann. Unternehmen, die eine solche Bilanz nicht schaffen, gehen bankrott.

In China ist ein anderes Modell vorherrschend, was zum Teil auf die kommunistische Vergangenheit des Landes zurückzuführen ist. Große Unternehmen werden dort oft vom Staat kontrolliert oder unterliegen zumindest den Weisungen des Staates. Der Gewinn ist kein so starkes Motiv wie im Westen, oder wenigstens nicht der einzige Grund, warum ein Unternehmen arbeitet. Unternehmen werden zentral von der Partei geführt oder gesteuert; dabei tauschen diejenigen, die auf dem chinesischen Binnenmarkt konkurrieren, auf Befehl der Partei häufig ihre Spitzenmanager untereinander aus. Firmen können Aktionäre haben und an der Börse notiert sein, aber es wird erwartet, dass der Verdienst der Investoren hauptsächlich davon abhängig ist, wie geschickt sie am Markt spekulieren. Die Auftraggeber chinesischer Unternehmen stehen oft schon von vornherein fest: In der chinesischen Bahnbranche zum Beispiel werden neue Aufträge nur an einheimische Unternehmen vergeben, damit das Know-how, die Arbeitsplätze und das Geld im Land bleiben und nicht etwa von ausländischen Teufeln abgesaugt werden. Die notwendige Technologie für einen Staatsauftrag wird häufig zur Verfügung gestellt, um hohe Forschungs- und Entwicklungskosten zu vermeiden. Chinesische Unternehmen sind häufig von ausländischen Firmen »abgekupfert« und dann im Land angesiedelt, haben also ihr hochmodernes technisches Know-how oft erworben, ohne dafür zu bezahlen. Sind sie dagegen im Ausland aktiv, hält sie der Staat wie eine Marionette an der Strippe und hilft ihnen, Zugang zu den Ressourcen der Welt zu bekommen. Bewirbt sich ein chinesisches Unternehmen darum, in Kalifornien, Afrika oder Osteuropa neue Straßen, Schulen oder Bahnlinien zu bauen, wird es vom chinesischen Staat oder einer seiner Banken mit günstigen Finanzmitteln versorgt, während chinesische Firmen die billigen Arbeitskräfte stellen, ein System, mit dem europäische oder US-amerikanische Anbieter nicht konkurrieren können.

Für China handelt es sich dabei um strategische Investitionen, um seine wirtschaftliche Konkurrenz zu schlagen und zugleich geopolitischen Einfluss zu gewinnen. Westlichen Unternehmen gilt das Verhalten als unlauterer Wettbewerb.

Trotz der Klagen vieler amerikanischer und europäischer Politiker und Geschäftsleute ist das chinesische Geschäftsmodell nicht falsch. Es ist nur anders. Es ist nicht auf den freien Markt und Gewinne angewiesen, um zu überleben. Es beruht auf einem anderen Ansatz, der vielleicht sogar besser ist. In den letzten 30 Jahren war unbeschränkte Marktfreiheit das Mantra des Westens. Viele Unternehmer im Westen ließen sich sogar einreden, dies sei die einzige Art, im Wettbewerb zu stehen und die einzige Art, Wachstum und wirtschaftliche Überlegenheit zu generieren. Nun jedoch müssen die westlichen Unternehmer nicht nur entdecken, dass ihr Modell nicht so gut funktioniert, wie sie dachten, sondern auch noch feststellen, dass es eine andere Art des Wettbewerbs gibt, der ihr System noch zusätzlich unterminiert.

Dies wird in den kommenden Jahren zu allen Arten von Handelskonflikten und zu einer rapiden Verschärfung der Ost-West-Rivalität führen.

Solche Spannungen bergen die Gefahr in sich, dass auch andere Ursachen für internationale Konflikte wieder wirksam werden. Wie die deutsche Bundeskanzlerin Angela Merkel 2010 in einer Rede sagte, werde immer deutlicher, dass der Mulitikulturalismus nicht funktioniere und der Versuch einer Integration, bei der Rassen und Völker aus vielen Ländern harmonisch zusammenlebten, »absolut gescheitert« sei.[92]

Wenn dies das Ergebnis ist, nachdem in einem der eher offenen und liberalen Länder dieser Welt 50 Jahre lang hart an der Integration gearbeitet wurde, dann wird der Konflikt zwischen verschiedenen Völkern durch größere Rivalität in Handel und Geschäft noch weiter vertieft werden. Diese Rivalität wird noch zwei weitere Folgen haben, die wie ein Katalysator zusammenwirken und die Spannungen noch weiter verschärfen werden.

Erstens wird sich durch schärfere Handelsschranken, zunehmende Konflikte zwischen Rassen und Nationen, wachsendes Misstrauen und mehr Nationalismus vermutlich die Wirtschaftstätigkeit abschwächen. Dies führt wiederum zu höherer Arbeitslosigkeit und in allzu importabhängigen Ländern zu höheren Kosten. Diese Länder werden unter einer Geldentwertung leiden, wenn einheimische Unternehmen ohne Größen- und Kostenvorteile versuchen, Ersatz für zuvor importierte Güter zu produzieren. Durch die Inflation wird die soziale Unzufriedenheit weiter verstärkt werden, ein Teufelskreis des Rückschritts nach vielen Jahrzehnten positiver Entwicklung. Dies heizt in aller Regel den Nationalismus noch weiter an und verschärft isolationistische Tendenzen noch mehr.

Die zweite Folge ist politisch. Wenn sich das Wachstum verlangsamt und sich die Staaten bei wachsender Not und wachsender Wut immer mehr voneinander abschotten, werden Politiker mit einfachen Antworten und einer verführerischen, extrem rechten oder extrem linken Rhetorik aus dem Schatten treten. Sie werden wieder einmal einen Ausweg aus dem Elend anbieten, und dieser wird sich wieder einmal als falsch erweisen.

Die Welt bewegt sich – wirtschaftlich, sozial und politisch – in Zyklen. Und wenn wir nicht aufpassen, wird sich unsere heutige Welt in allen drei Bereichen rückwärts bewegen.

Der Vorratsschrank ist bald leer

Eine weitere Konfliktursache werden Wasser, Nahrungsmittel und andere lebenswichtige Ressourcen sein. Viele Jahre lang haben wir alle Ressourcen ausgebeutet, an die wir herankamen, und aufgrund einer schlechten Wirtschaftswissenschaft gedacht, wir könnten die externen Kosten größtenteils auf künftige Generationen abwälzen.

Jetzt wird die Rechnung fällig.

Laut dem World Wildlife Fund[93] (WWF) hat sich unsere Inanspruchnahme der natürlichen Ressourcen der Erde zwischen 1966 und 2007 verdoppelt. Schlimmer noch, angesichts des Bevölkerungswachstums beschleunigt sich die Nutzungsrate noch. Unser Verbrauch überschreitet die Kapazität der Erde heute schon um 50 Prozent und bis 2030 werden wir einen zweiten Planeten brauchen, wenn wir so weitermachen. Wenn die gesamte Weltbevölkerung pro Kopf so viele Ressourcen verbrauchen würde wie die USA, wären sogar viereinhalb Planeten nötig. Laut Jim Leape, dem Generaldirektor des WWF, »lebt die entwickelte Welt in einem falschen Paradies, das durch exzessiven Konsum aufrechterhalten wird«. Manche schätzen die Lage sogar noch negativer ein. David Pimentel, ein Experte für Ernährung und Energie an der Cornell University sagt, die Menschheit hätte ihre Vorräte an fossilen Brennstoffen in weniger als einem Jahrzehnt erschöpft, wenn sie so viel verbrauchen würde wie die US-Amerikaner.

Angesichts des voraussichtlichen Wachstums vieler Entwicklungsländer, insbesondere bevölkerungsreicher Länder wie China und Indien, kann das nicht gut gehen. Entweder muss der Westen seine Konsumgewohnheiten ändern, oder die Entwicklungsländer werden sich nicht mehr viel weiterentwickeln können. Es ist eine Krise im Anmarsch, die schon lange vor 2030 zum Ausbruch kommen wird. Etwas wird passieren.

Wie sich die Krise manifestieren wird, ist schwer vorauszusagen. Vermutlich wird es Konflikte um den Zugang zu Flüssen und Wasseradern geben, und dasselbe wird auch für landwirtschaftlich nutzbares Land gelten. Die Argumente für den Anbau biologischer Kraftstoffe werden immer schwächer werden. Viele Länder werden vermutlich Exportbeschränkungen für Nahrungsmittel verhängen und zur Sicherheit Vorräte anlegen. Staaten werden die Rohstoffvorkommen auf ihrem Territorium nutzen, um ihren geopolitischen Einfluss zu verstärken. Als Chinas Deng Xiaoping sagte, dass »der Nahe Osten Öl hat und China seltene Erden«, war das nicht bloß eine Tatsachenfeststellung. Nicht nur Wissen ist Macht, auch seltene Erden, Öl und viele andere Dinge, die für die Aufrechterhaltung unseres Lebensstandards oder unser Überleben unverzichtbar sind, können Macht sein.

Wir können außerdem ziemlich sicher sein, dass Millionen ihre Ernährungsweise ändern müssen. Dies wird zum Teil freiwillig geschehen. In der entwickelten Welt werden viele vermutlich freiwillig weniger Fleisch essen, vielleicht weil sie Bilder weniger begünstigter Menschen in der Dritten Welt gesehen haben. An vielen Orten jedoch wird sich der Speiseplan durch die Preisentwicklung verändern. Millionen werden auf billigere Nahrungsmittel umsteigen müssen.

Auch zu inneren Spannungen wird es in vielen Ländern kommen. Es könnten sogenannte Malthusische Krisen ausbrechen, wenn nämlich die Ressourcen nicht mehr ausreichen, um die Bevölkerung zu erhalten. In Mexiko kann es zu Verknappungen des Tortillamehls kommen, in Afrika drohen Reisaufstände und in Südkorea könnte es zu Gimchi-Unruhen kommen, wenn die Zutaten für das traditionelle Gericht knapp werden.

Die Verknappung von Essen und Wasser hat auch eine internationale geschäftliche Dimension. Laut der Weltbank haben Unternehmen entwickelter Länder im vergangenen Jahrzehnt in Entwicklungsländern zehnmal mehr Land zum Anbau von Lebensmitteln aufgekauft als in dem Jahrzehnt zuvor. Zwei Drittel dieser Käufe fanden in Afrika statt, wo die institutionelle Gegenwehr in der Regel schwach ist. Neben staatlich geförderten Käufen asiatischer und nahöstlicher Länder gab es auch Investitionen von Hedgefonds und anderen Finanzunternehmen, die gern von der zu erwartenden Verknappung von Land und Lebensmitteln profitieren wollen. Große globale Finanzunternehmen haben in den letzten paar Jahren in aller Stille Milliarden Dollar investiert, aber nicht etwa in den Anbau von Nahrungsmitteln, sondern in den Kauf von hochwertigem landwirtschaftlich nutzbarem Boden mit guter Wasserversorgung in der Dritten Welt.

All das wird in der Zukunft vermutlich Schwierigkeiten verursachen. Viele Entwicklungsländer in Afrika und anderen Weltregionen werden es vermutlich bald satt haben, dass ihr Ackerboden von ausländischen Unternehmen ausgebeutet wird und die Ernten in andere Länder verschifft werden.

Viele Bewohner dieser Länder werden vermutlich dagegen rebellieren, dass andere von dem profitieren sollen, was sie selbst zum Leben brauchen. Vermutlich werden dann Gesetze erlassen, die solchen Investitionen ein Ende machen.

Brasilien hat bereits eine Verordnung herausgebracht, nach der ausländische Unternehmen nur noch eine beschränkte Menge Land besitzen dürfen, und Argentinien, wo schon sieben Prozent des Bodens Ausländern gehören, hat ähnliche Pläne. Wenn die Preise steigen und Menschen verhungern, wird sich bei vielen Regierungen die Einsicht durchsetzen, dass Land keine Ware ist, die zum Nutzen von Ausländern verkauft werden kann, unter denen sich sogar eine Handvoll Bankiers befindet. Nicht im Land lebende Großgrundbesitzer, die ganze Landstriche kaufen und verkaufen und den Gewinn ins Ausland transferieren, könnten dann leicht ihre Geldanlage durch Enteignung verlieren.

Eine Teillösung der Probleme bestünde darin, die Nahrungsmittelproduktion in Ländern zu erhöhen, wo es viel Boden und Wasser gibt und die Produktivität heute noch relativ gering ist.

Dies ist an einer überraschend großen Zahl von Orten der Fall. In Teilen von Afrika wie dem Kongo und dem Sudan, in einem Großteil Südamerikas und auch in der Ukraine und in Russland gibt es weite Gebiete, die landwirtschaftlich genutzt werden könnten. Außerdem könnten Kapazität und Produktivität der Landwirtschaft in vielen nördlichen Ländern dank dem Klimawandel steigen, während sie in äquatornahen Gebieten vermutlich eher geringer werden.

In vielen Ländern, die ihre landwirtschaftlichen Erträge eigentlich steigern könnten, gibt es jedoch Hindernisse. In Teilen von Südamerika, Asien und Afrika würde die Erschließung neuen Ackerlands eine weitere Zerstörung der Regenwälder bedeuten. Außerdem müssten in vielen Ländern soziale Veränderungen stattfinden, damit ein produktiver Agrarsektor etabliert werden könnte, und das würde viel Zeit in Anspruch nehmen. Die Umstellung von einem System kleiner Höfe auf ein System mit großen, maschinell bearbeiteten Feldern und einer entwickelten Infrastruktur für den Transport lässt sich nicht von heute auf morgen bewerkstelligen. Außerdem gibt es an einigen Orten Bedenken wegen der künftigen Verfügbarkeit und der Kosten von Düngemitteln. Zudem bestehen große politische Hürden in einigen afrikanischen Ländern, wo noch immer Bürgerkrieg herrscht.

Dennoch werden Länder, die Nahrungsmittel exportieren, wahrscheinlich an geopolitischem Gewicht gewinnen. Dabei hat kaum ein anderes Land bessere Entwicklungschancen als Russland: Es besitzt nicht nur (wie auch viele andere Länder in seinem Einflussbereich) ein großes Potenzial zur Steigerung der Getreideproduktion, sondern auch riesige Öl- und Gasreserven. Russland und die meisten Länder der Gemeinschaft Unabhängiger Staaten (GUS) verfügen zudem über gewaltige Vorräte an Wasser und Düngemitteln. Tatsächlich hat Russland das Potenzial, eine der großen Mächte des 21. Jahrhunderts zu werden, wenn es ihm gelingt, seinen Agrarsektor zu reformieren und sein Energieversorgungsnetz instand zu halten. Auch der Klimawandel könnte sich für Russland positiv auswirken. Die landwirtschaftlich nutzbare Fläche würde sich vergrößern und Öl- und Gasfelder, die heute noch tief unter dem Permafrostboden liegen, würden leichter zugänglich werden.

Es liegt natürlich eine erheblich Ironie in dieser Entwicklung: Während China durch seine kommunistische Ideologie das Mittel des Wettbewerbs in der Wirtschaft infrage stellt, wird die geopolitische Macht des Westens durch den einst als geschlagen betrachteten russischen Feind infrage gestellt werden. In mancher Hinsicht wird das alles wirken, als hätte der Kalte Krieg nie geendet.

Die vielleicht wichtigste Ursache für eine Verschiebung der geopolitischen Macht wird im Zugriff auf Erdöl und andere Energieressourcen liegen. Viele afrikanische Staaten, die lange von Mächten des Westens manipuliert wurden, weil diese Zugang zu ihren Rohstoffen wollten oder auf ihrem Territorium Stellvertreterkriege führten, werden feststellen, dass ihre Position mit der Ankunft von Chinesen und vielleicht sogar Indern als neuen Investoren stärker geworden ist. Clevere afrikanische Politiker und Geschäftsleute werden vermutlich den Westen gegen die Neuankömmlinge ausspielen und dabei viel zu gewinnen haben. Nach der Vergangenheit zu urteilen, dürfte dies bei der Masse der afrikanischen Bevölkerung freilich kaum zu einer Verbesserung der sozialen Lage oder des allgemeinen Wohlergehens führen. Auch in den Bereichen Bildung, Gesundheit oder Menschenrechte dürfte sich kaum etwas ändern. Viel wahrscheinlicher ist leider, dass die Gewinne nur einer kleinen reichen Minderheit zugutekommen werden. Trotzdem könnte die Macht des Westens, die Preise für Erdöl, Uran und Dutzende anderer Ressourcen festzusetzen, beeinträchtigt werden. Und das würde zu Preissteigerungen führen.

Viele Institutionen haben Studien über Peak Oil und die Folgen der geopolitischen Machtverschiebungen durchgeführt, darunter auch das US-Militär und die Versicherungsbörse Lloyd's of London. Laut einer Studie der Deutschen Bundeswehr aus dem Jahr 2010[94] wird es im internationalen Bündnissystem erhebliche Verschiebungen geben. Westliche Werte und Menschenrechte werden an Beachtung verlieren, schlechte Regierungsführung wird eher toleriert werden und in der Diplomatie wird der Zugang zu Erdölreserven höchste Priorität bekommen. Das Risiko moralischen Fehlverhaltens und extremer politischer Spannungen wird unvermeidlich zunehmen, und die Welt wird unberechenbarer werden, wenn die Umstellung von der heutigen Ölabhängigkeit auf andere Energieträger nicht mit großer Vorsicht ins Werk gesetzt wird. Da Gas abgesehen vom Transportwesen eine klare Alternative zum Erdöl ist, wird auch die sichere Versorgung durch Pipelines ein wachsendes Problem. Gasförderländer haben zusätzliche Möglichkeiten, ihre Kunden zu erpressen, während Terroristen oder oppositionelle Gruppen durch die Sprengung von Pipelines große Zerstörung anrichten könnten.

Weitere Konflikte sind fast unvermeidlich, insbesondere was schon lange umstrittene Gebiete in Asien und in der Arktis betrifft. Meistens sind Inseln betroffen, auf denen Erdöl, Erdgas oder andere Ressourcen vermutet werden. In mehreren Fällen erheben zwei Länder Anspruch auf dasselbe Territorium, was zu diplomatischen Verwicklungen führen kann. Die Konfliktparteien werden die Grenzen sanfter Gewalt austesten und mindestens für eine Generation klären, welcher Staat zuständig ist. Wer wird sich durchsetzen? Das im Aufstieg begriffene China, das im Abstieg begriffene Japan oder die USA mit ihrer langen Geschichte der Machtkämpfe im Pazifik?

Nicht nur die Ölversorgung wird schwieriger werden, auch die durch Kerntechnik verursachten Risiken werden zunehmen. Obwohl es lange dauert, bis ein Land die notwendige Kapazität aufgebaut hat, wird Kernkraft als Energiequelle für viele Länder eine Notwendigkeit werden. Entscheidend für diese Entwicklung wird sein, wie die verschiedenen Staaten auf die Energielücke reagieren, die sich zwischen den ersten Auswirkungen der Ölverknappung und dem Zeitpunkt auftun wird, an dem langfristige Alternativen wie die Kernenergie in ausreichenden Mengen verfügbar sind. Diese Lücke könnte mehr als ein Jahrzehnt bestehen.

Der Bau zahlreicher Kernkraftwerke birgt natürlich zusätzliche innenpolitische, regionale und internationale Risiken. Statistisch wird die Gefahr von Unfällen zunehmen. Es wird entschiedene Befürworter und leidenschaftliche Gegner neuer Kernkraftwerke geben. Auch der Müll ist ein Problem. Außerdem lässt sich mit Kernenergie selbst bei großzügigem Ausbau eines der wichtigsten Probleme nicht lösen, die sich aus der Erschöpfung der Ölreserven ergeben: Flugzeuge und Frachtschiffe können nicht durch Batterien oder Reaktoren angetrieben werden – wenigstens heute noch nicht.

In dem kritischen Zeitraum zwischen der Erdölverknappung und der Etablierung stabiler Alternativen wird es in vielen Ländern lokale Konflikte über die Frage geben, ob die Landwirtschaft Biokraftstoffe oder Lebensmittel produzieren soll. An einigen Orten werden die Probleme zusätzlich noch durch Wassermangel und Bodenverschlechterung kompliziert werden.

Die ersten Auswirkungen der Erdölverknappung werden unter anderem zur Folge haben, dass Politiker und Bürger vieler Länder mehr lokale Autonomie in Bezug auf ihre einheimischen Energiequellen fordern. Dies mag in vielen Ländern nicht realistisch oder nicht möglich sein, aber der Versuch dürfte trotzdem gemacht werden. Viele Länder werden sehr stark in Sonnen-, Wind- und Geothermalenergie und weitere Energiequellen investieren, um sich aus der Abhängigkeit vom Öl zu befreien und die Macht und den politischen Einfluss von Ländern mit großen Öl- und Erdgasvorkommen zu beschneiden. Für alle Beteiligten wird viel auf dem Spiel stehen.

Laut der Bundeswehrstudie wird der Staat bei alledem eine viel größere gesellschaftliche Rolle spielen als heute, und der Einfluss der Privatwirtschaft wird abnehmen. In den wichtigsten Energielieferländern wird die politische Macht konsolidiert werden müssen. In den Energieimportländern wird der Staat versuchen, für eine gerechte Verteilung der Ressourcen zu sorgen und Manipulationen und Spekulationsgewinne der Privatwirtschaft zu verhindern.

In der Folge werden weitere Ressourcen und ihre Exploration verstaatlicht, und sogar bereits an Energiekonzerne erteilte Lizenzen könnten wieder entzogen werden. Laut der Bundeswehrstudie könnte die Entwicklung freilich an manchen Orten auch für private Sicherheitsunternehmen von Vorteil sein. Sie werden gebraucht, um in weniger entwickelten Regionen, wo mit einer wachsenden Bedrohung durch Konflikte oder Terrorismus zu rechnen ist, die Infrastruktur der Energieversorgung zu schützen und für eine sichere Produktion und sicheren Transport zu sorgen.

Angesichts des großen Problemdrucks wird es offensichtlich immer wichtiger, regional und international zu kooperieren; die historische Erfahrung lässt jedoch vermuten, dass friedlichen Verhandlungsversuchen gerade dann kaum Erfolg beschieden ist, wenn so viel auf dem Spiel steht. Obwohl eigentlich internationale Organisationen eingreifen sollten, kommt die Bundeswehrstudie zu dem Schluss, dass das Gegenteil passieren wird: Institutionen wie die UNO, die OPEC und die EU verlieren tendenziell an Einfluss, weil bevorzugt lokale und innenpolitische Lösungen gesucht werden.

Angesichts dieser Probleme mischen sich manche Staaten vielleicht in die inneren Angelegenheiten energiereicher Rivalen ein, um Einfluss darauf zu nehmen, wen diese mit den begehrten Stoffen beliefern. Solche Spiele werden an manchen Orten unweigerlich böse Folgen haben, wenn Länder, die dringend Öl und Gas brauchen, de facto die Herrschaft über Lieferländer übernehmen. Besonders verwundbar für derartige Manöver sind viele Länder in Afrika und Asien, aber auch das südamerikanische Land Venezuela: Länder mit üppigen Rohstoffreserven, aber geringem geopolitischem Gewicht. Weil die Interessenten so zahlreich sind, werden die Regierungen dieser Länder vielleicht mehr Einfluss haben als je zuvor, aber sie werden auch unter sehr viel größerem äußerem Druck stehen.

Peak Oil und die Kämpfe um die schwindenden natürlichen Ressourcen der Erde bergen auch systemische Risiken. Die Auswirkungen der Ressourcenverknappungen insbesondere im Energiebereich könnten uns sehr viel schneller treffen, als wir glauben. Laut der Bundeswehrstudie könnten die Auswirkungen nichtlinear sein.

In ölabhängigen marktwirtschaftlichen Gesellschaften wie den USA und dem größten Teil Europas besteht das Risiko einer schnellen Kettenreaktion von Ereignissen. Dabei beschleunigt sich ein anfänglich langsames Abflauen der Wirtschaftstätigkeit und des Handels rapide. Angesichts der Ressourcenknappheit steigen die Preise und die Wirtschaftstätigkeit verlangsamt sich. Die Arbeitslosigkeit nimmt zu. Ohnehin schon stark belastete Staatshaushalte geraten durch steigende Sozialausgaben, sinkende Steuereinnahmen und Investitionen in alternative Technologien zusätzlich unter Druck. Etablierte Versorgungsketten für Nahrungsmittel und andere Güter, die bis dahin festgefügt den Erdball umspannt haben, beginnen sich aufzulösen. Finanzmärkte und Währungen werden von der Krise in Mitleidenschaft gezogen. Im Lauf einiger Jahre, so die Bundeswehrstudie, könnte der Ressourcenmangel zum Zusammenbruch vieler Volkswirtschaften, zu Massenarbeitslosigkeit und Staatsbankrotten und zum Zusammenbruch der Infrastrukturen führen, was letztlich von Hungersnöten und einem totalen Zusammenbruch des Systems gefolgt wäre.

Das sind natürlich keine rosigen Aussichten, aber vielleicht sind sie so schlimm, dass wir rechtzeitig handeln.

Die systemische Krise könnte innerhalb eines Jahrzehnts beginnen.

Aber ihr habt es versprochen!

Die dritte wichtige Ursache für Konflikte zwischen Völkern wird wahrscheinlich *innerhalb* von Ländern und nicht zwischen ihnen entstehen. Im Westen wird vermutlich die Unzufriedenheit der Staatsbürger wachsen, wenn die notwendigen Sparmaßnahmen zum Abbau des in 30-jähriger Völlerei aufgebauten Schuldenbergs immer schmerzhafter werden.

In Japan hat der mehr als 20-jährige wirtschaftliche Niedergang seit 1990 keine großen Auswirkungen auf die soziale Stabilität. Leider wird dies in anderen Ländern vermutlich ganz anders sein. Nur wenige Völker sind so stoisch wie die Japaner. Und nur wenige werden dazu in der Lage sein, in die Infrastruktur zu investieren und Arbeitsplätze zu schaffen, wie Japan es konnte. Außerdem besitzt die Bevölkerung in kaum einem anderen Land so große Ersparnisse wie in Japan. Und fast keinem anderen Land wird es wie Japan gelingen, durch den Export wenigstens eine Nullwachstumsrate aufrechtzuerhalten.

Aus diesen Gründen wird es wahrscheinlich noch mehr Demonstrationen geben, wie wir sie 2010 in Griechenland, Island, Irland, Litauen und Frankreich erlebt haben – Demonstrationen, bei denen Recht und Ordnung wenigstens zeitweilig zusammenbrechen. Auch sozialer Widerstand durch Steuerhinterziehung und wachsende Schattenwirtschaft wird sich ausbreiten. Bargeld wird zum König.

Zugleich werden die Bürger vieler westlicher Länder mit einer schwindelerregenden Zahl neuer Finanzprobleme konfrontiert werden: Ihre Steuern steigen und ihre Einkommen sinken, weil ihre Regierungen versuchen, ihre Haushalte auszugleichen, und weil sich die Wirtschaftstätigkeit abschwächt. Der Wert des Anlagevermögens und der Ersparnisse vieler Bürger schmilzt dahin, während die Preise für Güter und Dienstleistungen steigen, was zum Teil auf Währungsschwankungen, aber auch auf Ressourcenverknappung beruht. Die Renten werden gekürzt, während die Kosten für die Krankenversicherung und den Betrieb von Kraftfahrzeugen steigen und der Wert von Eigenheimen stagniert oder weiter sinkt. Auch die Kosten für die Bedienung von Krediten erhöhen sich. Fast alle Bürger leiden unter Geldmangel, und viele, die in einer Welt mit sofortiger Triebbefriedigung aufgewachsen sind, sind über die Auswirkungen der Veränderungen schockiert oder reagieren mit Wut.

Für Angehörige der Mittelschicht im Westen sind die Aussichten kaum besser und vielleicht sogar schlechter als für die Armen: Viele müssen sich bei schlechterer Bezahlung mit einem längeren Arbeitstag und einem längeren Arbeitsleben abfinden. Sie müssen ihre Ersparnisse wiederaufstocken. Sie haben weniger Geld zum Ausgeben, und was sie noch haben, reicht nicht mehr so weit wie zuvor. Wer ein zweites Haus besitzt, kann es nicht mehr halten oder kommt vielleicht gar nicht mehr hin, weil die Kosten für Flugbenzin gestiegen sind, während sein verfügbares Einkommen gesunken ist.

Von all diesen Problemen werden vielleicht die gebrochenen Versprechen das Schlimmste sein: Bei vielen Bürgern des Westens wird die private oder staatliche Altersversicherung nicht die versprochene Leistung bringen. Statt eines langen, zufriedenen Ruhestands müssen viele bis ins hohe Alter arbeiten und sich mit einem kurzen und freudlosen Ruhestand begnügen. Wenn sie krank werden, sind auch die Leistungen der Krankenversicherung schlechter als einst versprochen. Auch wer, vor allem in Europa, Mitglied einer gesetzlichen Krankenkasse ist, wird mit Leistungskürzungen konfrontiert, weil die Systeme aufgrund staatlicher Sparmaßnahmen und einer überalterten Bevölkerung überlastet sind.

In Reaktion auf all diese Probleme werden die Länder des Westens ihre Sicherheitsapparate ausbauen müssen: Ihre innere Sicherheit wird durch Zorn, Verbitterung und den Ruf nach radikalen politischen Veränderungen bedroht. Sie brauchen mehr Polizei auf den Straßen und mehr Sicherheitskräfte, um die Bedrohung durch einheimische Terroristen und Cyberkriminelle abzuwehren, die aus Rache für die von vielen als ungerecht wahrgenommenen Zustände Schaden anrichten und zum Aufstand anstacheln wollen. All dies kommt zu einem Zeitpunkt, da auch viele Soldaten und Polizisten von Sparmaßnahmen betroffen sind und sich ebenfalls verraten fühlen. Sie könnten ihren politischen Herren die Gefolgschaft aufkündigen und sich im Extremfall sogar gegen sie wenden.

Der dünne Firnis der Zivilisation ist gar nicht so dünn, aber er ist eben doch dünn.

Auch der Klimawandel kann zu Konflikten führen

Schließlich ist da noch der Klimawandel. In seiner Rede bei der Verleihung des Friedensnobelpreises sagte US-Präsident Obama, der Klimawandel werde »über Jahrzehnte hinweg Konflikte befeuern«. Er äußerte damit weder seine politische Privatansicht noch eine wissenschaftliche Erkenntnis, sondern brachte die Sichtweise der US-amerikanischen Generalität zum Ausdruck.

Natürlich wird uns das Chaos, das durch Überschwemmungen, Orkane, einen steigenden Meeresspiegel und Dürren entstehen würde, nicht glücklicher machen. Einige Unglückspropheten sind besonders apokalyptisch: Sie sagen das Ende des indischen Monsuns, den Verlust großer Teile der bewohnbaren Welt und für manche Regionen den Zusammenbruch ganzer Staaten voraus. Der nächste Bericht des Weltklimarats der UNO, der im Jahr 2013 erscheinen soll, wird ein eigenes Kapitel über die besonderen Bedrohungen der menschlichen Sicherheit durch das Ansteigen des Meeresspiegels und der Temperaturen enthalten.

Heute sind alle Voraussagen noch so spekulativ, dass sich unmöglich voraussagen lässt, was der Klimawandel für die Menschheit bedeuten wird. Trotzdem lässt sich aus den bereits publizierten Informationen ablesen, dass die moderne Welt noch nie mit Problemen eines solchen Ausmaßes konfrontiert war. Wir wissen, dass der Klimawandel einigen von uns vielleicht sogar nutzen wird: In Norwegen baut man heute schon Wein an; und wenn der Permafrostboden in Sibirien auftaut, bekommt Russland leichter Zugang zu seinen Energiereserven. Aber wir wissen auch, dass die Kultur der Majas durch Dürren unterging und dass die Europäer ihre Siedlungen in Grönland verlassen mussten, als die Temperaturen sanken. Wir wissen außerdem, dass die Klimaerwärmung in vielen Ländern Missernten verursachen und insbesondere in solchen Ländern, die stark von der Landwirtschaft abhängig sind, zum wirtschaftlichen Niedergang führen wird. Dies ist besonders in Teilen von Afrika zu erwarten, wo es wegen der Klimaerwärmung vermutlich auch vermehrt zu Konflikten kommen wird.

Das vielleicht schlimmste Ergebnis des Klimawandels wird die Erkenntnis sein, dass unsere Kinder für unsere Dummheit womöglich teurer bezahlen müssen als wir selbst. Zwar werden die meisten heute lebenden Menschen selbst noch einen Teil der Rechnung für ihr kurzfristiges Denken, ihren Raubbau an den Ressourcen des Planeten und ihre Gier begleichen müssen, aber all das wird künftige Generationen wahrscheinlich noch teurer zu stehen kommen: Sie blieben auf dem größten Teil der Schulden sitzen. Wenn ihre Lebenserwartung nicht sinken soll, müssen sie neue Medikamente und Düngemittel finden, weil wir die alten verbraucht haben.

Sie müssen alternative Energiequellen für ihr Transportwesen finden. Sie müssen herausfinden, wie man in einer Welt mit steigenden Temperaturen, abgeholzten Regenwäldern und ausgeplünderten Ozeanen leben kann. Wir können den Schaden nicht reparieren, den wir innerhalb einer Generation angerichtet haben, zumal er in vieler Hinsicht heute noch schlimmer wird.

Dies ist eine Tragödie. Unser Kinder sollten eigentlich unsere Zukunft sein. Die Gene, die wir an sie weitergegeben haben, sind die Quelle unserer potenziellen Unsterblichkeit. Aber wenn wir nicht bald radikale Veränderungen vornehmen oder in einem großen globalen Abkommen einen besseren Umgang mit der Welt beschließen, werden unsere Kinder um Energie, Wasser und Lebensmittel Kriege führen müssen. Wir werden ihnen wirtschaftlichen Niedergang, sozialen Stillstand und Konflikte hinterlassen. Statt der Ideen der Aufklärung, der Pläne zur Eroberung des Weltraums, der Erweiterung unserer geistigen Horizonte und des Glanzes unserer künstlerischen Wunderwerke werden wir ihnen womöglich eine schrumpfende, zerrüttete Welt hinterlassen. Ohne Veränderung werden diese große Ideen für ein anderes Zeitalter bestimmt sein als das kommende. Jedenfalls nicht für unsere Kinder.

Es wird viele Kämpfe geben. Selbst wenn wir anfangen, vernünftig auf die Probleme zu reagieren, die wir geschaffen haben, und wenn wir anfangen, unsere Lebensweise zu ändern, wird es Kämpfe um Geld, Wasser, Land, Brennstoff und Nahrung geben. Es wird ideologische Kämpfe geben. Gefährliche neue politische Parteien werden entstehen. Wir werden um Religion, Rasse und Gesetz und um die schwindenden Rechte der Menschheit kämpfen müssen.

Doch der größte Kampf von allen ist vielleicht der, der heute noch am wenigsten sichtbar ist. Wir mögen um Ressourcen kämpfen oder darum, dass wir unsere Häuser behalten können, wir werden unsere Lage heftig leugnen oder reuevoll und hilflos nach Auswegen suchen, doch der Kampf, an den wir uns einst am stärksten erinnern werden, wird ein Kampf sein, der sich heute noch nicht abzeichnet. Und ihn werden wir alle verlieren.

Er wird darum gehen, wen wir für die Katastrophe verantwortlich machen, die wir angerichtet haben.

TEIL 4

Klarheit statt anti-aufklärerische »Verdunklung«

Der letzte Teil dieses Buches untersucht, wie wir auf die Probleme reagieren können, die wir geschaffen haben: den Finanz- und Ressourcenbedarf und die sozialen Herausforderungen. Kapitel 13 behandelt die einfachen Veränderungen, die wir vornehmen können und einige relativ leicht zu realisierende Handlungsmöglichkeiten, die uns vielleicht eine noch schwierigere Zukunft ersparen, als wir ohnehin schon haben.

In Kapitel 14 werden einige radikalere Handlungsmöglichkeiten vorgestellt, die wir in Erwägung ziehen könnten, um eine erneute Finanzkatastrophe zu vermeiden und um dafür zu sorgen, dass die natürlichen Ressourcen der Erde besser geschützt werden, damit sie auch künftigen Generationen erhalten bleiben. Die Überlegungen in Kapitel 14 sind schwieriger als die im Kapitel zuvor und mögen vielen Lesern vielleicht eher zuwider sein.

Das letzte Kapitel behandelt schließlich die Frage der Zuständigkeit. Wer ist dafür zuständig, die Probleme zu lösen?

13 Wir müssen uns ändern

Fakten hören nicht auf zu existieren, weil sie ignoriert werden.

Aldous Huxley

Unsere Zukunft ist düster. Möglich, dass uns eine weitere mittelalterliche Periode mit ihrer weitgehenden Auflösung der zivilisierten Gesellschaft, einander ständig bekriegenden Staaten und häufigen Hungersnöten erspart bleibt. Aber wir bewegen uns zweifellos in diese Richtung. Wir haben finanzwirtschaftliche Probleme, die wir ohne eine radikale Änderung unseres Denkens nicht lösen können. Wir stehen vor einer ernsten Ressourcenverknappung, die fast alle Menschen auf der Erde und sogar künftige Generationen in Mitleidenschaft ziehen wird. Zudem sind auch die Stabilität und der soziale Zusammenhalt unserer Gesellschaften zunehmend bedroht.

All diese Probleme werden natürlich irgendeine Lösung finden. Die Frage ist nur, was für eine. Wird sich die Menschheit den vor ihr liegenden Herausforderungen stellen und sie als geeinte Gattung annehmen? Werden wir zum Wohl unserer Gesellschaften und unserer Kinder die dafür notwendigen Strapazen gemeinsam auf uns nehmen?

Oder werden wir schon an der ersten Hürde scheitern und uns lieber für Chaos und Eigeninteresse entscheiden?

Wir können wahrscheinlich einen Weg finden, uns durch die Finanzkrise und die Ölverknappungen durchzuwursteln. Auch mit den Schulden werden wir vermutlich irgendwie fertig. Und es gibt ein Dutzend möglicher Ersatzstoffe für Öl, die wir freilich alle werden nutzen müssen. Beide Probleme zu lösen wird allerdings teuer, unschön und kompliziert sein. Es wird unterwegs viele Fallgruben und zahlreiche Gelegenheiten für erbitterte Konflikte zwischen verschiedenen Ländern geben.

Wir können auch unseren Speiseplan ändern. Millionen von uns geraten kaum in Gefahr, Hunger zu leiden, kränker zu werden oder kürzer zu leben. Aber für Hunderte Millionen besteht das Risiko.

Auch über Träume und Erwartungen muss gründlich nachgedacht werden. Einige Länder und Milliarden von Menschen werden ihre Erwartungen herunterschrauben müssen, und zwar beträchtlich. Sie werden einsehen müssen, dass ihre Kinder keinen besseren (aber vielleicht einen schlechteren) Lebensstandard zu erwarten haben als sie selbst. Viele Entwicklungsländer werden einsehen müssen, dass sie niemals Industrieländer werden, wie sie einst gehofft hatten. Länder wie China und Indien werden einsehen müssen, dass die Mehrheit ihrer Staatsbürger niemals den heute im Westen üblichen Lebensstandard erreichen wird. Die Ressourcen sind einfach nicht vorhanden.

Wir können aufhören, so viele Kinder wie bisher in die Welt zu setzen. Wir können eine Welt schaffen, die die natürlichen Ressourcen der Erde immer weniger statt immer mehr beansprucht.

Wir könnten diplomatische Antworten auf die Ursachen von Konflikten zwischen den Völkern dieser Welt finden. Ruhiges Nachdenken kann dafür sorgen, dass für Gewehre, Raketen oder selbstgebastelte Speere kein Bedarf mehr besteht.

Es ist tröstlich zu denken, dass das geschehen wird, wenigstens heute noch. Im Moment ist es noch besser, sich diese Art von Zukunft vorzustellen, als irgendetwas Schlimmeres, das uns nur den Schlaf rauben würde. Wir hoffen noch, dass es einen Übergang gibt, dass wir uns irgendwie durchwursteln und alles wieder in Ordnung kommt. Dass sich unser Leben nicht allzu sehr ändert.

Doch es wird sich ändern. Selbst ohne Krieg und große Hungersnot werden Milliarden von uns ihren Alltag ändern, ihren Ressourcenverbrauch einschränken und neue Werte finden müssen. Wir werden unser Leben ändern müssen, ob wir wollen oder nicht.

Auch wer die Veränderungen akzeptiert, wird sie schwierig finden. Er muss anders denken, die Welt und die Beziehung des Menschen zur Welt anders sehen. Wer sich jedoch gegen die Veränderungen wehrt, und das wird vermutlich die Mehrheit sein, für den wird der Übergang noch härter.

Und der Widerstand wird die Gefahren der Zukunft nur noch verschärfen.

Du brauchst bloß einen neuen Dichtungsring, Kumpel

Viele gescheite Leute, darunter sogar preisgekrönte Volkswirtschaftler, die in Washington arbeiten, sind der Ansicht, dass die finanziellen Probleme des Westens leicht gelöst werden können. Sie haben einfache Rezepte parat: Wir müssen nur an ein paar Orten ein paar Änderungen vornehmen, und schon sind wir alle Schwierigkeiten los. Der Motor stottert nur ein bisschen. Ein neuer Dichtungsring, ein bisschen mehr Benzin und ein paar richtige Hebel umgelegt, und schon ist er wieder wie neu.

Ihre Lösungen sind auf jeden Fall verführerisch. Sie sagen, wir brauchten nur zusammenzuarbeiten und eine globale Politik zu entwickeln, die uns aus der Schuldenspirale befreit. Wir könnten dafür sorgen, dass in den Ländern mehr ausgegeben werde, wo es immer noch Kapazitäten für eine Erhöhung des Verbrauchs gebe, und wir könnten die Länder mit lähmenden Vorschriften liberalisieren. Dann würden neue Chancen eröffnet, und schon sei die Welt wieder auf dem Wachstumspfad.

Das Dumme an diesen Vorschlägen ist nur, dass ihre Urheber das Problem als die Lösung betrachten. Sie fordern höhere Ausgaben, mehr Konsum und sogar die noch radikalere Umsetzung moderner marktliberaler wirtschaftswissenschaftlicher Vorstellungen. Einige von ihnen geben zwar zu, dass dieser Ansatz Ungerechtigkeiten und die Übernutzung von Ressourcen verursachen kann, behaupten aber, diese Probleme könnten gelöst werden. Erst müsse die Wirtschaft wieder im Lot sein, dann könnten wir darüber nachdenken, wie die Risse zu kitten seien. Wir könnten uns auf die unerschöpfliche Innovationsfähigkeit des Menschen verlassen, sagen sie, ohne zu begreifen, dass auch der hellste Kopf an die Naturgesetze gebunden ist.

Die Vorschläge wirken verlockend, aber sie werden wahrscheinlich nicht funktionieren. In wirtschaftlich schwierigen Zeiten arbeiten Staaten nicht lange für das Gemeinwohl zusammen. Zwar haben sich die G-20-Staaten im Jahr 2008 auf dem Höhepunkt der Krise zusammengerauft, um das Finanzsystem zu stabilisieren. Aber schon Ende 2010 waren sie wieder uneinig und interessierten sich mehr für ihre eigenen Ziele als dafür, irgendein globales Problem zu lösen. Außerdem sind die Vorschläge unfair: Sie laufen darauf hinaus, dass Staaten, die gut gewirtschaftet haben, ihre Ersparnisse angreifen, um den Schuldenberg derjenigen abzutragen, die zu viel Geld ausgegeben haben.

Doch die Vorschläge sind auch falsch. Wer die Staatsbürger der verschwenderischen Länder zu höherem Konsum ermutigt, wird sie nur in die gleichen Schwierigkeiten bringen, in denen die USA heute schon stecken: zu hohe Schulden, keine Ersparnisse und eine auf materiellen Gewinn ausgerichtete Gesellschaft. China zu überreden, ebenfalls eine konsumgetriebene, überschuldete Gesellschaft zu werden, wäre unsinnig. Und es wäre auch gar nicht möglich. Es gibt nicht so viele natürliche Ressourcen auf der Erde, dass China wie der Westen besinnungslos dem Konsum frönen könnte.

Es hat ganz den Anschein, als ob die erwähnten Volkswirtschaftler dem Rest der Welt ein gescheitertes US-orientiertes Modell aufzwingen wollten, das auf deregulierten Märkten, hemmungslosem Konsum und Gewinnstreben beruht, in der Hoffnung, dass die unübersehbaren Fehler dieses Modells einfach verschwinden, wenn es nur universale Anwendung findet. Eine solche Narretei kann die Lage langfristig nur verschlimmern. Der Schuldenberg der Welt muss abgetragen, nicht noch mehr vergrößert werden. Wir müssen weniger und nicht noch mehr konsumieren.

Das ökonomische Denken im Westen muss sich ändern, indem es sich wieder mehr den ursprünglichen Intentionen von Adam Smith annähert. Wir müssen Veränderungen vornehmen, die ähnlich groß sind, wie die Probleme, mit denen wir es zu tun haben. Das bedeutet, wir müssen an unseren Gesellschaftsphilosophien einige fundamentale Korrekturen vornehmen.

1. Die westlichen Volkswirtschaften müssen schrumpfen

Wir werden in den sauren Apfel beißen müssen. Die meisten Staaten des Westens und Japan müssen damit aufhören, Konjunkturpakete zu schnüren und sich stattdessen bewusst auf Kürzung der Staatsausgaben, weniger Konsum und Steuererhöhungen einstellen. Ihre Volkswirtschaften müssen zurückgeschnitten werden, bis sie wieder lebensfähig sind.

Zur Lösung der Schuldenprobleme müssen die meisten westlichen Länder sowie Japan und Australien wirtschaftliche Strukturreformen vornehmen. Ihre Regierungen müssen politische Maßnahmen treffen, die nachhaltig sind und den Schaden reparieren, der in den letzten 30 Jahren angerichtet worden ist. Die Staatsausgaben müssen für immer beschnitten und die Besteuerung stark erhöht werden.

Die Auswirkungen dieser Reformen werden gravierend und schwer zu bewältigen sein. Trotzdem gibt es keine Garantie, dass sie helfen, und manche Staaten könnten trotzdem noch zahlungsunfähig werden. Doch es sind die einzigen Schritte, mit denen sich der riesige Schuldenberg abbauen lässt. Außerdem müssen die Verbraucher in den meisten Ländern (mit Ausnahme Japans) dazu gezwungen werden, weniger Geld auszugeben und mehr zu sparen. Sie müssen davon überzeugt werden, langfristig zu denken.

Die Höhe der notwendigen Kürzungen bei den Staatsausgaben wird je nach Land unterschiedlich sein. In den USA, Großbritannien, Japan, Griechenland, Irland, Spanien und vielen anderen Ländern werden die Kürzungen sehr hoch, schmerzhaft und langwierig sein müssen. In anderen Fällen, wie etwa Deutschland, können sie weniger drastisch ausfallen. In fast allen Ländern jedoch müssen staatliche und private Haushalte ausgeglichen werden. Nur so kann der Schuldenberg abgebaut werden, ohne dass ein wirtschaftlicher Zusammenbruch riskiert wird.

In den meisten der genannten Länder werden die Sparmaßnahmen so massiv sein, dass sie auch für andere Teile der Welt strukturelle Konsequenzen haben werden. Höhere Steuern, geringere Staatsausgaben und weniger konsumfreudige Verbraucher werden dazu führen, dass viele verschuldete Volkswirtschaften schrumpfen. Dies wird auch vielen Fabriken in China und Bergwerken in Afrika, die die Märkte der entwickelten Länder mit Gütern versorgen, direkt oder indirekt gravierende Probleme verursachen.

Die Durchsetzung der Sparmaßnahmen wird schwierig sein, weil sie tiefgreifend und langwierig sein müssen. Großbritannien plant heute schon Kürzungen, die bis 2015 andauern sollen. In den USA wird der Schuldenberg sogar noch bis mindestens 2019 weiterwachsen, ehe er hoffentlich kleiner wird. Deshalb müssen die Kürzungen dort noch länger dauern.

Damit die Sparmaßnahmen Erfolg haben, müssen fast alle Beteiligten ihre Einstellung ändern. In dieser Beziehung ist die Reaktion der Gewerkschaften in Großbritannien, Griechenland und Frankreich wenigstens bisher alles andere als ermutigend. Eine Gewerkschaft hat die Aufgabe, den Arbeitern Rechte zu verschaffen und diese zu schützen. Aber sie hat nicht die Aufgabe, eine Erhöhung des Rentenalters zu verhindern oder ein bankrottes Finanzsystem zu verteidigen, nur um Arbeitsplätze zu erhalten. Die Gewerkschaften müssen begreifen, dass wir es mit einem umfassenderen Problem zu tun haben. Sie müssen eine wichtige Rolle übernehmen, indem sie ihre Mitglieder darüber informieren, dass fundamentale Wirtschaftsreformen notwendig sind.

Auch Unternehmer und Normalbürger müssen ihre Einstellung fundamental ändern. Dies wird unvermeidlich Zeit brauchen und mit vielen trügerischen Hoffnungen verbunden sein. Es ist nur natürlich, dass die Betroffenen unangenehmen Veränderungen Widerstand entgegensetzen. Aber schnelle Problemlösungen haben die Tendenz, noch mehr unhaltbare Blasen hervorzubringen. Im Westen sollten viele einsehen – und akzeptieren –, dass das Niveau der Wirtschaftstätigkeit in der Vergangenheit weder normal noch nachhaltig war. Es handelte sich um eine kreditfinanzierte Blase, eine wirtschaftspolitische Monstrosität, die böse Folgen hatte.

Das Ergebnis der erforderlichen Sparmaßnahmen wird in vielen Ländern eine stark reduzierte Wirtschaftstätigkeit sein. Die Herausforderung für die Verantwortlichen wird darin bestehen, Wirtschaftstätigkeit zu verringern, ohne ihr Land ins Chaos zu stürzen. Die Verbraucher im Westen müssen erkennen, dass sie längst nicht mehr so viel Geld ausgeben können wie zuvor.

Die notwendigen Sparmaßnahmen werden auch die Verbrauchernachfrage im Westen wesentlich verändern. Die neue Sparsamkeit wird dazu führen, dass wieder viel mehr repariert und geflickt wird und man Gegenstände länger behält als früher; das Leben wird nachhaltiger und bescheidener werden. Die Verbraucher im Westen werden Produkte nachfragen, die länger halten und weniger Ressourcen verbrauchen. Waschsalons und Car-Sharinggesellschaften sowie Firmen, bei denen man von der modischen Handtasche über Gartenwerkzeuge bis zu Fahrrädern alles ausleihen kann, sollten eine ungeahnte Blüte erleben.

Dagegen werden herkömmliche Unternehmen unter der neuen Sparsamkeit leiden. Ihre Umsätze werden schrumpfen, sie werden ihre Preise so weit wie möglich senken müssen, und ihre Aktienkurse werden fallen. Es wird schwer sein, für diese Unternehmen noch Anleger zu finden. Außerdem werden sie viel höhere Steuern zahlen müssen.

Auch fast alle anderen Steuern sollten erhöht werden. Am einfachsten wird es wahrscheinlich sein, neben der Besteuerung von Unternehmen auch die von Kraftstoffen, Erbschaften und Kapitalgewinnen zu erhöhen, die schon seit Jahren fast überall niedrig ist. Eine Erhöhung dieser Steuern wird vermutlich leichter sein als eine Erhöhung der Einkommen- oder der Umsatzsteuer.

Die Mineralölsteuer wird nicht nur aus Umweltschutzgründen erhöht werden müssen, sondern auch, weil die Staaten ihre Einnahmen erhöhen und ihre Ölimporte verringern müssen. Dies gilt insbesondere für die USA. Länder wie Indien, China, Russland und der Iran, die heute noch ihre Kraftstoffpreise subventionieren, werden die Subventionen allmählich reduzieren müssen, um ihre Reserven zu schützen.

Es ist leichter, Tote zu besteuern als Lebende. Sie machen weniger Schwierigkeiten, selbst wenn sich ihre Nachkommen beschweren sollten. Angesichts der riesigen Staatsschulden könnten die Toten eine üppige Einnahmequelle sein.

Ähnlich verhält es sich mit der Besteuerung von Kapitalgewinnen aus Anlagevermögen, gleichgültig ob es sich um Aktien oder Häuser handelt. Auch sie muss sich stark erhöhen. Ein zusätzlicher Vorteil wäre, dass diese Steuererhöhung als Strafe für die Finanzwirtschaft wirkt, die nach Ansicht vieler Steuerzahler für die hohe Staatsverschuldung verantwortlich ist. Außerdem wird sie das Wachstum der Banken dämpfen, das eine weitere Ursache für die Instabilität vieler Volkswirtschaften ist. Die Besteuerung von Kapitalgewinnen aus Immobilien wird vielen Hausbesitzern deutlich machen, dass ihr Haus keine Einkommensquelle, sondern eine Unterkunft ist.

Auch das Rentenalter muss erhöht werden. In vielen Berufen wird man bis weit über siebzig arbeiten müssen.

In den USA werden solche Verränderungen natürlich auf besonders heftigen Widerstand stoßen, stehen sie doch im Widerspruch zu uramerikanischen Prinzipien. Es wird lange dauern, bis die US-amerikanischen Volksvertreter einsehen, dass radikale Kürzungen der Staatsaugaben und Steuererhöhungen notwendig sind, weil beides dem American Way of Life nicht gemäß ist.

Die Umsetzung der notwendigen Maßnahmen wird zusätzlich durch die »Spinner« von der Tea Party erschwert, die glauben, Amerikas Probleme ließen sich mit weniger oder sogar ganz ohne Staat lösen. Solche Ideen sind vielleicht löblich, aber nicht hilfreich. Mit weniger Staat kann Amerika weder seinen riesigen Schuldenberg abtragen noch seine Verpflichtungen erfüllen. Die Amerikaner können nicht nur durch gutes Zureden dazu gebracht werden, die Ölreserven der Erde verantwortlicher zu nutzen. Die Verpflichtungen, Renten und Staatsbedienstete zu zahlen, die Verluste von Fannie Mae und Freddie Mac auszugleichen und die bestehenden Staatsschulden abzuzahlen, werden bleiben, gleichgültig wie ohnmächtig die Regierung in Washington gemacht wird. Selbst ein bewaffneter Aufstand, dem manche Mitglieder der Tea Party einigermaßen ernsthaft das Wort reden, würde die USA weder von ihren Schulden noch von ihren Pflichten gegenüber dem Rest der Menschheit befreien. Das Land wird sich verändern müssen, wenn die Welt die Lösung ihrer Probleme in Angriff nehmen soll, selbst wenn seine Entscheidungsträger ein Jahrzehnt brauchen sollten, bis sie endlich zur Einsicht kommen. Die amerikanische Wirtschaft muss schrumpfen, die Steuern müssen stark erhöht werden, und die Amerikaner dürfen nicht mehr so viele natürliche Ressourcen verbrauchen. Wenn dies nicht geschieht, werden die USA ihre Schulden nicht mehr abzahlen und ihre Verpflichtungen nicht mehr erfüllen können, und das wird uns alle ins Chaos stürzen.

2. Wir müssen die richtigen Preise für unsere Ressourcen verlangen

In Reaktion auf die Umweltprobleme und andere Schwierigkeiten, die durch die Übernutzung der Ressourcen der Welt verursacht werden, ist es nötig, strengere Gesetze zu erlassen und höhere Steuern zu erheben. Genau wie ein großer Teil der Schulden wurden auch die Umweltprobleme und die Ressourcenverknappung größtenteils durch zu niedrige Preise und Versäumnisse des Gesetzgebers verursacht. Und wo die richtigen Gesetze trotzdem bereits existieren, werden sie oft nicht streng genug durchgesetzt.

Der offensichtlichste Weg, den Ressourcenverbrauch zu drosseln, ist der, die Preise zu erhöhen. Und der beste Weg, um zu höheren Preisen zu gelangen, ist rigorose Besteuerung und gesetzliche Kontrolle. Dies hat den zusätzlichen Vorteil, dass die Verbraucher zu einer sparsameren Verwendung der verbliebenen Ressourcen angehalten werden. Und es schafft Innovationsanreize. Auf dem Energiemarkt zum Beispiel könnte ein solcher Fortschritt erreicht werden, indem unser Öl sparsamer eingesetzt wird. Ölförderer und Motorenbauer würden schnell Mittel und Wege für eine sparsameren Umgang mit Brennstoffen finden, wenn der Preis bedeutend höher wäre als heute. Höhere Preise würden auch das Verbraucherverhalten ändern: Die Leute würden weniger reisen, und sie würden ihre Sachen öfter reparieren und seltener durch neue ersetzen.

Auch wer die Umwelt verschmutzt, die Meere überfischt oder sonst irgendwie die Umwelt schädigt, kann am besten durch Strafen daran gehindert werden. Aber sie müssen schwer sein, damit sie auch wirksam sind. Würde man alle Firmen schließen, die die Umwelt verschmutzen, die Boote zu gieriger Fischer beschlagnahmen und die Häuser und Vermögen der Finanziers von illegalem Holzeinschlag konfiszieren, würden die Täter schnell zur Besinnung kommen.

Das Problem besteht darin, solche Maßnahmen weltweit durchzusetzen und mit ihren Auswirkungen fertigzuwerden. Steigende Preise bei zahlreichen Produkten würden den Armen mehr schaden als den Reichen. Außerdem könnten die Regierungen vieler Entwicklungsländer strenge Umweltschutzgesetze vielleicht als unfair empfinden, weil sie ihre Industrialisierung oder ihre wirtschaftliche Entwicklung behinderten. Diese Hürden sollten uns jedoch nicht von dem Versuch abhalten, das Richtige zu tun.

Eine weitere Möglichkeit besteht einfach darin, die Verwendung von Rohmaterial, Aktivitäten, die zu einer Verkleinerung der Fischbestände führen, und Produkte, die durch die Zerstörung der Regenwälder gewonnen werden, sehr stark zu besteuern. Die Steuern müssen so hoch sein, dass auch die Externalitäten berücksichtigt werden – die Kosten, die wir beim Ressourcenverbrauch heute noch ignorieren. Gäbe man zum Beispiel bekannt, dass ein Barrel Öl in zehn Jahren das Zwanzigfache wie heute, also etwa 3000 Dollar, kosten würde, hätte die Welt einen starken Anreiz, Alternativen zu entwickeln. Außerdem wäre dies ein klares Signal, dass uns noch zehn Jahre bleiben, um unsere Lebensweise zu ändern. Der Preis für das Öl müsste während des ganzen Zeitraums gleichmäßig steigen, um die Wirkung zu verstärken.

Durch eine solche Maßnahme würden wir erkennen, dass wir beim Personentransport zu stark von Autos und Flugzeugen abhängig sind und dass wir uns Schritt für Schritt aus dieser Abhängigkeit befreien sollten. Auch Abfallproduzenten und gesundheitsschädliche Elemente könnten wir besteuern. Wir könnten die Hersteller von fettreichen Nahrungsmitteln und die Verwender von Transfettsäuren besteuern. Dies würde die Kosten im Gesundheitswesen senken, die Menschen gesünder machen und ihre Lebensqualität verbessern. Wir könnten auch die Verpackungsindustrie besteuern, um in diesem Bereich Müll und die Ressourcenverschwendung zu reduzieren.

Ähnliche Steuern könnten auch auf Produkte erhoben werden, die bei ihrer Gewinnung, bei ihrer Weiterverarbeitung oder bei ihrem Einsatz Ressourcen verbrauchen, die erhalten werden müssen. Damit diese Maßnahmen wirksam sind, müssen Länder, die sie nicht mittragen, mit schweren Sanktionen belegt werden. Letztlich würden sie nämlich die verbliebenen Ressourcen verschwenden, die der ganzen Menschheit zu gleichen Teilen gehören. Natürlich würden die Preise für viele Waren dadurch schnell steigen. Doch das wäre nur richtig. Schließlich haben wir jahrzehntelang zu wenig bezahlt.

Auch alle Produkte, die Stoffe wie zum Beispiel Palmöl, Gummi oder andere Produkte enthalten, die an Stelle von abgeholztem Regenwald angebaut werden, könnten so hoch besteuert werden, dass die weitere Abholzung der Regenwälder absolut unwirtschaftlich wird. Diese Steuern könnte man bei den Endverbrauchern erheben. Auch könnte man den Handel mit vielen Holzarten verbieten, wie dies heute schon beim Elfenbein und einigen anderen Tierprodukten der Fall ist. Selbst der Handel mit bereits existierenden Produkten aus diesen Hölzern könnte verboten oder sehr streng überwacht werden.

Ebenso könnte zum Beispiel der Handel mit bedrohten Fischarten und die Verwendung von Bärentatzen, Tigerprodukten und Stoßzähnen auf der ganzen Welt verboten werden, wobei gegen alle Länder, die die Verbote zu umgehen versuchten, schwere Sanktionen zu verhängen wären. Schlupflöcher wie das, welches Japan unter Berufung auf »Forschungszwecke« die Fortsetzung seines nicht nachhaltigen Walfangs ermöglicht, müssten gestopft werden.

Durch solche Steuererhöhungen würde natürlich fast alles teurer, was wir kaufen, und für Millionen würde das Leben härter werden. Allerdings wären die so erhobenen Steuern nicht nur ein Grund, den Ressourcen der Erde einen höheren Wert beizumessen, sondern sie könnten auch dazu dienen, wenigstens einen Teil der staatlichen Schuldenberge abzutragen.

Diese Ideen sind zweifellos sehr schwer in die Tat umzusetzen. Doch das ist die Herausforderung, der wir uns stellen müssen. Die Probleme werden nicht verschwinden, weil wir sie nicht zur Kenntnis nehmen. Vielmehr werden wir irgendwann in einer Welt ohne Fische, Regenwälder und Erdöl leben, wenn wir nicht handeln. Wenn wir Erfolg haben wollen, müssen wir unangenehme Entscheidungen treffen und durchsetzen.

Nichts zu tun, wäre unverantwortlich. Es würde die Probleme nur verschärfen.

3. Gewinne müssen »fair« sein; Unternehmen müssen den Bedürfnissen der Gesellschaft dienen

Um unsere Probleme zu lösen, sollten wir auch die westliche Art, Geschäfte zu machen, neu strukturieren und unsere Erfolgsmaßstäbe ändern.

Wir müssen die Rolle von Banken und Unternehmen in der Gesellschaft neu überdenken. Seit 2008 wurden viele Vorschläge für eine Regulierung des Bankwesens gemacht, aber fast alle waren reaktiv und Stückwerk: Die Tätigkeit von Finanzdienstleistern sollte umstrukturiert werden, aber der Staat hat mit starkem Widerstand der Banken zu kämpfen und ist dadurch behindert, dass Finanzdienstleister das Land wechseln und auf diese Weise viele Gesetze umgehen können, die nur in einem Land oder einer Region Geltung besitzen.

Wir müssen die Problematik grundsätzlicher angehen und die privatwirtschaftliche Seite unserer Gesellschaftssysteme von Grund auf neu aufbauen.

Eine Möglichkeit, diese Reform zu starten, besteht darin, über die Gewinne nachzudenken, die von Unternehmen gemacht werden. In der klassischen Nationalökonomie sind Gewinne als Erträge definiert, die ausreichen, damit ein Unternehmen langfristig im Geschäft bleiben kann. Dabei ist das Wort »ausreichen« von entscheidender Bedeutung. Die Nationalökonomie war ursprünglich stark vom Gedanken der »Fairness« getragen. Gewinne sollten immer in einem vernünftigen Rahmen bleiben. Wenn sie diesen sprengten, sollte das in der Theorie durch den Wettbewerbsmechanismus wieder ins Lot gebracht werden. Dieser Mechanismus hat jedoch weder in der Weltwirtschaft noch in vielen anderen Bereichen funktioniert.

Adam Smith schrieb, dass es wichtig sei, in der Ökonomie die »Grundsätze der Gerechtigkeit« zu beachten, und ging davon aus, dass Sparsamkeit und Nachhaltigkeit notwendig sind. Er war der Ansicht, wirtschaftlicher Reichtum solle nicht nur dem Einzelnen, sondern auch der Gesellschaft zugute kommen. Damit ein Wirtschaftssystem sich in Harmonie befindet, muss es laut Smith »natürliche Vergütung« für Arbeit bieten. Und er warnte, dass zu hohe Profite zu einem schnellen Ruin führen müssten, genau wie dies heute geschieht.

> »Allein der Gewinnsatz steigt nicht, wie die Rente und der Arbeitslohn, mit dem Gedeihen der Gesellschaft und sinkt nicht mit ihrem Verfall. Er ist im Gegenteil seiner Natur nach in reichen Ländern niedrig, in armen hoch, und in Ländern, die am schnellsten ihrem Untergang entgegeneilen, stets am höchsten.« *Adam Smith*[95]

Die modernen Geschäftsmodelle des Westens entsprechen diesen Ansichten nicht. Das auf sie gegründete Wirtschaftssystem ist nicht in Harmonie. In den letzten 30 Jahren war sogar genau das Gegenteil des von Smith postulierten Sachverhalts der Fall: Die Unternehmen in den reichsten Ländern machten die höchsten Gewinne. Das klassische System hat nicht funktioniert.

Wir müssen uns wieder an der klassischen Nationalökonomie orientieren und über den Wert nachdenken, den Unternehmen für die Gesellschaft haben. Sie sind dafür da, Gewinne zu erzielen, und sie sollten frei, oder wenigstens weitgehend frei, operieren können. Aber sie haben auch eine Verantwortung gegenüber der Gesellschaft. Sie sollten auf lange Sicht keine extremen Gewinne machen oder gegen die Bedürfnisse der Gesellschaft verstoßen dürfen, indem sie zum Beispiel die Ungleichheit der Einkommen verschärfen oder Produkte verkaufen, die uns krank machen.

Ein Vergleich zwischen Volkswagen und Goldman Sachs kann verdeutlichen, was damit gemeint ist.

Volkswagen hatte 2009 einen Umsatz von 137 Milliarden Dollar und erzielte auf dieser Basis einen Gewinn von 1,2 Milliarden. Das ist knapp ein Prozent und gewiss kein sonderlich hoher Ertrag bei diesem Umsatz. Die Autoproduktion ist ein hartes Geschäft. Trotzdem weisen die Bilanzen von Volkswagen aus, dass der Konzern einen globalen Wertzuwachs von fast 29 Milliarden Dollar geschaffen hat. Er war sein Beitrag für die Gesellschaft. Der größte Teil dieses Beitrags bestand in der Schaffung von Arbeitsplätzen. Ein Teil wurde als Dividende an die Anleger ausgeschüttet und ein Teil ging in Form von Steuern an den Staat. Volkswagen beschäftigte in jenem Jahr 368 500 Personen und erzielte einen Gewinn von 3256 Dollar pro Person. Dies ist auf jeden Fall ein »vernünftiger« Ertrag angesichts des Werts, den das Unternehmen der Gesellschaft bringt.

Natürlich sind damit nicht alle externen Kosten abgedeckt, die Volkswagen der Gesellschaft verursacht. Der Konzern bezahlt nicht für die Umweltverschmutzung, die bei der Herstellung und durch den Betrieb seiner Fahrzeuge entsteht. Es werden keine Kosten für Verkehrsstaus oder Verkehrstote durch VW-Fahrzeuge veranschlagt, noch kommt VW komplett für die Umweltschäden auf, die bei der Gewinnung der Rohstoffe für die Produktion seiner Fahrzeuge auftreten, oder für die Kosten, die durch die Entsorgung der Fahrzeuge entstehen.

Eine wahrhaft moderne Volkswirtschaftslehre müsste einen Weg finden, auch diese Kosten zu berücksichtigen.

Trotzdem leistet Volkswagen nach vernünftigen Maßstäben einen positiven gesellschaftlichen Beitrag. Das Unternehmen stellt Produkte her, die die

Leute haben wollen, es beschäftigt Hunderttausende von Menschen, und es erzielt Erträge, die für Zukunftsinvestitionen ausreichen.

Dasselbe kann man nicht von vielen der Finanzinstitute sagen, die die Wirtschaftswelt des Westens so destabilisiert haben, und ganz bestimmt nicht von denen, die ihre Gewinne einfach nur durch den An- und Verkauf von Produkten machen, ohne ihnen irgendeinen Wert hinzuzufügen. Es gilt nicht für Institutionen, die lediglich Häuser, Waren und Unternehmen kaufen und verkaufen. Sie machen fast nur Geld, ohne irgendeinen wirtschaftlichen oder sozialen Wertzuwachs zu erzielen. Sie kaufen einfach nur zu niedrigen Preisen ein und treiben diese hoch oder warten, bis sie gestiegen sind, um dann wieder zu verkaufen. Sie tun nichts, was einen wirtschaftlichen Wert hätte, aber sie werden reich.

Im Jahr 2009 machte Goldman Sachs einen Gewinn von 13,4 Milliarden Dollar, das sind 422 700 Dollar pro Beschäftigtem der Bank. Selbst in den ersten drei Monaten dieses Jahres, als es zehn Milliarden Dollar US-amerikanische Staatshilfe noch nicht zurückgezahlt hatte, machte das Unternehmen noch mehr Gewinn als Volkswagen im gesamten Jahr.

Fast der gesamte Gewinn kam von der Handelsabteilung. Ein Teil davon entstand, weil der US-amerikanische Staat andere Finanzanstalten wie die AIG rettete. Den größten Teil des Jahres 2009 machte Goldman Sachs mehr als 100 Millionen Dollar Gewinn pro Tag, indem es auf den Märkten zockte. Wie viele andere Banken darf auch Goldman Sachs durch das Spiel am Markt Geld verdienen, aber es besitzt außerdem die Fähigkeit, die Ergebnisse zu seinen Gunsten zu manipulieren. Laut ihrem Chef Lloyd Blankfein macht Goldman Sachs »die Arbeit Gottes«. Dagegen beschreibt die Zeitschrift *Rolling Stone* sie als »großen Vampirtintenfisch, der der Menschheit auf dem Gesicht sitzt und mit seinem Saugapparat in alles hineinsticht, was nach Geld riecht«.

Wenn wir das Wirtschaftssystem umstrukturieren, müssen wir uns ein paar fundamentale Fragen stellen: Was sollen unsere Banken und Unternehmen tun? Ist es gerecht, wenn eine Bank einen zehnmal höheren Gewinn erzielt als ein Autohersteller, obwohl ihr höherer Gewinn nicht etwa darauf beruht, dass sie das Wirtschaftswachstum oder die Entwicklung von Unternehmen fördert, sondern darauf, dass sie am Markt spekuliert? Ist es gerecht, dass ein Lebensmittelhersteller Produkte verkaufen darf, die uns fett und krank machen, während die ganze Gesellschaft die dadurch entstehenden medizinischen Kosten tragen muss? Wollen wir diese Arten von Unternehmen eher fördern oder an die Kandare nehmen?

4. Die Märkte müssen vernünftig reguliert werden

Außerdem müssen wir über die Rolle und den Zweck des Marktes und des Staates nachdenken. Wir müssen dafür sorgen, dass unsere Gesellschaften und die Art, wie sie geführt werden, nachhaltig und gerecht sind. Marktwirtschaft und Staat spielen bei der Verwirklichung dieses Ziels eine entscheidende Rolle. Beide sollten den Bedürfnissen der Gesellschaft dienen, damit möglichst viele Menschen ein erfülltes und gesundes Leben haben. Es ist natürlich nicht möglich, ein System zu schaffen, das diesem Ziel absolut gerecht wird. Aber wir wissen, dass wir ein größeres Ausmaß an Fairness erreichen wollen als in den vergangenen 30 Jahren.

Die Märkte sollten nicht völlig unreguliert bleiben. *Wir* sollten *sie* steuern und nicht sie uns. Sie sollten gemäß den von der Aufklärung formulierten Prinzipien der Offenheit und Fairness funktionieren und nach einem Regelwerk arbeiten, das von demokratisch gewählten Regierungen verabschiedet und durchgesetzt wird. Die Märkte sollten dem Wohl der Menschen, dem Wohl der Gesellschaft dienen und nicht von einigen wenigen Personen aus Profitstreben manipuliert oder beherrscht werden, und sie sollten keine Menschenleben zerstören dürfen. Sie sollten nicht gegen die Interessen der Gesellschaft handeln. Die fehlende Regulierung in den USA, in Großbritannien und in vielen anderen Ländern hat den größten Teil der heutigen Weltprobleme verursacht. Freilich sollten die Märkte auch nicht zu stark reguliert werden, wie dies in staatlichen Planwirtschaften der Fall ist.

Ist es möglich, dass die Märkte vernünftig, das heißt genau im richtigen Maß, reguliert werden? Ja, es ist möglich, und die deutsche »Ordnungspolitik« ist ein gutes Beispiel dafür. Sie hat in den letzten 50 Jahren eine der stärksten und stabilsten Volkswirtschaften hervorgebracht.

Sie wurde in Reaktion auf die Weltwirtschaftskrise entwickelt und ist von der politischen und ökonomische Philosophie des *Ordoliberalismus* geprägt, der darauf abzielt, sowohl den Markt als auch den Staat zu kontrollieren. Das System wird – oft in modifizierter Form – auch in anderen europäischen Ländern benutzt.

Smith hätte der Philosophie des Ordoliberalismus zugestimmt, weil sie danach strebt, den Wettbewerb und die wirtschaftliche Freiheit des Individuums zu gewährleisten. Sie hält den Staat so weit wie möglich vom Markt getrennt und verleiht jenem nur die Macht zur Intervention, wenn die Märkte nicht richtig funktionieren. Eine solche Intervention ist zum Beispiel möglich, um für den Bau öffentlicher Einrichtungen wie Schulen oder der notwendigen Infrastruktur für Landesverteidigung oder Energieversorgung zu sorgen. Und sie ist auch möglich, wo es, wie bei Wasser-, Gas- oder Stromversorgung, natürliche Monopole gibt, oder wenn Privatunternehmen wettbewerbswidrige Kartelle bilden. Die Philosophie des Ordoliberalismus unterscheidet sich dadurch von anderen westlichen Systemen, die insbesondere in den USA und in Großbritannien bestimmend sind, dass der Staat die Pflicht hat, Ergebnisse der Marktwirtschaft zu modifizieren, wenn diese seine Sozialpolitik oder die ökonomische Effizienz beeinträchtigen oder das Wachstum behindern. Dies bedeutet zum Beispiel, dass der Staat die Pflicht hat zu intervenieren und das Wirtschaftssystem wieder in Ordnung oder ins Gleichgewicht zu bringen, wenn die Einkommensunterschiede zu groß werden, weil zu viel Geld an zu wenige Personen fließt. Dabei ist sich der Ordoliberalismus durchaus bewusst, dass zu viel Regulierung vermieden werden muss, weil dies den Marktmechanismus beeinträchtigen würde. Aber er hat auch erkannt, dass radikale Marktfreiheit den Interessen der Gesellschaft widerspricht.

Es gibt sieben grundlegende Prinzipien des Ordoliberalismus:[96]

- Ein funktionierendes Preissystem. Der Staat sollte alle Maßnahmen vermeiden, die die Preise durch Subventionen, Zölle oder nichttarifäre Handelshemmnisse, Kartelle oder Monopole verzerren.
- Ein stabiles Währungssystem. Der Staat sollte versuchen, durch seine Geldpolitik Preisstabilität zu erreichen.
- Freier Marktzugang und Handelsfreiheit. Der Staat sollte keine Gesetze erlassen, die den freien Wettbewerb einschränken, aber er sollte die Entstehung von Monopolen und Kartellen verhindern.
- Schutz des Privateigentums, weil es als Anreiz für die Marktteilnehmer dient.
- Vertragsfreiheit als Grundlage des freien Wettbewerbs. Einzelpersonen und Unternehmen haben das Recht, mit jeder Partei ihrer Wahl Verträge zu schließen, solange dies die Marktfreiheit nicht behindert, indem zum Beispiel ein Kartell gebildet wird.
- Die Marktteilnehmer haften für alle Verpflichtungen, die sie durch vertragliche Vereinbarungen eingehen. Sie sind für ihre Fehler und schlechten Entscheidungen selbst verantwortlich.
- Staatliche Wirtschaftspolitik muss für Stabilität sorgen, damit Vertrauen entsteht. Durch Stabilität wird das Risiko bei Entscheidungen für Unternehmen, Investoren und Verbraucher gesenkt. Blasen sind zu vermeiden.

Diese Prinzipien sind nicht perfekt, und Deutschland verletzt sie gelegentlich selbst: Auch von seinen Banken gerieten viele in große Schwierigkeiten, weil sie während des Immobilienbooms in den USA zu viel Geld verliehen.

Trotzdem sind die Prinzipien ein Rahmenwerk, das dafür sorgt, dass der Markt nur da kontrolliert wird, wo er der Kontrolle bedarf. Deutschland und Österreich versuchen außerdem zu erreichen, dass der Reichtum[97] in ihren Gesellschaften gerecht verteilt ist. Das System der sozialen Marktwirtschaft ist darauf angelegt, zur Fairness anzuhalten und soll zum Wohl der Gesamtgesellschaft funktionieren. Das amerikanische und das britische System ist naturgemäß stärker polarisierend. Und es ist instabiler, weil es Blasenbildung erlaubt und zu einer Gesellschaft mit Besitzenden und Habenichtsen führt. Der Ordoliberalismus ist ein Versuch, die Fehler dieser nicht ausreichend regulierten freien Marktwirtschaft zu beheben.

Er ist ein Mittelweg zwischen den beiden extrem entgegengesetzten politischen Ideologien des 20. Jahrhunderts: Kapitalismus und Kommunismus. Beide sind gescheitert, weil sie zu einer Konzentration der Macht in bürgerfernen und nicht rechenschaftspflichtigen Institutionen geführt haben. Im Kommunismus konzentrierte sich die Macht zu sehr beim Staat, in den Händen einiger weniger Entscheidungsträger. In der freien Marktwirtschaft konzentriert sie sich zu sehr in der Privatwirtschaft, bei den wenigen Personen, die die großen Konzerne und Banken leiten.

Im Rahmen des nicht ausreichend regulierten Systems der freien Marktwirtschaft ist eine Welt entstanden, in der die größten Wirtschaftsmächte oft nicht mehr Staaten oder Regierungen, sondern Finanzunternehmen oder Konzerne sind. Da diese Firmen nicht ausreichend reguliert werden, sind sie der Gesellschaft praktisch nicht mehr verantwortlich. Nur wenige der größten Konzerne oder Banken der Erde haben überhaupt ernsthafte soziale Ziele, und doch haben sie in zahlreichen Ländern einen bestimmenden Einfluss auf die Wirtschaft und damit auch auf die Gesellschaft. Ihre Existenz hat nur den einen Zweck, Gewinn zu machen. Diese Form der Marktwirtschaft strebte Adam Smith niemals an, auch wenn in den Vereinigten Staaten viele Industrielle und Politiker nach weniger Bürokratie und Regulierung rufen.

Viele Bürger westlicher Länder lassen sich einreden, dass die Entstehung dieser monolithischen Konzerne ein positives Ergebnis ihrer wirtschaftlichen Freiheit sei. Sie glauben, dass diese Banken und Konzerne Ergebnis der Macht des Marktes sind, Wachstumspotenzial haben und ohne fremde Hilfe Reichtum produzieren.

Tatsächlich jedoch sind diese Konzerne und Banken zentral geplante Institutionen, ganz ähnlich wie die Ministerien eines kommunistischen Staates. Ihre Manager entscheiden genau wie in einer zentralen Planwirtschaft ohne Rückfrage bei der Gesellschaft, wo Arbeitsplätze geschaffen oder abgebaut werden und in welche Industriebereiche investiert wird. Nicht mehr die gewählten Volksvertreter, sondern die Chefs der Großunternehmen entscheiden, was in einem Großteil der Welt passieren wird. Sie beschließen, Flüsse in China zu verschmutzen oder billiges Spielzeug für Kinder in Chicago zu produzieren, ohne Rücksicht darauf, was das für die Chinesen oder die Arbeitsplätze in den Vereinigten Staaten bedeutet.

Und sie externalisieren die Kosten.

Der gebetsmühlenhaft vorgebrachten marktliberalen Argumentation der letzen 30 Jahre zum Trotz: Die Märkte müssen staatlich reguliert werden. Der Staat muss dafür sorgen, dass alle Kosten internalisiert werden, damit zum Beispiel die Kosten der Umweltverschmutzung voll eingepreist sind. Der Erfolg vieler Volkswirtschaften nach dem Zweiten Weltkrieg beruhte nicht auf unregulierten freien Märkten, sondern auf Märkten, die einem strengen regulatorischen Rahmen unterworfen waren, der von demokratisch gewählten Regierungen gesetzt worden war.

Diesen Zustand müssen wir wiederherstellen.

14 Was sonst noch zur Debatte steht

Für jedes komplizierte Problem gibt es eine einfache Lösung, die falsch ist.
George Bernard Shaw

Vom Fortschritt zur Armut

Die radikaleren Handlungsmöglichkeiten sind, vielleicht unvermeidlicherweise, schwerer zu konzipieren und umzusetzen. Viele Ideen zur Lösung der Weltprobleme klingen verlockend, aber sie funktionieren nicht, weil sie entweder unerwünschte Nebenwirkungen haben oder schlichtweg untauglich sind. Radikale Vorschläge haben außerdem die Tendenz, bei der Umsetzung auf stärkeren Widerstand zu stoßen als gemäßigte. Der Mensch ist nicht gerade auf große Veränderungen erpicht, insbesondere wenn er vom Status quo profitiert und unabhängig davon, wie sehr seine Kinder von den Veränderungen profitieren könnten.

Niccolò Machiavelli hatte recht, als er sagte:

> »Dabei ist zu bemerken, dass nichts größere Schwierigkeiten in der Ausführung bietet und von zweifelhafterem Erfolg ist, als sich zum Haupt einer neuen Staatsordnung zu machen. Denn der Neuordner hat alle die zu Feinden, die sich in der alten Ordnung wohlbefinden, und laue Mitstreiter in denen, welche bei der Neuordnung zu gewinnen hoffen. Dies kommt teils von der Furcht vor den Gegnern, welche die Gesetze auf ihrer Seite haben, teils von der Ungläubigkeit der Menschen, die an eine neue Sache nicht eher glauben, als bis sie sie

mit den Händen greifen können.«

Doch die Menschheit muss sich ein paar fundamentale Fragen stellen, die sie sich schon lange nicht mehr gestellt hat:

- Ist es richtig, dass jemand von der Ausbeutung der Ressourcen des Planeten profitiert, wenn dies anderen Menschen in seiner Generation oder in künftigen Generationen schadet?
- Wie können wir dafür sorgen, dass alles, was naturgegeben ist, der ganzen Menschheit gleichermaßen zugutekommt?
- Haben wir als intelligenteste Lebensform der Erde die Pflicht, die Vielfalt der Natur zu bewahren und das langfristige Überleben anderer Arten zu sichern?
- Was sollten die Ziele der Menschheit sein und wie sollten wir Fortschritt messen?
- Sollten wir Menschen daran hindern, mit einem Geschäft Gewinne zu machen, das keinen gesellschaftlichen Wert besitzt?
- Wie können wir dafür sorgen, dass niemand unter den wirtschaftlichen Aktivitäten anderer zu leiden hat?
- Wie können wir für die größtmögliche Anzahl von Menschen Mildtätigkeit, Fürsorge und Gerechtigkeit gewährleisten und dabei die Welt künftiger Generationen schützen?

Alle Macht den Blumen

Man muss weder ein Hippie sein noch Bäume umarmen oder in einem VW-Bus wohnen, um zu sehen, dass mit der Art, wie wir die Welt bewerten, etwas nicht stimmt. Es bedarf keiner großen geistigen Anstrengung, um zu erkennen, dass das Modell der nicht ausreichend regulierten Laisser-faire-Ökonomie und die marktliberale Politik für viele Exzesse verantwortlich sind. Auch wenn es vielleicht manchmal gar nicht so aussieht, sollten wir uns daran erinnern, dass wir eine Wahl haben. Wir können uns entscheiden, den Pfad zu verlassen, der ökonomisches Wachstum als Selbstzweck anstrebt, der auf Massenkonsumismus angewiesen ist und dessen wichtigster Maßstab finanzieller Gewinn ist. Es gibt realistische Handlungsmöglichkeiten, um die natürlichen Ressourcen der Erde für kommende Generationen zu erhalten – wenn wir bereit sind, unser Verhalten zu ändern.

Gemäß der klassischen Nationalökonomie sind für Entwicklung und Wohlstand vier Elemente notwendig: Land, Arbeit, Kapital und Unternehmungsgeist. Demzufolge brauchen wir Ressourcen, ernsthafte Anstrengung, Finanzmittel und eine Person, die die Tatkraft besitzt, um diese Elemente miteinander zu verknüpfen und etwas zu produzieren. Die Belohnung dafür ist Gewinn. Wird dieser zu hoch, so tauchen Konkurrenten auf und dann sinkt – wenigstens theoretisch – der Ertrag, bis der Gewinn wieder »normal« ist.

Jedes der vier Elemente verlangt ein gewisses Verantwortungsbewusstsein und eine gewisse Ausgewogenheit. Die Arbeitskräfte dürfen nicht ausgebeutet werden, das Kapital muss sich verantwortungsvoll verhalten, und die Unternehmer haben eine Pflicht gegenüber der Gesellschaft. Auch das Land ist keine Ressource, die wir folgenlos nutzen könnten. Es muss nachhaltig genutzt werden. Wir müssen unsere Wirtschaftstätigkeit so organisieren, dass wir der Natur nicht schaden, oder wenigstens nicht riskieren, sie zu zerstören. Letzteres wäre selbstmörderisch und kann nicht das Ziel eines rationalen Wirtschaftssystems sein.

Doch das heutige moderne Wirtschaftssystem wird diesen Kriterien nicht gerecht. Es erlegt der Wirtschaftstätigkeit keine Grenzen auf und ermuntert nicht zu einem verantwortlichen Ressourcenverbrauch. Es erlaubt uns, ohne Rücksicht auf die Folgen die Natur auszubeuten. Ja, es ermuntert uns dazu, für kurzfristige Profite weite Landstriche des Planeten zu zerstören. Das System *ist* selbstmörderisch.

Damit sich die Zerstörung nicht verschlimmert, müssen wir viele Ideen der modernen ökonomischen Ideologie aufgeben. Wir müssen Dinge in Erwägung ziehen, die uns seltsam vorkommen mögen, wie zum Beispiel wieder die gleiche Kleidung wie unsere Vorfahren zu tragen. Eine Möglichkeit könnte zum Beispiel darin bestehen, dass wir die Ideen des US-amerikanischen politischen Ökonomen Henry George verwirklichen. Seine Vorschläge waren zwar erst Ende des 19. Jahrhunderts besonders populär, stützten sich aber auf Denker der Aufklärung wie David Ricardo und John Stuart Mill.

1. Die noch verbliebenen Ressourcen sollten für die Allgemeinheit bewahrt werden

Die Ideen von Henry George sind einfach, wirken aber heute immer noch radikal. Seiner Ansicht nach gehört alles, was in der Natur zu finden ist – das Land und die Ressourcen der Erde –, der ganzen Menschheit. Damit niemand persönlichen Gewinn aus diesen Ressourcen ziehen kann, sollen die Gewinne, die durch Nutzung der Natur entstehen, seiner Ansicht nach besteuert werden. Durch diese Besteuerung können die Wohltaten der Natur gleichmäßig verteilt werden. Sie sorgt dafür, dass die Ressourcen der Erde nicht zum persönlichen Vorteil von Einzelpersonen oder Unternehmen ausgebeutet werden. Henry George nahm an, dass der Staat die Kompetenz und die Macht besitzt, um diese Aufgabe zu erfüllen.

Er nahm Anstoß an der enorm ungleichen Verteilung des Reichtums in der Gesellschaft – einer Ungleichheit, wie sie heute wieder existiert. Genau wie heute war damals ein viel zu großer Teil des Reichtums in der Hand von Landbesitzern und Monopolisten. Im 19. Jahrhundert bemächtigten sich in den USA Öl- und Eisenbahnmagnaten des Reichtums. Heute sind es die Topmanager der IT-, Öl- und Finanzindustrie, die viel höhere Gewinne einfahren und viel höhere Einkommen haben, als sie eigentlich brauchen. Henry George betrachtete die Ungleichheit als ein Unrecht, das Millionen in Armut stürzte. Ein Unrecht, das seiner Ansicht nach durch Besteuerung korrigiert werden müsste.

Wir könnten seine Ideen heute übernehmen. Wir könnten die Ressourcen der Erde verstaatlichen oder sie einer globalen Behörde übereignen. Als ersten Schritt könnten wir die Gewinne der Konzerne, die – wie etwa die Bergbau-, Öl- und Gaskonzerne, in der Ressourcengewinnung tätig sind – zu 100 Prozent besteuern. Dann wären die Ressourcen der Erde sofort besser geschützt und der Gewinn, den sie abwerfen, könnte gerechter verteilt werden. Natürlich würde sich kein Konzern mehr in der Ressourcengewinnung engagieren, wenn ihm sämtliche Gewinne weggenommen würden. Die Unternehmen müssten also auf irgendeine Weise staatlich geführt werden. Die einzelnen Staaten oder die internationale Behörde müssten dann den Ressourcenabbau organisieren und die dabei erzielten Gewinne verteilen. Die Bergarbeiter und Öltechniker würden folglich für den Staat arbeiten, und dieser würde darüber entscheiden, wie die Naturschätze genutzt werden sollten.

Eine solche Besteuerung und Verstaatlichung der natürlichen Ressourcen ist vielleicht unmöglich, auch wenn sie in einigen Ländern schon gelungen ist. Die größte Sorge besteht darin, ob eine gewählte Regierung auch die notwendige Kompetenz zur Leitung der verstaatlichten Firmen besäße. Doch das ist ein sekundäres Problem. Am wichtigsten ist, dass die Ressourcen des Planeten verwendet werden, um unser aller Bedürfnisse zu befriedigen, und nicht von Konzernen für privaten Gewinn abgebaut werden. Die Kontrolle über die Öl- und Gasreserven und andere Rohstoffe würde es dem Staat erlauben, angemessene Preise für sie zu verlangen, in denen auch die Externalitäten mit enthalten wären.

Selbst wenn Henry Georges Ideen uns nur auf neue Gedanken bringen, ist schon viel erreicht.

Ähnlich könnten zum Beispiel durch eine bessere Regulierung der Wasserrechte die Bauern dazu gebracht werden, ihren Wasserverbrauch zu reduzieren und weniger wasserintensive Feldfrüchte anzubauen. Dies würde den Bedarf an Dämmen und teuren Bewässerungssystemen verringern.

Land, das von reichen Farmern kontrolliert und, etwa für die Viehzucht, verschwenderisch genutzt wird, könnte effizienter und von mehr Bauern bearbeitet werden. Richtig angewandt könnten Steuern und Gesetze dafür sorgen, dass riesige Landflächen besser genutzt würden. Per Gesetz könnte den Armen zum Beispiel mehr Zugang zu Land verschafft werden, das heute noch zu wenig landwirtschaftlich genutzt wird. Dies würde mittellose Bauern außerdem von dem Versuch abhalten, in Feuchtgebieten oder Wildreservaten Landwirtschaft zu treiben oder Regenwälder abzuholzen, um sich zusätzliches Ackerland zu verschaffen.

2. Unverdiente Gewinne sollten aus ethischen Gründen voll besteuert werden

Henry George ging in seinem Buch *Fortschritt und Armut* noch weiter: Er vertrat die Ansicht, dass Gewinne aus Landbesitz und Immobilien unmoralisch seien und aus ethischen Gründen durch Steuern abgeschöpft werden sollten, weil jeder auf diese Art erzielte Gewinn unverdient sei. Solche Gewinne gehörten der ganzen Gemeinschaft. Wenn sie nicht besteuert würden, müsste der Preis von Land laut Henry George bei wachsender Bevölkerung steigen. Dies bedeute, dass spätere Generationen mehr für ihr Land bezahlen müssten und dadurch ärmer würden. Deshalb glaubte George, dass Landbesitz Armut *verursachte.* Genau wie für Smith war Gleichheit auch für ihn ein zentraler Wert. Dafür zu sorgen, dass niemand durch Landbesitz Gewinne erzielen konnte, war für ihn eine entscheidende Voraussetzung für eine Leistungsgesellschaft.

Solche Gedanken werden heute viel eher gesehen als im 19. Jahrhundert – ein Zeichen, wie sehr sich unser Denken gewandelt hat. Einige Ideen Georges waren 1909 im Parteiprogramm der britischen Liberal Party enthalten, und die Stadt Fairhope in Alabama wurde gegründet, um seine Ideen zu verwirklichen.

Nötiger Wandel

Würde man solche Ideen heute ausprobieren, wären die Folgen radikal. Viele Menschen machen eine Menge Geld, indem sie insbesondere mit Land spekulieren. Warum sollte die Gesellschaft ihre unverdienten Gewinne nicht besteuern? Sie werden nicht etwa reich, indem sie etwas Wertvolles tun, sondern indem sie schlicht und einfach auf den Preis von Grund und Boden spekulieren. Ihr Geld würde dringend gebraucht, um diverse Nationalbudgets auszugleichen. Ähnlich könnten auch die Gewinne, die von Banken mit Handelsgeschäften gemacht werden, oder von Händlern, die Aktien nur kaufen und verkaufen, um kurzfristig Gewinne zu erzielen, durch den Fiskus eingezogen werden. Mit dem Geld könnte der Staat den Schaden wiedergutmachen, der durch solche Geschäfte angerichtet wird. Kapitalbeteiligungsgesellschaften und Hedge Fonds, die ihre Gewinne erzielen, indem sie Unternehmen so ausschlachten, dass diese langfristig nicht überleben können, sollten ebenso radikal besteuert werden. Außerdem könnte eine 100-prozentige Erbschaftssteuer verhindern, dass Vermögen von einer Generation an die nächste übertragen wird, und dafür sorgen, dass wir alle den gleichen Start haben. Das wäre leistungsorientiert.

Eine solche Besteuerung unverdienten Reichtums dürfte sich natürlich nicht auf echte Investoren erstrecken, die ihr Geld monate- oder jahrelang in einem Unternehmen anlegen. Ihnen würde ein »angemessener« Gewinn für das eingegangene Risiko zugestanden. Er könnte zum Beispiel die geltende Zinsrate und einen gewissen Risikozuschlag umfassen. Doch für Spekulanten, für Trader, die Aktien, Währungen oder Waren kaufen und verkaufen, sollte es keine solche Belohnung geben. Ihr einziges Risiko besteht darin, dass der Preis der von ihnen gehandelten Dinge etwa wegen der Aktivitäten anderer Spekulanten steigen oder fallen könnte. Eine Besteuerung aus ethischen Gründen könnte die Gewinne abschöpfen und damit Geschäften ein Ende setzen, die keinem sozialen Zweck dienen und keinen Wert schaffen.

3. Wirtschaftswachstum sollte angenehme Folge, nicht Ziel sein

Auch unser Verständnis von Fortschritt müssen wir überdenken. Westliche Volkswirtschaften sind besessen vom Wachstum als Selbstzweck. Der soziale Fortschritt in den letzten 30 Jahren wurde daran gemessen, wie groß das geldliche Wirtschaftswachstum war. Wie sehr eine Wirtschaft wächst, hängt fast ausschließlich davon ab, wie viel ihre Mitglieder konsumieren. Deshalb sind wir zu einem seltsamen Schluss gelangt: Ohne Zunahme des Konsums gibt es kein Wachstum, und ohne Wachstum gibt es keinen Fortschritt.

All das ist falsch, weil dabei ein sinnloses Ziel gesetzt wird. Es beruht auf den verzerrten wirtschaftspolitischen Ideen der letzten paar Jahrzehnte. Während der letzten Jahrhunderte sind jedoch Unternehmen und Volkswirtschaften die meiste Zeit kaum gewachsen. Die Unternehmen erzielten jedes Jahr etwa den gleichen Ertrag, bezahlten ihren Beschäftigten jährlich etwa dasselbe und verschafften allen Beteiligten einen Lebenszweck. Es gab Fortschritt, aber einen anderen als heute. Die Gesellschaften hatten andere Werte, die nichts mit Shopping und Konsum zu tun hatten. Familie, karitatives Engagement, Wissenschaft und Forschung waren wichtiger. Freilich wurde auch die Eroberung fremder Länder für wichtiger gehalten.

In seinem 1988 erschienenen Buch *One Life at a Time Please* schrieb der amerikanische Naturforscher und Umweltschützer Edward Abbey:

> »Wir erkennen, dass die Religion des endlosen Wachstums wie jede Religion, die auf blindem Glauben und nicht auf Vernunft beruht, eine Art Manie ist, eine Form des Wahnsinns, ja eine Krankheit. Wachstum um des Wachstums willen ist die Ideologie der Krebszelle.«[98]

Unser zwanghaftes Festhalten am Wachstum hat dazu geführt, dass wir viele ursprüngliche Prinzipien der Aufklärung vergessen haben. Wir strengen uns immer mehr an, um möglichst effizient zu arbeiten, vergessen dabei aber das Prinzip der Fairness. Beschäftigte werden entlassen, nur um kurzfristig Gewinne zu erhöhen. Einige westliche Länder sind davon besessen, die Steuern zu senken, und zwar so stark, dass Millionen dafür leiden müssen. In den Vereinigten Staaten hat dies dazu geführt, dass Millionen Menschen die Gesundheitsversorgung verweigert wird, dass ein Großteil der Infrastruktur verkommt, dass Büchereien geschlossen werden und viele Schulen kaum noch funktionieren. Die Bürger werden im Stich gelassen und mit der Hoffnung vertröstet, dass es der freie Markt schon irgendwie richten werde. Sie sollen daran glauben, dass er wie durch ein Wunder Unternehmen anzieht, die ausgerechnet an ihrem Wohnort Arbeitsplätze schaffen. Mit den Arbeitsplätzen kommen dann auch Gesundheitsversorgung und soziale Sicherheit. Wo es jedoch an gebildeten Menschen und anständigen Wohnvierteln fehlt, siedeln sich auch keine Unternehmen an.

Schlimmer noch, in einem Großteil der westlichen Welt ist der Fortschritt nicht nur vom Konsum abhängig. Er findet auch zunehmend auf Pump statt. Menschen arbeiten, um zu leben, und leben, um zu konsumieren. Es hat sich eine Gesellschaft entwickelt, die auf Gier beruht. Viele Menschen im Westen werden dazu ermutigt, ihre Gewinne zu maximieren. Auch Unternehmen werden dazu angehalten, möglichst hohe Gewinne zu erzielen, und das nicht langfristig, wie es die klassische Nationalökonomie lehrt, sondern kurzfristig, damit der Wachstumsmaschine der Treibstoff nicht ausgeht. Dies werde, so redet man uns ein, durch das Wunder der freien Marktwirtschaft zu einer allgemeinen Verbesserung des Wohlstands und zu sozialem Fortschritt führen.

Es passiert bloß nicht.

Die moderne Volkswirtschaftslehre verdreht die Ideen der klassischen Nationalökonomen. Ökonomie war ursprünglich ein Gebiet der Moralphilosophie. Ihre Theorien beruhten auf Vorstellungen von Gleichheit und Gerechtigkeit und stützten sich auf Werte, nicht auf unverdienten Gewinn und hemmungslose Selbstsucht. Adam Smith verabscheute Lobbyisten oder Vertreter von Partikularinteressen, die versuchen, den Markt zu verzerren oder den Gesetzgeber zu ihren Gunsten zu beeinflussen. Er war der Ansicht, dass der Staat die Märkte kontrollieren sollte, um Missbrauch und Monopolbildung zu verhindern. Seiner Ansicht nach sollten die Reichen höhere Steuern zahlen als die Armen, besonders was die Besteuerung von Grundbesitz und Immobilien betraf. Sie sollten einen größeren Anteil der Steuerlast tragen, weil sie dazu in der Lage waren. Eine rückhaltlose, kurzfristige Profitmaximierung, wie sie heute in weiten Teilen der Welt stattfindet, hat nichts mit klassischer Nationalökonomie zu tun.

John Stuart Mill vertrat ebenfalls ganz entschieden die Ansicht, dass der Einzelne das Recht habe zu tun, was er wolle. Wir interpretieren das heute als Zustimmung zur Selbstsucht. Doch Mill äußerte sich sehr klar: Der Einzelne muss daran gehindert werden, durch sein Handeln anderen zu schaden.

So wird heute nicht mehr gedacht. Zu Mills Zeit wäre es unterbunden worden, dass Banken unverantwortlich Kredite vergeben, weil dies zu Blasen führt und Finanzkrisen auslöst, die wiederum Arbeitslosigkeit und Armut produzieren. Die Banken richten also Schaden an. Auch wenn die Wasser- oder Kohlereserven eines Landes verbraucht werden und das Land dadurch verarmt oder sich seine Entwicklungschancen verschlechtern, muss dieser Verbrauch gestoppt werden. Die Ausbeutung der Ressourcen afrikanischer Länder zum Nachteil ihrer eigenen Gesellschaften ist keine klassische Nationalökonomie.

Mills Vorstellung davon, was Schaden anrichten kann, passt auch auf andere moderne Verhaltensweisen. Wenn wir sehen, dass ein Kind auf eine gefährliche Straße rennen will, und nicht versuchen, es daran zu hindern, verhalten wir uns unverantwortlich und gefühllos gegenüber einem Mitmenschen. Wenn wir es vermeiden, Steuern zu zahlen, verweigern wir unseren Beitrag zur Gesellschaft. Wenn wir durch rücksichtslose Anhäufung von Reichtum die Umwelt zerstören und die allgemeine Lebensqualität verschlechtern, sollten wir lieber auf Wirtschaftswachstum verzichten.

Das alles ist nicht kompliziert. Freiheit ist, genau wie Macht, mit Verantwortung verbunden.

Wenn wir darüber nachdenken, was wir von unseren Volkswirtschaften und Gesellschaften erwarten, ist es keine schlechte Idee, Adam Smiths philosophisches Hauptwerk *Die Theorie der ethischen Gefühle* zurate zu ziehen. Smith glaubte fest an den Wert von Mitgefühl, Wohlwollen und Anstand. Männer und Frauen sollten einander achten und nach ihren Taten beurteilt werden. Nur allzu oft tragen die Finanziers von heute die Folgen ihrer Handlungen nicht selbst: Andere leiden unter der Armut, die sie durch ihre Kredite verursachen. Diese Banker behandeln die Gesellschaft nicht mit Achtung, ganz im Gegenteil. Henry George war der Ansicht, dass menschliche Institutionen natürlichen Prinzipien gehorchen müssten. Nach seiner Beobachtung bevorzugte die Natur die Symbiose. Unsere Ideen und Sozialphilosophien müssen in einem ausgewogenen Verhältnis zur Natur stehen.

Für Smith sind gut funktionierende Gesellschaften nicht das Ergebnis guter Regierungsführung. Seiner Ansicht nach sollte jeder Staatsbürger mit einer gewissen Selbstkontrolle handeln. Eine Gesellschaft sollte durch Großzügigkeit und Menschlichkeit motiviert sein, nicht durch Wut oder »selbstsüchtige Affekte« wie Groll oder Freude. Freude wecke Neid bei den Mitmenschen, schrieb Smith, deshalb sei es klug, bescheiden zu bleiben. Die Menschen sollten Schritt für Schritt voranschreiten. Plötzlicher Reichtum oder Fortschritt in kürzester Zeit könnten niemals verdient sein.

Wir sollten über die lebenswichtige Frage nachdenken, wie wir Wirtschaftswachstum erreichen können, ohne weiterhin die Ressourcen der Erde aufzubrauchen und die Umwelt mit Gift und Müll zu verseuchen. Wir müssen darüber nachdenken, warum wir überhaupt Wachstum wollen. Durch Wachstum entsteht wirtschaftlicher Reichtum, aber auch Umweltverschmutzung und Ungleichheit. Können wir auch ohne diese Probleme Reichtum schaffen? Ökologisch orientierte Wirtschaftswissenschaftler halten das für unmöglich. Sie glauben, dass das Ausmaß der menschlichen Aktivität die Ursache für die Umweltzerstörung ist, und treten für das Modell einer statischen Wirtschaft ein, bei der der Verbrauch an Material und Energie nicht zunimmt und es trotzdem einen Zuwachs an Dienstleistungen und eine Qualitätsverbesserung bei den Produkten gibt.

Einigen europäischen Ländern gelingt es, ihren Energieverbrauch zu senken und trotzdem zu wachsen. Klar ist auch, dass fast überall auf der Welt Energie gespart werden kann. Es könnte also möglich sein, dass eine Volkswirtschaft den Ressourcenverbrauch reduziert und trotzdem wächst. An irgendeinem Punkt jedoch wird selbst das nicht mehr ausreichen. Irgendwann werden alle Ressourcen der Erde verbraucht sein, und künftige Generationen werden sich nicht mehr am Leben erhalten können.

Die übliche Reaktion auf diese schlimmen Aussichten ist die Annahme, dass uns Technik und menschlicher Erfindungsreichtum schon irgendwie aus der Patsche helfen werden. Wir könnten zum Beispiel lernen, neue Energiequellen wie etwa Wasserstoff zu nutzen. Viele Chemikalien und andere Ressourcen sind jedoch nicht wiederherzustellen, wenn sie erschöpft sind, deshalb wären neue Energiequellen nur eine Teillösung. Wir können weder Kupfer noch Uran noch Zink wiederherstellen. Es ist chemisch schlichtweg unmöglich, viele der Elemente, die für uns lebenswichtig sind, wiederherzustellen, wenn sie chemisch verändert sind. Wir können weder die Kohlenwasserstoffe der Erde wiederherstellen, wenn sie verbrannt sind, noch ihre Korallenriffe oder Regenwälder, wenn sie zerstört sind. Erfindungsgeist kann höchstens eine Teillösung sein.

Wichtiger noch: Einfach nur zu hoffen, dass wir schon eine Lösung finden werden, ist angesichts der Art des Problems schlicht verantwortungslos. Es ist so ähnlich, als ob die Dinosaurier festgestellt hätten, dass eine Eiszeit anbricht und dann einfach hofften, dass es bald wieder wärmer würde. Es ist moralisch nicht zu rechtfertigen, dass wir innerhalb weniger Generationen den größten Teil der Ressourcen auf der Erde verbrauchen, ohne sie auch nur zu rationieren oder irgendeine Verantwortung für die Folgen zu übernehmen. Wir haben eine Pflicht gegenüber unseren Enkelkindern.

Wir kümmern uns nicht um die Folgen, weil wir von der Notwendigkeit wirtschaftlichen Wachstums getrieben sind. Wir fürchten, dass ein verantwortungsvoller Umgang mit den Ressourcen der Erde Stagnation und Arbeitslosigkeit zur Folge hätte. Also ignorieren wir das Problem, das wir verursachen. Trotzdem haben wir die moralische Pflicht herauszufinden, wie wir mit wenig oder gar keinem Wachstum leben könnten.

4. Wir müssen die Rolle von Philanthropie und Wohltätigkeit infrage stellen

Auch die Art, wie in unserer Welt entweder durch Nichtregierungsorganisationen (NGOs) oder durch philanthropische Taten Gutes getan wird, ist irgendwie aus dem Gleichgewicht geraten. Wie sehr unsere Werte heute verzerrt sind, zeigt sich darin, dass immer mehr ökonomische Dienstleistungen von Wohltätigkeitsorganisationen erbracht werden und NGOs heutzutage unzählbar viele Anliegen unterstützen.

Auf den ersten Blick ist Wohltätigkeit natürlich eine gute Sache. Und doch sind NGOs und philanthropische Gruppen Ausdruck eines fundamentalen Problems. Wohltätigkeit ist ein Versuch, Fehler zu reparieren, wo das System nicht funktioniert. Die meisten derartigen Versuche werden mit den besten Absichten gemacht. Manchmal jedoch sind sie auch von weniger lauteren Motiven getragen. Und in fast allen Fällen reichen sie nicht aus, um die Mängel unseres modernen Wirtschaftssystems auszugleichen. Sie übertünchen die Externalitäten, anstatt sie wie Schandflecke für alle sichtbar stehen zu lassen. Tatsächlich werden viele verzerrte Vorstellungen von sozialem Fortschritt durch Wohltätigkeitsorganisationen unterstützt, indem sie deren Auswirkungen maskieren. Sie sind ist zu einem Ersatz für soziale Gerechtigkeit und ein rationales Wirtschaftssystem geworden.

Wohltätigkeitsorganisationen sind von den Wünschen und Einkommen ihrer Spender abhängig, und diese sind niemandem verantwortlich. Die Manager der Organisationen entscheiden, wo und wie die Spendengelder ausgegeben werden. Auch ihre Tätigkeit ist so betrachtet undemokratisch. Regierungen sind regelmäßiger demokratischer oder politischer Kritik unterworfen und werden von der Öffentlichkeit überwacht und kontrolliert. Dies gilt nicht für das Wohltätigkeitsgeschäft. Deshalb kann die Art, wie Wohltätigkeitsorganisationen ihr Geld ausgeben, von Günstlingswirtschaft, Verschwendung und Ineffizienz geprägt sein. Es ist geradeso, als würde ein Zoo seine Besucher für seine Tiere spenden lassen, und diese würden nur für die Tiger spenden und alle anderen Tiere nicht berücksichtigen. Auch durch Wohltätigkeit werden nur die Tiger in der Gesellschaft unterstützt. Die Spender geben mehr Geld für Anliegen, die ihnen gefallen, als für solche, die vielleicht dringender sind. Außerdem gilt die Loyalität einer Wohltätigkeitsorganisation in erster Linie den Spendern und nicht den Empfängern, weil dadurch mehr Geld fließt.

Spender können nicht nur falsche Ziele haben, sondern ihre Spenden auch von Bedingungen abhängig machen. Diese können etwa darin bestehen, dass eine Wohltätigkeitsorganisation die Verwendung von Verhütungsmitteln tabuisieren oder amerikanische beziehungsweise kirchliche Werte vertreten soll. Noch beunruhigender ist, dass die Branchen, die die Umwelt am meisten verschmutzen, oft auch über das meiste Geld verfügen. Da eine wachsende Zahl von NGOs um einen relativ kleinen Spendenpool konkurriert, sind einige NGOs finanziell von Unternehmen abhängig geworden, die genau die Probleme mitverursachen, gegen die sich die NGOs engagieren. Dies hat die moralischen Grundlagen mancher NGOs erschüttert.

Wohltätigkeit untergräbt fast immer die Freiheit des Empfängers. Sie kann auch unethisch sein, wenn sie die Selbstbestimmung souveräner Staaten beeinträchtigt. Wohltätigkeitsorganisationen, die zum Beispiel in bestimmten afrikanischen Staaten oder in Nordkorea arbeiten, handeln oft gegen den Willen der Regierungen ihrer Gastländer und nehmen dabei moralische

Überlegenheit für sich in Anspruch. Ihre Aktivitäten können politisch manipulativ sein oder sogar Menschenrechte verletzen. Weil sie in den Augen der Öffentlichkeit »Gutes tun«, werden diese Probleme jedoch häufig verschleiert oder ignoriert.

Auch Philanthropen kämpfen nur selten für soziale Gerechtigkeit. Ihr Handeln beruht auf der Akzeptanz von Ungerechtigkeit. Sie betrachten es als ihre Aufgabe, die Folgen von Ungerechtigkeit abzuschwächen. Die Milliardäre von heute setzen sich nicht dafür ein, das System zu ändern, das für die ungleiche Verteilung des Wohlstands verantwortlich ist. Nur wenige scheinen den Widerspruch oder die Ironie zu erkennen, die darin liegt, dass sie den Armen ihre Hilfe anbieten. Die Gates Foundation zum Beispiel versucht, für größere soziale Integration zu sorgen, ohne dass sie den Versuch machen würde, das System zu ändern, das zur Vergrößerung der sozialen Unterschiede mit beiträgt.

Es ist auch nicht viel besser, dass sich viele Großunternehmen zu ihrer sozialen Verantwortung bekennen und damit Öffentlichkeitsarbeit machen, dass sie »Gutes tun«. In diesem Fall wird das Geld der Aktionäre für Anliegen ausgegeben, die die Manager des Unternehmens für wichtig halten, oder von denen sie glauben, dass sie das Image des Unternehmens in den Augen der Verbraucher und anderer interessierter Parteien verbessern.

Die Denker der Aufklärung hatten andere Motive. Sie wollten Städte so umgestalten, dass sich die Vorstellungskraft ihrer Bewohner erhöhte und sich ihre Ideen verbesserten. Sie bauten reale und metaphorische Brücken in eine bessere Welt. Sie wollten mehr soziale Gerechtigkeit und Chancengleichheit, und sie wollten unsere Gattung durch eine neue Vision von Menschlichkeit auf eine höhere Ebene bringen. Sie kämpften gegen den rückschrittlichen Einfluss der Religion und förderten Dialog und Offenheit in Bildender Kunst, Musik, Literatur und Naturwissenschaften. Sie wollten die Entwicklung einer aufgeklärten Bevölkerung fördern.

Die Welt wird nicht dadurch verbessert, dass man Geld für scheinbar wichtige Anliegen spendet. Es mag lobenswert sein, wenn Bill Gates und seinesgleichen versuchen, das Leben der Leute zu verbessern, indem sie sie mit Medikamenten versorgen und die Forschung fördern. Auch ist es sicher in Ordnung, Bildungsprojekte in weniger entwickelten Ländern zu finanzieren oder die Wasserversorgung der Armen zu verbessern. Es kann auch nützlich sein, wenn die Milliardäre aus der kalifornischen Hightechindustrie mit einem Teil ihres Vermögens die Gründung neuer, innovativer Unternehmen unterstützen.

Aber in einem bequemen Lehnstuhl zu sitzen und finanzielle Almosen zu verteilen, ist nicht das, worum es in der Philanthropie eigentlich gehen sollte. Der größte Teil des Geldes, der so ausgegeben wird, dient – oft sogar ausdrücklich – der Förderung westlicher Vorstellungen von Fortschritt und Entwicklung. Außerdem entscheiden die Spender und ihre Organisationen allein, was wichtig ist. Dabei verschlimmern sie die Überbevölkerung, was dazu führt, dass sich die Zahl der leidenden Menschen um Milliarden vermehrt. Ist es wirklich besser, wenn Bill Gates eine Wohltätigkeitsorganisation gründet, die es den Armen in Entwicklungsländern ermöglicht, mit Hilfe von Mobiltelefonen Bankgeschäfte zu tätigen, als die Bürger dieser Länder dazu zu ermuntern, Genossenschaften zu gründen und dadurch Herr über ihr eigenes Schicksal zu werden? Im letzteren Fall flösse Gewinn nämlich zurück an ihre Gemeinschaft und nicht an irgendeinen Telefonkonzern oder eine Bank.

Die Anstrengungen der Philanthropen mögen gut gemeint sein, aber sie sind oft fehlgeleitet. Wohltätigkeitsorganisationen verstehen häufig die Probleme nicht, mit denen sie es zu tun haben, oder sie mischen sich zu ihren eigenen Gunsten ein. Manchmal übertreiben sie sogar die Auswirkungen von Naturkatastrophen wie Überschwemmungen, Erdbeben oder Dürren, weil es ihren eigenen finanziellen Interessen dient.

Es geht nicht darum, ob die Vorstellungen von Philanthropen und Wohltätigkeitsorganisationen richtig oder falsch sind. Das Problem ist vielmehr, dass die Entscheidungen von einer Handvoll reicher Leute und einigen Spitzenmanagern getroffen werden, ohne dass diese der Gesellschaft für ihre Taten rechenschaftspflichtig wären. Wer sagt denn, dass Mr. Gates und seine Freunde entscheiden sollten, was für die Welt das Beste ist? Die wirklich Bedürftigen sollten nicht von den Almosen abhängig sein, die die Reichen nach ihrem Gutdünken verteilen.

5. Wir müssen überdenken, wie wir regiert werden

Wenn es die Pflicht von Regierungen ist zu regieren, dann haben viele in den letzten 30 Jahren diese Pflicht sträflich vernachlässigt. Sie haben am Altar der wirtschaftsliberalen Ideologie geopfert und den Märkten das Regieren überlassen.

Dies lässt den Schluss zu, dass wir uns wieder einmal mit dem westlichen Verständnis von Staat und Demokratie auseinandersetzen sollten. Es geht nicht nur darum, dass nicht reguliert wurde, wo dies nötig gewesen wäre. Es geht auch darum, dass wir eine Welt mit einem globalisierten Bewusstsein, aber lokaler Politik geschaffen haben. Während Unternehmen und Banken immer mächtiger werden, wissen die Regulierungsbehörden nicht, wie sie mit ihnen umgehen sollen.

Weil die Nationalstaaten über keine effektive globale Autorität verfügen, sind sie immer weniger in der Lage, das Gemeinwohl zu schützen und Banken und Unternehmen zum Gehorsam zu zwingen. Jeder Staat hat, gleichgültig in welcher Weltregion er sich befindet, dafür zu sorgen, dass Banken und Unternehmen keinen unlauteren Wettbewerb treiben, dass sie sichere Arbeitsplätze schaffen und dass sie, wo immer sie aktiv sind, ordentlich Steuern zahlen. Dies ist notwendig, damit die nötige öffentliche Infrastruktur bereitgestellt werden kann und damit Banken und Unternehmen als verantwortungsvolle Mitglieder der Gemeinschaft funktionieren.

Die logische Schlussfolgerung aus dem Machtverlust der Nationalstaaten lautet: Wir brauchen eine Art Weltregierung, um dem Einfluss der Weltkonzerne Paroli zu bieten. Die Alternative bestünde darin, die Konzerne so zu verkleinern, dass sie wieder beherrschbar sind. Nötig wäre eine Größe, die es erlaubte, ihre Exzesse auf nationaler Ebene zu bestrafen und zu unterbinden und dafür zu sorgen, dass sie den Bedürfnissen der Gesellschaft gerecht werden. Wenn wir eine Privatwirtschaft haben, die der Gesellschaft verantwortlich ist, ohne zu diesem Zweck eine supranationale Autorität zu etablieren, müssen wir also die Eigentumsstruktur, den Aufbau und das Management von Großunternehmen so ändern, dass sie lokal zur Rechenschaft verpflichtet sind.

Wir haben in vielen Ländern wirtschaftliche Verhältnisse geschaffen, bei denen es nur noch einige wenige Lieferanten von Shampoo, zwei oder drei wichtige Nahrungsmitteleinzelhändler, ein halbes Dutzend Endhersteller von Autos und paar wenige große Telekommunikationsunternehmen gibt. All dies wäre Adam Smith ein Gräuel. Er war ein entschiedener Gegner von großen Konzernen, von abwesenden Unternehmensbesitzern, von Geschäftsgeheimnissen und Machtkonzentration. Damit seine wirtschaftlichen Vorstellungen funktionieren, muss es auf den Märkten Gleichberechtigung und eine breite Streuung der ökonomischen Macht geben. Gleichberechtigung war für Smith nicht nur eine Frage von Gerechtigkeit oder Fairness, sondern eine notwendige Bedingung für den Schutz des Wirtschaftssystems und der Umwelt.

Neben den eher allgemeinen Prinzipien gibt es auch eher praktische Notwendigkeiten. In den USA ist die Demokratie schwer angeschlagen. Großunternehmen und reiche Einzelpersonen finanzieren Kandidaten den Wahlkampf, die ihre Partikularinteressen unterstützen. Die Regierung ist zu einer Regierung der Reichen für die Reichen geworden, auch wenn alle Bürger das Wahlrecht haben. Obwohl es in vielen Teilen Europas besser aussieht, werden auch dort in vielen Ländern in letzter Zeit die demokratischen Ideale missachtet. Politische Parteien scheinen oft nur noch den einzigen

Zweck zu verfolgen, gewählt zu werden und Macht zu besitzen. Trotz der Geschwindigkeit des sozialen Wandels finden kaum noch politische Reformen statt. Die Grundprinzipien sind vergessen.

Wir müssen wieder darüber nachdenken, was der Staat erreichen soll, und wie wir regiert werden wollen. Der Gedanke ist verführerisch, dass alle Bürger an wichtigen Entscheidungen beteiligt werden sollten. Doch wir sind nicht alle Herzchirurgen. Auch sind wir nicht alle Präsidenten oder Premierminister, die ein Land führen können. Wer einfach nur der Mehrheit folgt, unterwirft sich ihrer Tyrannei. Nur wenige Menschen sind qualifiziert und leidenschaftslos genug, um objektive Entscheidungen über das Steuersystem, die Todesstrafe oder den Krieg zu treffen.

Aber wie und wo sollte eine Regierung ihren Platz haben? Die Nationalstaaten haben durch den Machtzuwachs der Privatwirtschaft und die wachsende Mobilität ihrer Bürger stark an Macht und Einfluss verloren. In vielen Ländern – und insbesondere in denen, die von der Finanzkrise am schlimmsten getroffen wurden – haben die Bürger nur die Wahl zwischen zwei großen Parteien. Es ist, als ob sie nur die Wahl zwischen einem zu heißen und einem zu kalten Getränk hätten. Viele Bürger westlicher Länder und auch die Einwohner Chinas, Japans und eines Großteils der restlichen Welt haben eine größere Auswahl an Klopapier als an politischen Parteien.

Wir brauchen den Staat. Wir brauchen Gesetze und Vorschriften. Wir müssen die Märkte regulieren und dafür sorgen, dass die Gesellschaft gerecht ist. Wir brauchen gewählte Abgeordnete, die von einer professionellen Bürokratie unterstützt werden, um die Grundlagen der modernen Zivilisation zu gewährleisten. In zu vielen Ländern wird der Staat von einer kleinen Gruppe reicher und mächtiger Menschen korrumpiert und manipuliert. Kein Wunder, dass viele Menschen von der herrschenden Politik enttäuscht sind. Kein Wunder, dass sie zunehmend extremistische Ideen attraktiv finden.

Wir müssen einen Weg finden, um das in Ordnung zu bringen. Aber wie? Willkürlich Linien auf der Landkarte zu ziehen – wie bei postkolonialistischen Staatsgründungen und oder der Festlegung von Wahlbezirken – ist kein besonders guter Weg, um für eine gute Regierungsführung zu sorgen. Wie wir alle regiert werden, sollte nicht davon abhängen, wo wir geboren sind. Aber was sind die Alternativen? Über diese Frage sollten wir gründlich nachdenken, weil sie für viele andere Probleme, mit denen wir konfrontiert sind, die Lösung sein könnte.

Statt einer Welt mit intensiver Rivalität und Konkurrenz brauchen wir vielleicht eher eine Welt, wie sie Henry George vorschlägt. Wir brauchen eine Welt, die sich mit der Natur im Einklang befindet. Eine Welt, in der auf eine aufgeklärte Art Ideen, technisches Know-how und kulturelle Werte ausgetauscht werden; eine Welt, in der wir uns einer Gemeinschaft zugehörig fühlen können.

Auf jeden Fall müssen wir überdenken, wie wir regiert werden.

6. Wir dürfen nicht so viele Kinder in die Welt setzen

Schließlich sollten wir das Bevölkerungswachstum kontrollieren. In der großen Debatte über die Anzahl der Menschen auf dem Planeten bleibt eine Wahrheit oft ungesagt: Das Bevölkerungswachstum auf der Erde *muss* an irgendeinem Punkt aufhören.

Wenn wir nicht Maßnahmen ergreifen, um die Größe der Weltbevölkerung zu kontrollieren, werden die Folgen für die Ressourcen der Erde immer schlimmer werden, bis wir erkennen, dass es für das, was wir erreichen können, Grenzen gibt, oder bis eine Katastrophe eintritt, die uns zu radikaler Umkehr zwingt. Aus diesen Gründen ist es logisch und sinnvoll, auf eine humane Art die Geburtenraten zu verkleinern, anstatt zu warten, bis die Sterberaten das Problem lösen.

Wenn die Entwicklungsländer versuchen, die Muster des Konsums in den Industrieländern zu übernehmen, wird der Veränderungsdruck wachsen. Anstatt das Problem vernünftig zu managen, verspricht der Westen den Entwicklungsländern jedoch immer noch einen Preis, den sie nicht gewinnen können. Die moderne marktradikale Wirtschaftswissenschaft hat uns allen einen Traum von Fortschritt, Freiheit und Reichtum verkauft. Doch diese Dinge werden für die meisten Menschen auf der Erde unerreichbar bleiben. Es handelt sich um einen grausamen Scherz, den sich fehlgeleitete Wirtschaftswissenschaftler und Menschen, die von den geweckten Illusionen zu profitieren hoffen, ausgedacht haben.

Es gibt Grenzen des Wachstums und viele davon sind von der Zahl der Menschen auf der Erde abhängig. Je länger die Weltbevölkerung weiterwächst, umso schneller werden die Grenzen erreicht sein.

Eine Lösung für das Problem ist schwer zu finden. Das Mindeste, was wir brauchen, wäre eine universale Geburtenkontrolle und ein Verbot der Aktivitäten vieler religiöser Gruppen. Diese ermutigen nur noch mehr Menschen dazu, an einen Traum zu glauben, der nicht wahr werden kann.

15 Auch Sie haben jetzt eine Rolle zu spielen

Viel für andere und wenig für uns selbst zu fühlen,
unsere selbstischen Neigungen im Zaume zu halten
und unseren wohlwollenden die Zügel schießen zu lassen,
[macht] die Vollkommenheit der menschlichen Natur [aus].

Adam Smith, Theorie der ethischen Gefühle[99]

Angesichts der enormen Probleme sind diese Vorschläge offensichtlich nur ein kleiner Teil der Lösung. Um uns den Herausforderungen zu stellen, brauchen wir globale Kooperation, einen globalen Konsens und globale Führung.

Und es ist auch Ihre Mitarbeit erforderlich.

Wir alle sind mit dafür verantwortlich, wo die Menschheit steht und wohin sie gehen wird. Es hat keinen Sinn, sich nur über Ungleichheit, Ressourcenverschwendung und über das zu erwartende Schicksal unserer Enkel zu beschweren, wenn wir nicht auch auf andere Weise reagieren.

Wir können damit anfangen, weniger gutgläubig zu sein. In den Ländern des Westens und in Japan hätten alle Bürger skeptischer sein sollen, als man ihnen ein neues Wirtschaftsmodell verkaufte, das Wachstum durch Konsum und Verschuldung versprach. In Japan war unübersehbar, dass die Staatsverschuldung nicht mehr vertretbar war, aber niemand hatte den Mut, etwas dagegen zu tun. In einem Großteil der Schwellenländer ist es inzwischen klar, dass die wirtschaftliche Entwicklung nicht mit der erhofften Geschwindigkeit weitergehen kann. Wir sind auf dem Weg ins Nichts. Aber nur wenige haben den Mut, das zu sagen.

Auch in den Vereinigten Staaten und in einem Großteil Europas hätten die Bürger die Mängel ihrer Wirtschaftssysteme sehen müssen. Kein Fortschrittsmodell, das so wenigen so schnell so viel Gewinn verspricht, kann ordentlich funktionieren. Es würde der Wirtschaftsgeschichte widersprechen, der Entwicklungsgeschwindigkeit, die von Natur aus existiert. Haben wir wirklich geglaubt, wir hätten einen besseren Weg gefunden, den Hunderte von Generationen in früheren Jahrtausenden nicht gefunden haben? Wir alle wussten, dass irgendeine Manipulation im Gange war, dass an der Sache etwas faul war, dass man uns irgendeine politische und wirtschaftliche Gaunerei schmackhaft machte.

Doch die meisten Leute ignorierten, was ihr Verstand ihnen sagte, während ihre Brieftaschen und Bäuche dicker wurden. Die Bürger der westlichen Länder hätten ein System infrage stellen sollen, das von den Menschen verlangte, ihre historische Bindung an Orte und Gemeinschaften aufzugeben, das weitverbreitete Betrügereien und Ungerechtigkeiten mit einem Achselzucken abtat und das zu gravierenden Ungleichheiten und sozialer Spaltung führte. Sie hätten merken müssen, dass sie kein echtes Ziel mehr hatten. Sie hätten erkennen müssen, dass ein System falsch war, das Millionen Menschen die Gesundheitsversorgung verweigerte, das den Arbeitern das Recht nahm, sich zu organisieren, und das einer kleinen Gruppe zugestand, durch die Zerstörung der Natur Multimillionäre zu werden.

Wir alle glaubten, Wachstum sei etwas Gutes und ein gültiger Maßstab für menschlichen Fortschritt. Wir glaubten, unregulierte freie Märkte seien der wirksamste Weg, die Ressourcen der Gesellschaft zu verteilen. Wir glaubten, die Globalisierung sei etwas Gutes, obwohl ihre Vorteile sehr ungleich verteilt wurden. Wir glaubten, die großen Konzerne und Banken würden die besten Absichten verfolgen und in unser aller Interesse handeln, wenn sie nur von staatlicher Einmischung verschont blieben.

Wir sollten uns nicht nur wegen unserer Dummheit Vorwürfe machen, sondern auch den Volkswirtschaftlern ihr schlampiges Denken vorwerfen und den Politikern, dass sie uns einen solchen Unsinn angedreht haben. Wie Edward Abbey es formulierte:

> »Die Wirtschaftswissenschaft gleicht, wie wissenschaftlich sie sich auch geben mag, mehr der Meteorologie als der Mathematik. [Sie ist] eine wolkige Wissenschaft wirbelnder Dämpfe, die nichts besagen.«[100]

Wir haben unser Vertrauen in diese Pseudowissenschaft mit ihren ätherischen Dämpfen gesetzt.

Weil wir dieser falschen Wissenschaft Glauben schenkten, konnten sich Macht und Reichtum in den Händen einiger weniger Personen, Institutionen und Unternehmen konzentrieren. Wir sahen einfach nur zu, wie eine kleine Minderheit viel mehr als ihren gerechten Anteil an den Ressourcen der Erde verbrauchte und sich dadurch viel mehr als ihren gerechten Anteil an ihrem Reichtum unter den Nagel riss. Wir haben dieser Minderheit gestattet, unseren Planeten mehr auszubeuten als er verträgt, und die Rohstoffreserven zu erschöpfen, von denen unser Leben abhängt.

Es wäre das Mindeste, dass wir dem, was uns die Politiker und Wirtschaftswissenschaftler erzählen, künftig mit größerem Misstrauen begegnen.

Wir sollten uns außerdem fragen, worauf es im Leben ankommt. Es ist nicht der Konsum, nicht das Geld und nicht das Wachstum. Es gibt eine riesige Menge anderer Dinge, die uns Erfüllung bringen können: soziale, kulturelle, intellektuelle und spirituelle Aktivitäten, die die Erde nicht ihrer Ressourcen berauben. Wir müssen fragen, was wir wirklich wollen. Wir müssen die Kontrolle über unsere Zukunft übernehmen und sichere und nachhaltige Gesellschaften schaffen. Wenn jeder in seinem eigenen Interesse handelte, ohne anderen zu schaden, wie es Adam Smith für richtig hielt, wäre das ein guter Ausgangspunkt.

Auch einen gesunden Optimismus werden wir brauchen. In vieler Hinsicht sitzt die Menschheit mit dem Rücken zum Eingang in einer Höhle. Alles ist dunkel. Sie sieht keinen Ausweg. Doch es gibt einen Weg, wie sie die Höhle verlassen kann. Wir können die Zukunft ändern, wenn wir es wollen – und uns umdrehen.

Am Ende geht es um Sie und mich, wenn wir ein neues Mittel für sozialen Fortschritt entwickeln wollen. Es geht um Ihre Ideen und um meine. Es geht darum, was wir tun können, um unser Modell der gesellschaftlichen Entwicklung zu ändern. Es geht darum, was wir tun können, um unseren wirtschaftswissenschaftlichen Ansatz zu ändern. Es geht darum, wie wir ein System schaffen können, das weniger darauf aus ist, aus reiner Selbstsucht Gewinne zu maximieren. Es geht darum, wie wir eine andere Einstellung zum Ressourcenverbrauch entwickeln können, damit wir unseren Planeten nicht mehr für kurzfristigen Profit sinnlos ausbeuten. Es geht darum, wie wir Innovationsanstrengungen machen, politische Reformen durchführen und unsere Gesellschaften verbessern können, um eine nachhaltigere Zukunft zu schaffen.

Wir brauchen ein ökonomisches Modell für die Zukunft, das nicht gefangen ist in den Vorstellungen vom freien Markt und Konsum, und das Wachstum nicht als Selbstzweck betrachtet. Wir müssen differenziert nachdenken über Ungleichheit, Armut und Bevölkerungszahlen. Wir müssen ebenso darüber nachdenken, wie wir die sittlich-moralischen Verpflichtungen gegenüber der Gemeinschaft wiederherstellen können. Wir müssen den freien Markt nicht völlig aufgeben – aber wir müssen sicherstellen, dass er in unser aller Interesse kontrolliert wird. Viel zu lange diente der freie Markt einigen wenigen. Er hat den Bezug zu seinem Ursprung verloren, indem er seine moralischen Grundsätze aufgegeben hat. Wir brauchen Regeln, die Zukunftsfähigkeit, Gleichberechtigung, Gerechtigkeit und Ehrlichkeit sicherstellen.

Unsere Gesellschaften sollten von uns regiert werden, nicht vom Markt.

»Ein Weiser [...] sieht sich nicht als ein Ganzes an, das von jedem anderen Teile der Natur getrennt und abgesondert wäre [...] Er [...] betrachtet sich selbst als ein Atom, als ein kleinstes Teilchen eines unermesslichen und unendlichen Systems.« *Adam Smith*[101]

Anmerkungen

1 TEEB (2010), *Die Ökonomie von Ökosystemen und Biodiversität: Die ökonomische Bedeutung der Natur in Entscheidungsprozesse integrieren. Ansatz, Schlussfolgerungen und Empfehlungen von TEEB – Eine Synthese*, Oktober 2010.

2 Immanuel Kant, »Beantwortung der Frage: Was ist Aufklärung?« (1784), in: Gesammelte Schriften, hrsg. v. d. Königlich Preußischen Akademie der Wissenschaften 1902–1923, Bd. VIII.

3 »Es ist nicht unbillig, daß der Reiche zu den öffentlichen Bedürfnissen nicht nur nach Verhältnis seiner Einkünfte, sondern etwas mehr steuert.« Adam Smith, *Der Wohlstand der Nationen. Untersuchung über das Wesen und die Ursachen des Volkswohlstandes*, übs. von Franz Stöpel, mit einer Einführung von Horst Claus Recktenwald, Frankfurt a. M. 2009, Buch 5, Kapitel 2, Artikel 1, S. 936.

4 Adam Smith, *Theorie der ethischen Gefühle*, englische Erstausgabe 1759. Die vorliegende Übersetzung folgt dem Wortlaut der 6. Auflage (letzter Hand), London 1790, hrsg. und übs. von Walter Eckstein, Hamburg 2004, Teil 1. Kapitel 1, Artikel 1, S. 1.

5 Vgl. OECD, Road to Recovery. Innovation, Jobs & Clean Growth, Forum 2010, Paris, 26–27. 5. 2010, Ali M. Kutan (2010), »Future of Capitalism: Is it Failing?«, Economic Systems, Vol. 34/1, März, S. 1 f.

6 Der Bericht »The Economics of Climate Change« von Nicholas Stern wurde am 30. 11. 2006 veröffentlicht.

7 Edward N. Wolff, »Recent Trends in Household Wealth in the United States: Rising Debt and the Middle-Class Squeeze – an Update to 2007«, Levy Institute of Bard College, Arbeitspapier Nr. 589, März 2010. http://levyinstitute. Org/publications/?docid=1235

8 »Lender Processing Services' December 2009 Mortgage Monitor Report Reveals One in Every 7.5 Properties Behind on Payments or in Foreclosure«, LPS-Bericht vom 11. 1. 2010. http://www.lpsvcs.com/LPSCorporateInformation/NewsRoom/Pages/20100120.aspx

9 First American Core Logic, »January Home Price Index Shows Narrowing Annual Decline According to Newly Released First American CoreLogic Date«, 18. 3. 2010. http://www.facorelogic.com/newsroom/pressreleasedetails.jsp?id=10668

10 Eurostat (Europäisches System Volkswirtschaftlicher Gesamtrechnung, ESVG): »Der Brutto-Schulden-Einkommensquotient der privaten Haushalte ist definiert als die Summe der Kredite (ESA95 code: AF4) und Verbindlichkeiten dividiert durch das verfügbare Bruttoeinkommen (B6G).«

11 Bericht des Handelsministeriums der Vereinigten Staaten, Bureau of Economic Analysis (BEA), »Gross Output by Industry« (1998–2009). http://www.bea.gov/industry/gdpbyind_data.htm

12 Siehe die im Auftrag der Royal Bank of Scotland erstellte Studie der britischen Beraterfirma Oxera vom 11. 3. 2011, »Assessing state support in the UK banking sector«, Zusammenfassung S. ii. http://www.oxera.com/cmsDocuments/Assessing%20state%20support%20to%20the%20UK%20banking%20sector.pdf. Siehe auch den Bericht des Statistischen Amts des Vereinigten Königreichs, Januar 2009.

13 Globaler Finanzstabilitätsbericht des IWF. http://www.ft.com/intl/cms/s/0/bc2b14b0-2eb8-11de-b7d3-00144feabdc0.html

14 Die US-Notenbank kaufte zudem faule Kredite im Wert von 1,4 Billionen US-Dollar.

15 Lorraine Woellert und John Gittelsohn, »Fannie-Freddie Fix at $160 Billion With $1 Trillion Worst Case«, Bloomberg, 14. 6. 2010. http://www.bloomberg.com/apps/news?pid=20601109&sid=an_hcY9YaJas&pos=10

16 »Listing or capsizing? A huge public offering tests global sentiment about China«, *The Economist*, 10. 6. 2010. http://www.economist.com/node/16319645

17 Siehe USGovernmentRevenue.com, »Total Budgeted Government Revenue«, 2010. http://www.usgovernmentrevenue.com/#usgs302a

18 »US Taxpayer Exposure Financial Bailouts of 2008«. http://www.usfederalbailout.com/program_details

19 Paul D. Ryan, *A Roadmap For America's Future of 2008: A Plan To Solve America's Long-Term Economic And Fiscal Crisis*, United States Congress, Government Printing Office, Mai 2008. Ryan ist Abgeordneter des US-Repräsentantenhauses und Mitglied im Haushaltsausschuss.

20 Laut IWF werden schätzungsweise 8,3 Prozent der ausstehenden Bankschulden abgeschrieben werden.

21 Sean O'Grady, »Britain's debt: The untold story«, The Independent (UK), 14. 7. 2010. http://www.independent.co.uk/news/uk/politics/britainrsquos-debt-the-untold-story-2025979.html

22 Bacon: *Große Erneuerung der Wissenschaften*, in: Philosophie von Platon bis Nietzsche, Digitale Bibliothek, S. 12623 (vgl. Bacon-Organon, S. 179).

23 R. Buckminster Fuller, *Bedienungsanleitung für das Raumschiff Erde und andere Schriften*, hg. und übers. von Joachim Krause, Reinbek, 1974.

24 Terry Macalister, »US military warns oil output may dip causing massive shortages by 2015«, in: *The Guardian* vom 11. April 2010. http://www.guardian.co.uk/business/2010/apr/11/peak-oil-production-supply.

25 »Dwindling of Rare Metals Imperils Innovation«, in: *Information Week* vom 3. Mai 2007.

26 Graham Turner, »A comparison of the limits to growth with 30 years of reality« (August 2008), http://www.csiro.au/files/files/plje.pdf.

27 US-Census Bureau.

28 Jonathan Huebner, »A possible declining trend for worldwide innovation«, in: *Technological Forecasting and Social Change*, 72 (2005), S. 980–986.

29 Dritte Internationale Mathematik- und Naturwissenschaftsstudie (TIMSS) 2009.

30 Alliance for Educational Excellence, Washington, Fact Sheet, März 2008.

31 Zusammengestellt von TV-Free America, siehe Dr. Norman Herr, »Television and Health«, http://www.csun.edu/science/health/docs/tv&health.html; Statistik: Studie AV Nielsen.

32 »Understanding Childhood Obesity«, Infobroschüre der American Heart Association aus dem Jahr 2010, S. 1.

33 Mistry, Kamila B., Cynthia S. Minkovitz, Donna M. Strobino und Dina L.G. Borzekowski, »Children's Television Exposure and Behavioral and Social Outcomes at 5.5 Years: Does Timing of Exposure Matter?«, in: *American Academy of Pediatrics*, 120, Nr. 4 (Oktober 2007).

34 Clifford Nass über die Studien der Stanford University zur menschlichen Kommunikation sowie Untersuchungen des Interactive Media Lab. Das Labor arbeitet an experimentellen Studien zu soziopsychologischen Aspekten der Interaktion zwischen Mensch und Computer. Siehe auch: Nicolas Carr, »Does the Internet Make You Dumber?«, in: *WSJ* vom 5. Juni 2010.

35 AC Neilson. Artikel von Nicolas Carr in *WSJ* vom 5. Juni 2010. Siehe auch Nicolas Carr, *Wer bin ich, wenn ich online bin ... und was macht mein Gehirn so lange? Wie das Internet unser Denken verändert*, übers. von Henning Dedekind, München 2010.

36 Niccolò Machiavelli, *Der Prinz*, verfasst 1532, Kapitel 17.

37 Rothgerber, Johnson and Lyons, LLP, »The Impact of the Patriot Act on Employers«, Bericht der Anwaltskanzlei vom Januar 2003

38 Liberty's Briefing to the House of Commons on the draft Prevention of Terrorism Act 2005 (Continuance in force of sections 1 to 9) Order 2010 (Bericht der Menschenrechtsorganisation Liberty für das britische Unterhaus).

39 Rothgerber, Johnson and Lyons, LLP, »The Impact of the Patriot Act on Employers«, Bericht der Anwaltskanzlei vom Januar 2003.

40 Abschlussbericht der Guantanamo-Arbeitsgruppe Präsident Obamas vom 22. Januar 2010, in: *Washington Post* vom 28. Mai 2010.

41 Die chinesische Kultur dominiert in China, Taiwan, Hongkong und Singapur. Weil Bürger chinesischer Herkunft auch in Thailand, Malay-

sia, Indonesien und Vietnam große Finanzmacht erlangt haben, ist sie auch dort stark vertreten.

42 Arthur Rosenfeld, »China: Spirituality or Materialism«, in: *Huffington Post* vom 9. November 2009. Abdruck mit Genehmigung des Autors.

43 »Kroll Annual Global Fraud Survey«, in: *Financial Times* UK vom 18. Oktober 2010.

44 Tania Branigan, »China Jails Teachers and Parents for Hi-tech Exam Cheating«, erschienen am 3. April 2009 unter http://www.guardian.co.uk/world/2009/apr/03/china-jails-exam-cheats.

45 Zheng Wang, »National Humiliation, History Education, and the Politics of Historical Memory«, in: *International Studies Quarterly*, 52 (2008), S. 783–806.

46 »2009 Go China!«, übersetzt ins Englische von Bob Chen, Video unter http://chinadigitaltimes.net/2008/12/video-performance-2009-go-china/.

47 Anthony Yaw Baah und Herbert Jauch, (Hg.), »Chinese Investments in Africa: A Labour Perspective«, The African Labour Research Network, Juli 2009.

48 »Zambia accused of ignoring Chinese abuse of mine workers«, in: *Financial Times* UK vom 20. Oktober 2010.

49 Erin Conway-Smith, »Chinese bad employers in Africa«, in: *Global Post* (Boston) vom 29. Juli 2009. http://www.globalpost.com/dispatch/africa/090727/chinese-bad-employers-africa.

50 Edward Bule, »Shop Assistants in Chinese Stores Maltreated?«, erschienen am 13. November 2009 auf allafrica.com.

51 »Chinese influx in Africa rekindles elephant poaching«, Bericht der Nachrichtenagentur Reuters, ausgestrahlt am 31. August 2009 von RNW (Radio Netherlands Worldwide).

52 »Africa's Poor Don't See China as a Great Power«, Bericht auf *Asia Sentinel* vom 20. November 2009.

53 Bericht des US Census Bureau, »Income, Poverty and Health Insurance Coverage in the United States«, 2009.

54 IEA World Energy Outlook Report, 2010, http://www.iea.org/ index_info.asp?id=1479. Siehe auch: http://www.chinadaily.com.cn/bizchina/2010-07/20/content_11023738.htm.

55 Matthew Simmons, Präsentation über Twin Threats, Marsh's National Oil Companies' Conference 2010 http://www.slideshare.net/guestb6cfbd6/simmons-marshtalk.

56 Zehn Jahre ein Zuwachs von acht Prozent jährlich summiert sich auf 100 Prozent. Die Menge, die wir verbrauchen, wird sich also in zehn Jahren verdoppelt haben. Da wir bereits die Hälfte verbraucht haben, ist das dann die andere Hälfte.

57 Dem Gründer des Ocean Energy Institute und früheren Chairman der Energie-Investmentbank Simmons & Company International.

58 ASPO 2009 International Peak Oil Conference, 12. Oktober 2009, Denver, Colorado, Bild 34.

59 Die Produktion ist seither weiter gestiegen, aber die Qualität, der Energie-Output, der Kohle ist stetig gesunken.

60 David Strahan, »The great coal hole«, in: *New Scientist*, 17. Januar 2008.

61 Energy Watch Group, »Coal, Resources and Future Production«, in: *New Scientist*, 17. Januar 2008. Mohr and Evans, »Forecasting coal production until 2100«, University of Newcastle, Faculty of Engineering and Built Environment NSW, Australien: http://www.theoildrum.com/node/5256

62 US Energy Information Administration: »International Energy Outlook 2008«.

63 US Energy Information Administration: Table 5. World natural gas production by region and country, 2005–2030.

64 Siehe auch: Zhang et al., »Risk-opportunity analyses and production peak forecasting on world conventional oil and gas perspectives«, in: *Petroleum Science*, Bd. 7, Nr. 1, Februar 2010, S. 136–146.

65 Taylor and Van Doren, »Ethanol Makes Gasoline Costlier, Dirtier«, *Chicago Sun-Times*, 27. Januar 2007 (die Autoren sind Senior Fellows am Cato Institute).

66 Studie des Cato Institute: http://www.cato.org/pub_display.php?pub_id=7308.
67 US Energy Information Administration: http://www.eia.doe.gov/pub/oil_gas/petroleum/analysis_publications/oil_market_basics/demand_text.htm.
68 IEA, »Reducing Oil Consumption in Transport: Combining, Three Approaches« April 2004. http://s3.amazonaws.com/zanran_storage/www.iea.org/ContentPages/26165528.pdf.
69 United Nations, Department of Economic and Social Affairs, *World Population Prospects: The 2006 Revision*, New York 2007.
70 Stephen Bezruchka MD MPH, »The effect of economic recession on population health«, 31. August 2009, http://www.cmaj.ca/content/181/5/281.full.pdf+html?sid=2823a54e-a4b9-468d-8b55-6a4d4a940079.
71 Spiegel JM, »Daring to learn from a good example and break the ›Cuba taboo‹ «, in: *International Journal of Epidemiology* 35 (2006), S. 825f.
72 Bartlett, A. A., »Forgotten fundamentals of the energy crisis«, in: *American Journal of Physics,* Bd. 46 (9), 876–888 (1978), S. 800.
73 Earth Policy Institute: Martin C. Heller and Gregory A. Keoleian, »Life-Cycle Based Sustainability Indicators for Assessment of the U.S. Food System«, Ann Arbor, Center for Sustainable Systems, University of Michigan, 6. Dezember 2000, S. 42.
74 »The World Conservation Union's Red List of Threatened Plants«, 1998, International Union for Conservation of Nature, Cambridge 1999. Siehe auch: *New Scientist*, »Medicines from the Rainforest«, 17. August 1991.
75 CIA, *The World Factbook*, 2010.
76 Huei-Ting Tsai, Tzu-Ming Liu, »Effects of global climate change on disease epidemics and social instability around the world«, Department of Epidemiology, University of North Carolina at Chapel Hill; Human Security and Climate Change Workshop, Holmen Fjord Hotel, Asker bei Oslo, 21.-23 Juni 2005.
77 Disease and injury regional estimates for 2004, WHO, table DTH6.

78 US Center for Disease Control and Prevention – verschiedene Berichte. Siehe auch: Huei-Ting Tsai1, Tzu-Ming Liu, »Effects of global climate change on disease epidemics and social instability around the world«; und EPA Regulations on Air Contamination, 2010.

79 Sachs and Malaney, 2002; Department for International Development, 2004.

80 Paul Reiter, »Climate Change and Mosquito-Borne Disease«, in: *Environmental Health Perspectives* 109, Supplement 1 (März 2001).

81 US Fish and Wildlife Service, Recommendations for Minimizing Pesticide Impacts to Pollinators, Juli 2006 http://www.fws.gov/pollinators/PollinatorPages/YourHelp.html. Siehe auch: Ingram, M. G.P. Nabhan, S. Buchmann, »Impending pollination crisis threatens biodiversity and agriculture«, in: Tropinet 7 (1), 1996b.

82 Steve Dube »Parasite could ›wipe out our honey bees within 10 years‹«, WalesOnline, 25. März 2008, http://www.walesonline.co.uk/countryside-farming-news/countryside-news/2008/03/25/parasite-could-wipe-out-our-honey-bees-within-10-years-91466-20668112/.

83 Bat Conservation Trust, Bats of the world, 2010 http://www.bats.org.uk/pages/bats_of_the_world.html.

84 European Butterfly Indicator for Grassland species: 1990–2009, European Environment Agency, Mai 2010, http://www.bc-europe.org/upload/VS2010-010%20European%20Butterfly%20Indicator%20 1990-2009.pdf.

85 International Risk Governance Council, »Risk governance of pollination services«, Genf 2009, http://www.irgc.org/IMG/pdf/IRGC_-_Pollination_Concept_Note_2009_.pdf.

86 Scott Hoffman Black, Nathan Hodges, Mace Vaughan and Matthew Shepherd, »Pollinators in Natural Areas: A Primer on Habitat Management«, 2007, http://www.xerces.org/wp-content/uploads/2008/11/pollinators_in_natural_areas_xerces_society.pdf.

87 Studie der Ecology Research Unit der Universität Kalkutta, präsentiert von Parthiba Basu auf einer Konferenz der British Ecological Society an der University of Leeds, im August 2010.

88 Food and Agriculture Organization of the United Nations, »New ecosystem approach based project: wild pollinators for food production«, http://www.fao.org/agriculture/crops/news-events-bulletins/detail/en/item/7588/icode/?no_cache=1. Siehe auch: »Economic Value Of Insect Pollination Worldwide Estimated At U.S. $217 Billion«, in: *ScienceDaily,* 15. September 2008, http://www.sciencedaily.com/releases/2008/09/080915122725.htm.

89 *ScienceDaily,* 15. September 2008, »Economic Value of Insect Pollination Worldwide estimated $ 217 Billion.« http://www.sciencedaily.com/releases/2008/09/080915122725.htm.

90 David Biello, »On a Wing and Low Air: The surprising way wind turbines kill bats«, in: *Scientific American,* 26. August, 2008. http://www.scientificamerican.com/article.cfm?id=wind-turbines-kill-bats. Siehe auch: Wendy Williams, »When Blade Meets Bat: Unexpected bat kills threaten future wind farms«, in: *Scientific American,* 2. Februar 2004, http://www.scientificamerican.com/article.cfm?id=when-blade-meets-bat.

91 May R. Berenbaum, »Colony Collapse Disorder and Pollinator Decline«, statement before 110th Congress (First Session), 29. März 2007. http://www7.nationalacademies.org/ocga/testimony/Colony_Collapse_Disorder_and_Pollinator_Decline.asp.

92 Angela Merkel, Rede am 16. Oktober 2010 auf dem Deutschlandtag der Jungen Union in Potsdam.

93 WWF, »Living Planet Report«, Oktober 2010.

94 Zentrum für Transformation der Bundeswehr, Dezernat Zukunftsanalyse, »Peak Oil: Sicherheitspolitische Implikationen knapper Ressourcen«, Juli 2010, http://www.peakoil.net/files/German_Peak_Oil.pdf.

95 Adam Smith, *Der Wohlstand der Nationen. Untersuchung über das Wesen und die Ursachen des Volkswohlstandes,* Frankfurt a. M. 2009, S. 321.

96 Walter Eucken, *Grundsätze der Wirtschaftspolitik,* Tübingen 1952. Siehe auch: Tim H. Stuchtey, »Miracles are Possible«, oder »A Classic German Approach to the Current Crisis«, in: *AICGS Transatlantic Perspectives,* John Hopkins University, Juni 2009.

97 Professor Klaus Dieter John, »The German Social Market Economy – (Still) a Model for the European Union?«, in: *Theoretical and Applied Economics* 2007, 508, S. 3–10.
98 Edward Abbey, *One Life at a Time, Please,* New York 1988, S. 21.
99 Adam Smith, *Theorie der ethischen Gefühle,* Leipzig 1926, S. 28f.
100 Edward Abbey, *One Life at a Time, Please, A San Francisco Journey (Day 6),* New York 1988.
101 Adam Smith, *Theorie der ethischen Gefühle,* Leipzig 1926, S. 462f.

Stichwortverzeichnis